D1807765

Klaus Mangold
Dienstleistungen im Zeitalter globaler Märkte

KLAUS MANGOLD

DIENSTLEISTUNGEN IM ZEITALTER GLOBALER MÄRKTE

STRATEGIEN FÜR EINE VERNETZTE WELT

Frankfurter Allgemeine
ZEITUNG FÜR DEUTSCHLAND

GABLER

Die Deutsche Bibliothek – CIP – Einheitsaufnahme

Dienstleistungen im Zeitalter globaler Märkte : Strategien für eine
vernetzte Welt / Klaus Mangold. – Frankfurt am Main :
Frankfurter Allg., Zeitung für Deutschland; Wiesbaden : Gabler,
2000

© Frankfurter Allgemeine Zeitung GmbH, Frankfurt am Main 2000
© Betriebswirtschaftlicher Verlag Dr. Th. Gabler GmbH, Wiesbaden 2000
Herausgeber: Klaus Mangold
Redaktion: Rainer Knubben

Abbildungen und Tabellen: Publishing Service H. Schulz, Dreieich

Buchbinderei: Osswald & Co., Neustadt/Weinstraße
Softcover reprint of the hardcover 1st edition 2000

ISBN 978-3-322-89988-0   ISBN 978-3-322-84433-0 (eBook)
DOI 10.1007/978-3-322-84433-0

Vorwort

In allen entwickelten Ländern der Welt boomt der Dienstleistungssektor. Allein im Jahr 1999 sind in den OECD-Ländern rund 3,7 Millionen neue Arbeitsplätze im Dienstleistungsbereich geschaffen worden. Keine Zahl dokumentiert eindrucksvoller, welche enormen Potenziale für Beschäftigung und Wirtschaftswachstum uns Dienstleistungen bieten. Auch auf den internationalen Märkten stellen Dienstleistungen ihre große Dynamik unter Beweis. Seit Anfang der 90er Jahre ist der globale Handel mit Dienstleistungen um 55 Prozent und damit deutlich stärker als der Warenhandel gewachsen. Globalisierung und die Entwicklung zur Dienstleistungsgesellschaft sind eindeutig die Megatrends unserer Zeit. Dienstleistungen sind eine wichtige Facette der Globalisierung und treiben gleichzeitig die Globalisierung an. Dabei kommen dem Internet und vor allem dem Electronic Business eine besondere Bedeutung zu.

Der debis Dienstleistungskongress, der im September 1999 zum dritten Mal in Berlin stattfand und sich mittlerweile als ein bedeutendes Diskussionsforum zum Thema Dienstleistungen etabliert hat, befasste sich mit dem Thema „Dienstleistungen im Zeitalter globaler Märkte". Internationale Referenten aus Politik, Wirtschaft und Wissenschaft – so Bundeskanzler Gerhard Schröder und WTO-Generalsekretär Mike Moore – analysierten die Bedeutung des Dienstleistungssektors, zeigten Entwicklungstrends auf und formulierten Anforderungen an eine dienstleistungsorientierte Weltwirtschaftsarchitektur.

Die Referenten des Dritten debis Dienstleistungskongresses sind auch die Autoren der Beiträge des vorliegenden Buches, das durch zwei weitere Arbeiten ergänzt wurde. Die erste beschreibt die gegenwärtige Situation deutscher Dienstleistungsunternehmen auf den globalen Märkten und untersucht ihre zukünftigen Erfolgsaussichten. Die zweite Arbeit bietet ein grafisches und verbales Porträt der wichtigsten aktuellen Fakten und Trends zur Internationalisierung von Dienstleistungen.

Vom Dritten debis Dienstleistungskongress ist das Signal ausgegangen, dass die Chancen der globalen Dienstleistungsgesellschaft noch besser genutzt werden können. Dazu sind nicht nur neue Wege zu beschreiten, sondern dazu ist auch ein neues Denken erforderlich. Wir stehen erst am Beginn des Übergangs in eine neue Wirtschaftswelt, die uns zahlreiche Chancen für Wachstum und Beschäftigung bieten wird. Erfolgreich sein werden wir jedoch nur, wenn wir den bevorstehenden Paradigmenwechsel beherzt angehen und die notwendigen gesellschaftlichen, technologischen und institutionellen Veränderungen aktiv herbeiführen.

Berlin, im Mai 2000 *Klaus Mangold*

Inhalt

Auch im 21. Jahrhundert ist Wirtschaft kein unabänderliches Schicksal, sondern wird von Menschen gestaltet.

Jürgen Jeske wurde 1935 im
sächsischen Zeitz geboren.
Er studierte Wirtschaftswissenschaften in Berlin und
Heidelberg. 1962 trat Jürgen
Jeske in die Wirtschaftsre-
daktion der Frankfurter Allgemeinen Zeitung ein. Von
1979 bis 1986 war er für die
Wirtschaftsberichterstattung
und für die Unternehmensre-
daktion verantwortlich. Seit
1986 ist er Mitherausgeber
der Frankfurter Allgemeinen
Zeitung.

Einführung

von Jürgen Jeske

Zum Auftakt des 21. Jahrhunderts sind drei große Entwicklungsstränge erkennbar, die sich gegenseitig bedingen und verstärken: der Trend zur Globalisierung, die Ausbreitung der Dienstleistungen und die zunehmende Bedeutung von Wissen und Information für die Unternehmensleistung. Wie viele epochalen Veränderungen haben sie sich unspektakulär und fast unbemerkt angebahnt, zum Teil weit vor der Jahrhundertwende; denn Geschichte, wirtschaftliche oder technische Entwicklungen folgen nicht dem Kalender. Gleichwohl sind diese Trends zu Signaturen einer neuen Epoche geworden, in der sich Arbeit und Gesellschaft entscheidend wandeln werden.

Dabei sind es nicht die Entwicklungen im Einzelnen, sondern ihr Zusammenwirken aufgrund der atemberaubenden Fortschritte in der Informations- und Kommunikationstechnik, die zu diesem Umbruch führen. Denn das Denken in globalen Sachverhalten ist Unternehmern und Wirtschaftswissenschaftlern seit Jahrhunderten vertraut. So ist für die Klassiker der modernen Ökonomie, Adam Smith und David Ricardo, die Weltwirtschaft schon immer das Bezugsfeld gewesen. Bereits im 19. und frühen 20. Jahrhundert hatte sich eine globale Wirtschaft mit einem hohen Maß an internationaler Arbeitsteilung und Verschmelzung der Märkte herausgebildet, die zur wirtschaftlichen Erschließung von Kontinenten führte, leistungsfähige Verkehrs- und Nachrichtennetze hervorbrachte und den bescheidenen Wohlstand einer schnell wachsenden

Bevölkerung in den Industrieländern mehrte. Sie war möglich
geworden durch Gewerbefreiheit, Freihandel und eine Verknüpfung der nationalen Währungen über den Goldstandard
zu einer nationalen Währung. Der Erste Weltkrieg als epo-
chale Zäsur zerstörte dieses liberale Welthandelssystem, an
das jetzt nach dem Zusammenbruch des Kommunismus mit
der Globalisierung wieder angeknüpft wird.

Auch die Entstehung und Ausbreitung der Dienstleistungen
reicht weit zurück. Die Figur des Dienstboten ist ein Begriff
des 19. Jahrhunderts. Als Wirtschaftsfaktor haben Dienstleistungen gegenüber dem Verarbeitenden Gewerbe gleichwohl
erst im 20. Jahrhundert an Gewicht gewonnen. Am augenfäl-
ligsten ist die Entwicklung in den Vereinigten Staaten gewesen, wo 1900 weniger als ein Fünftel der Beschäftigung im
Bereich Handel und Dienstleistungen tätig war, heute sind es
rund vier Fünftel. Auch in Deutschland hat der tertiäre Sektor
sowohl nach dem Anteil der Beschäftigten wie auch nach der
Wertschöpfung längst die Industrie überholt. An der Schwel-
le zum 20. Jahrhundert arbeitete hier rund ein Viertel der Erwerbstätigen, heute sind es knapp zwei Drittel aller Beschäftigten. Global werden inzwischen zwei Drittel des Weltsozialprodukts im Dienstleistungssektor erwirtschaftet, und der
Welthandel mit Dienstleistungen wächst schneller als der Warenhandel.

Die Wissensgesellschaft ist eine neuere Realität, die freilich
der amerikanische Soziologe Daniel Bell schon in den sechzi-
ger Jahren beschrieben hat. Das fand damals noch keine
größere Resonanz. Erst seit den neunziger Jahren wird Wissen
als weiterer Produktionsfaktor neben Arbeit und Kapital definiert. Der Managementtheoretiker Peter F. Drucker hat darauf

hingewiesen, dass sich beruflicher Aufstieg breiter Schichten
bis weit in die siebziger Jahre hinein noch nicht über Bildung
und Wissen vollzogen habe, obwohl schon damals die Stu-
dentenzahlen rasant stiegen. Erst in den letzten zwei Jahrzehnten wurden mit zunehmender Komplexität wirtschaftlicher Abläufe ausreichende Kenntnisse zur Voraussetzung beruflicher Zukunftsperspektiven. Das gilt noch mehr in einer
Welt, in der das Arbeitsleben nicht mehr durch Kontinuität
und den Aufstieg innerhalb einer industriellen Organisation,
sondern durch Brüche, lebenslanges Lernen und Selbstständigkeit geprägt sein wird.

Das vorliegende Buch beschreibt das Zusammenwirken dieser Trends und die Beschleunigungswirkung, die davon aus-
geht. Statt Größe zählt heute Geschwindigkeit. Der Philosoph
Hermann Lübbe hat Globalisierung als Verdichtung erdum-
spannender Netze definiert. Dabei wächst mit der Dichte der
Netze sprunghaft der Nachteil, nicht an sie angeschlossen zu
sein. Oder anders gesagt: Die Globalisierung verkürzt den
Zeithorizont. Unternehmen und Gesellschaften, die sich dieser Entwicklung nicht anpassen, wird der Markt bestrafen.
Das ist die Botschaft dieses Buches.

Vor diesem Hintergrund verweist Bundeskanzler Gerhard
Schröder zu Recht darauf, dass Deutschland seinen Rückstand
bei Dienstleistungsarbeitsplätzen gegenüber anderen Ländern
möglichst rasch aufholen müsse. Rechnerisch seien in
Deutschland bei einer ähnlichen, aber nicht ganz vergleichbaren Dienstleistungsdichte wie in den Vereinigten Staaten fünf
Millionen zusätzliche Arbeitsplätze denkbar. Selbst wenn
aber nur ein Fünftel dieses Potenzials ausgeschöpft würde, be-
deute das Beschäftigungschancen für mehr als eine Million

Menschen. Um in diesem Sinn langfristig Beschäftigung im Dienstleistungsbereich zu schaffen, hat die Bundesregierung ein Aktionsprogramm beschlossen, das bis zum Jahr 2001 allen Schulen Zugang zum Internet eröffnen und Kinder und Jugendliche möglichst frühzeitig an die Möglichkeiten der Kommunikations- und Informationstechnik heranführen soll.

Wie der Weg in die globale Dienstleistungsgesellschaft aussehen wird, das beschreibt Klaus Mangold, Vorstandsvorsitzender der DaimlerChrysler Services (debis) AG, anhand von vier Thesen: Erstens hat die technologische und institutionelle Revolution Dienstleistungen und Globalisierung beschleunigt. Zweitens schafft Globalisierung Wohlstand und führt damit zu höherer Dienstleistungsnachfrage. Drittens sind wettbewerbsfähige Dienstleistungen Voraussetzung für Exporterfolge der Industrie. Viertens sind Dienstleistungen damit ein Schlüssel zu mehr Beschäftigung. Seine Kernaussage ist, dass es die moderne Technik heute viel eher als früher erlaubt, Wertschöpfungsketten räumlich aufzubrechen und für jede einzelne Unternehmensfunktion den optimalen Standort zu suchen. Wörtlich: „Das kann beispielsweise heißen: Forschen in den Vereinigten Staaten, Entwickeln in Indien, Einkaufen in Thailand, Produzieren in Deutschland, Finanzieren an einem Offshore-Markt in der Karibik und Vertrieb in der virtuellen Welt des Internets." Das sei keine Sciencefiction, sondern Alltag in einem globalisierten Unternehmen.

Mangold verweist wie Schröder darauf, dass der Wandel hin zu technologie- und wertschöpfungsintensiven Branchen mit entsprechenden Anforderungen an die Qualifikation wie in den Vereinigten Staaten durch einen Markt für einfache Dienstleistungen abgefedert werden müsse. Von den 1,4 Mil-

lionen Langzeitarbeitslosen in Deutschland verfügen nämlich
rund 600 000 nicht über eine abgeschlossene Berufsausbildung. Von den etwa einer Million erwerbsfähigen Sozialhilfeempfängern ist ein Großteil ohne Ausbildungsabschluss. An
diesen sozialen Problemen setzt auch der Theologe und Präsident der Stiftung Weltethos, Hans Küng, an, der die ethischen
Dimensionen der Globalisierung skizziert. Marktwirtschaft
sei nicht Selbstzweck, sie müsse vielmehr im Dienst der Bedürfnisse des Menschen stehen. Für ihn erfordert ein globaler
Markt eine globale Rahmenordnung und diese wiederum ein
globales Ethos. Eine freie und soziale Marktwirtschaft könne
nur dann ihre gewünschte Wirkung entfalten, wenn sie sich
auf eine einigermaßen intakte Zivil- oder Bürgergesellschaft
stützt, die auf grundlegenden ethischen Standards ruht.

Auch für Klaus F. Zimmermann, Präsident des Deutschen Instituts für Wirtschaftsforschung, spielt die Frage gering qualifizierter Beschäftigung und einfacher Dienstleistungen eine
wichtige Rolle zur Bewältigung des Arbeitsmarktproblems.
Der Normalarbeitsplatz von heute wird nach seiner Auffassung zum Dinosaurier des Arbeitsmarkts von morgen werden.
Nach Prognosen bis zum Jahr 2010 wird der Arbeitskräftebedarf in den meisten Industriezweigen weiter sinken. Dem
Dienstleistungssektor in seiner jetzigen Form, dessen Beschäftigungsdynamik sich erkennbar verringert hat, wird es
nicht gelingen, diese Arbeitsplatzverluste auszugleichen. Mit
einfachen persönlichen Dienstleistungen könnte jedoch ein
Beschäftigungsreservoir von vielen Millionen Jobs erschlossen werden. Deutschland tue sich aber schwer mit der Akzeptanz einfacher Dienstleistungen, meint Zimmermann. Er plä-
diert daher für eine Förderung einer entsprechenden Dienstleistungsmentalität, für den Abbau von Barrieren, für die Ent-

bürokratisierung von Sozialeinrichtungen, für niedrigere Mehrwertsteuersätze als Anreiz, vor allem aber für verstärkte und verbesserte Qualifizierungsmaßnahmen.

Aber nicht nur Deutschland, ganz Europa hat auf dem Weg hin zu einer globalen Informationsgesellschaft noch Hindernisse zu überwinden. Das ist die Ansicht von Bruno Lamborghini, Chairman des European Information Technology Observatory (EITO) und Mitglied des Olivetti Board. Lamborghini sieht zwar eine neue Brainware Generation, eine Net Generation heranwachsen, fragt aber, ob nicht ein deutlicher Mangel an entsprechend qualifizierten Menschen für Europa zum Hindernis werden kann. Nach den tief greifenden Veränderungen, die bereits die Liberalisierung der Telekommunikation ausgelöst hat, stellt das Internet für Lamborghini einen historischen Durchbruch dar, der mehr bewirken könnte als die Erfindung der Druckkunst und in seinen Wirkungen dem technischen Fortschritt durch die Elektrizität vergleichbar ist. Die Zahl der Internet-Nutzer weltweit wird sich von heute 200 Millionen auf 400 Millionen im Jahr 2002 verdoppeln.

Die größten unternehmerischen Chancen liegen im E-Commerce, dessen weltweiter Umsatz nach EITO-Schätzungen von 170 Milliarden Dollar auf zwei Billionen Dollar steigen wird. Diese neue Internet-Wirtschaft wird eine Dienstleistungswirtschaft sein, bei der Service und nicht das Produkt im Vordergrund stehen. Für Europa eröffnen sich hier viele Chancen. Sie müssen jedoch wahrgenommen werden. Für den Wandel, der sich hier anbahnt, gilt der Satz von Charles Darwin, dass nicht die Stärksten oder Intelligentesten überleben werden, sondern diejenigen, die sich am besten an Veränderungen anpassen können.

Welche strategischen Herausforderungen sich für die internationale Dienstleistungswirtschaft stellen, schildern der Vorstandsvorsitzende der französischen Vivendi-Gruppe, Jean-Marie Messier, und der Mannesmann-Vorstandsvorsitzende Klaus Esser. Für Messier lautet ein Schlüsselwort in der globalen Wirtschaft nicht mehr Diversifizierung, sondern Fokussierung. Ein weiteres Schlüsselwort ist Shareholder Value. Ein dritter Schlüssel zum Erfolg ist die ständige Infragestellung aller bisherigen Aktivitäten bis hin zur radikalen Neuausrichtung auf gänzlich andere Gebiete. Schlüsselwort Nummer vier: Netzwerkbildung statt traditioneller Hierarchien. Ein weiterer Schlüsselbegriff ist Schnelligkeit. Schließlich müssen globale Unternehmen multikulturell angelegt werden und soziale Verantwortung übernehmen, um erfolgreich zu sein.

Klaus Esser setzt auf das Konzept des dynamischen Portfolios, wonach kein Produkt ewig das beste sein kann und es nicht richtig ist, auf gleichen Produkten sitzen zu bleiben. Wer für sein Unternehmen und dessen Anteilseigner dauerhaft hervorragende Rentabilitäten erzielen will, muss ständig auf dem Sprung bleiben nach dem Motto: Ist etwas, das wir neu angehen wollen, ein attraktiver Markt und bringen wir Wettbewerbsstärke in diesem Markt mit? Dienstleistungen sind dabei heute eines der entscheidenden Wachstumsfelder. Inzwischen ändern sich aber auch schon Dienstleistungen durch den globalen Wandel dramatisch.

Welche Herausforderungen die Globalisierung für die Wirtschaftspolitik bedeutet, schildern der ehemalige Präsident der israelischen Zentralbank, Jacob A. Frenkel, und Mike Moore, der Generaldirektor der Welthandelsorganisation WTO. Für Frenkel drängt die Globalisierung von Technologien die Kon-

zepte vom komparativen Vorteil sowie von Eigentumsrechten
an Wissen mehr als früher in den Hintergrund. Die Globalisierung verlangt daher die Anpassung von Rechtssystemen,
die Verständigung über gute Wirtschaftspolitik, eine Neudefi-
nition von Stabilität im globalen Umfeld und die Anpassung
des globalen Finanzsystems. Während früher die Verfügbarkeit von Daten der Schlüssel zum Erfolg war, ist heute die
Fähigkeit zur schnellen Analyse von Daten gefragt. Ein Land,
das nicht in der Lage ist, die großen Veränderungen flexibel
zu bewältigen, wird Schwierigkeiten haben. Eine Kernaussage Frenkels ist, dass man trotz des Wunschs, Krisen zu vermeiden, nicht jede Krise um jeden Preis vermeiden soll. Eher
sollten Mechanismen und Instrumente entwickelt werden, die
die Kosten der wenigen Krisen verringern. Ebenso wichtig erscheint ihm, das Konzept der politischen Koordination (die es
nicht geben kann) zugunsten eines Konzepts der politischen
Kooperation und gegenseitigen Information aufzugeben.

Mike Moore hebt noch einmal die grundlegende Bedeutung
freien Welthandels für die Ausbreitung von Wohlstand hervor.
„Wir liberalisieren für uns selbst, und andere ziehen daraus
ebenfalls Vorteile. Das ist die grundlegende Lektion und
Wahrheit. Alle Seiten gewinnen." Obwohl im Bereich der
Dienstleistungen der Nutzen von Liberalisierung meist auf der
Hand liegt und daher auch die Entwicklungsländer diesen Prozess unterstützen, gibt es immer noch zahlreiche Dienstleistungsbereiche, in denen Ineffizienz und hohe Kosten durch
Regulierung geschützt werden. Für Moore ist es wichtig, dass
ein Freihandelssystem die Unterstützung der Regierungen
und der Wirtschaft braucht. Es gebe durchaus berechtigte Sorgen und Kritik an den Wirkungen der Globalisierung. Doch
eine Verteufelung des Freihandels und der Welthandelsorga-

nisation, wie sie Ende 1999 in Seattle sichtbar wurde, könne nicht allein von der WTO überwunden werden. Hier seien alle Mitgliedsländer gefordert.

Die Beiträge des Buchs zeigen, dass auch im 21. Jahrhundert Wirtschaft nicht unabänderliches Schicksal ist, sondern von Menschen gestaltet wird. Wirtschaft und Wettbewerb, unternehmerische Strategien und wirtschaftspolitische Rahmenbedingungen vollziehen sich im Wege der zivilisatorischen Evolution – auch und gerade in der globalisierten Dienstleistungsgesellschaft, wobei die Offenheit der Gesellschaften und ihr Freiheitsgrad entscheidend bleiben werden.

1. Der Weg in die globale Dienstleistungsgesellschaft

Globalisierung und Dienstleistungsboom sind die Megatrends unserer Zeit. Beide haben dieselben Wurzeln und bilden lediglich unterschiedliche Seiten desselben Phänomens. Dienstleistungen sind eine wichtige Facette der Globalisierung und treiben zugleich die Globalisierung mit an. Dies führt uns in die globale Dienstleistungsgesellschaft, eine neue Wirtschaftswelt, deren Konturen bereits sichtbar sind. – Alle entwickelten Volkswirtschaften befinden sich auf diesem Weg. Weltweit waren der Dienstleistungs- und der industrielle Sektor im Jahr 1980 noch gleich groß. Mittlerweile stellen die Dienstleistungen zwei Drittel des Weltsozialprodukts. Insbesondere unternehmensbezogene Dienstleistungen haben in der jüngsten Vergangenheit stark an Bedeutung für Wirtschaft und Beschäftigung gewonnen.

Die gegenwärtige Dynamik der Globalisierung wäre ohne Dienstleistungen nicht denkbar. Denn Dienstleistungen sind unstreitig zu entscheidenden Erfolgsfaktoren auf globalisierten Märkten geworden.

Dr. Klaus Mangold, geboren
1943 in Pforzheim, studierte
Jura und Volkswirtschaftslehre an den Universitäten München, Genf, Paris, London,
Heidelberg und Mainz, wo er
1973 promovierte. Nach verschiedenen Positionen in der
deutschen Wirtschaft beklei-
dete Dr. Mangold von 1991
bis 1994 das Amt des Vor-
standsvorsitzenden der Quel-
le-Schickedanz AG. 1995
wurde er in den Vorstand der
DaimlerChrysler AG berufen
und übernahm den Vorsitz des
Vorstands der DaimlerChrysler Services (debis) AG.

Mit Dienstleistungen in die globale Wirtschaft

von Klaus Mangold

Die Megatrends Dienstleistungen und Globalisierung

Zu den Trends, die einen nachhaltigen und übergeordneten Einfluss auf Wirtschaft, Staat und Gesellschaft haben, ist heute zweifellos die Globalisierung zu zählen. Da die Globalisierung zahlreiche andere Faktoren beeinflusst, gilt sie zu Recht als einer der Megatrends unserer Zeit. Ihre Bedeutung ist heute weitgehend erkannt, auch wenn ihre Folgen nach wie vor kontrovers diskutiert werden. So werden Chancen und Risiken der Globalisierung in zunehmenden Maße auch in einer breiten Öffentlichkeit diskutiert.

Allerdings wird die Globalisierung dabei in der Regel nur im Zusammenhang mit der Industrie gesehen und vorwiegend auf die Internationalisierung der Sachgüterproduktion bezogen. Selten wird bedacht, welch zentrale Rolle Dienstleistungen im Prozess der Globalisierung spielen. Die gegenwärtige Dynamik der Globalisierung wäre ohne Dienstleistungen nicht denkbar. Denn Dienstleistungen sind unstreitig zu entscheidenden Erfolgsfaktoren auf globalisierten Märkten geworden: Finanzierung, Marktforschung, Rechts- und Unternehmensberatung, Versicherungen, Montageleistungen, Dolmetscherdienste, Reisen, Plan/Build/Run von IT-Dienstleistungen oder Fort- und Weiterbildung sind typische Dienstleistungen, die im Zuge der Internationalisierung der Industrie mitwachsen.

Aber es gilt auch umgekehrt, dass die Globalisierung durch die Tertiarisierung, die zunehmende Bedeutung von Dienstleistungen in unserer Wirtschaft, einen starken Vorschub erhalten hat, denn Dienstleistungen haben sich zunehmend selber zu einem eigenständigen Exporterfolg auf den globalen Märkten entwickelt. Dieser Vorgang ist Ausdruck eines zweiten Megatrends, der gegenwärtig unsere Wirtschaft und Gesellschaft ebenfalls grundlegend verändert: Fast überall auf der Erde befinden sich die Volkswirtschaften auf dem Weg in die Dienstleistungsgesellschaft. Noch 1980 waren der Dienstleistungssektor und der industrielle Sektor im Weltmaßstab annähernd gleich groß. Mittlerweile stellen die Dienstleistungen aufgrund ihres überdurchschnittlichen Wachstums eindeutig den größten Wirtschaftsbereich: Zwei Drittel des Weltsozialprodukts werden heute im Dienstleistungssektor erwirtschaftet.

Der Wandel von der Industrie- zur globalen Dienstleistungsgesellschaft ist also schon weit vorangeschritten. Er hat zu grundlegenden Veränderungen in der Art des Wirtschaftens geführt und dabei ein neues Paradigma geschaffen:

• In der Industriegesellschaft kam es auf die Größe der Fertigungsstraßen an – in der Dienstleistungs- und Informationsgesellschaft zählt die Geschwindigkeit der Computer-Netzwerke.

• In der Industriegesellschaft war die Zahl der Autobahnkilometer bedeutsam – in der Dienstleistungsgesellschaft ist die Kapazität der Datenautobahnen entscheidend.

• In der Industriegesellschaft war die zentrale Frage: „Wie leistungsstark ist deine Maschine?" – In der Dienstleistungsgesellschaft lautet die entscheidende Frage: „Wie schnell ist dein Modem?"

• In der Industriegesellschaft fragte der Vorgesetzte seinen Mitarbeiter: „Wie viele Stunden hast du gearbeitet?" – In der Dienstleistungsgesellschaft wird der Mitarbeiter gefragt: „Wie zufrieden war unser Kunde?"

Nicht nur innerhalb der Volkswirtschaften, auch auf den internationalen Märkten steigt die Bedeutung von Dienstleistungen. Seit Anfang der 90er Jahre hat der globale Handel mit Dienstleistungen um über 50 Prozent zugelegt. Damit wurde das Wachstum des ebenfalls stark florierenden globalen Warenhandels rund zehn Prozentpunkte übertroffen.

Insgesamt summierten sich die weltweiten Dienstleistungs-Ausfuhren 1998 auf 1,3 Billionen Dollar. Etwa ein Viertel davon entfiel auf Transportdienstleistungen und ein Drittel auf den Tourismus: Den größten Anteil aber machten mit 43 Prozent die unternehmensnahen Dienste aus – und dies mit stark steigender Tendenz. So verzeichnete das internationale Geschäft mit unternehmensnahen Diensten seit 1990 einen Zuwachs von rund 75 Prozent. Unternehmensnahe Dienstleistungen sind überwiegend innovative Dienste, die Dienstleistungsunternehmen für andere Unternehmen erbringen, wie zum Beispiel IT-Dienstleistungen, Logistik, Leasing und Finanzierung oder Beraterdienste.

Beide Megatrends – Dienstleistungen und Globalisierung – haben auch die Entwicklung der DaimlerChrysler Services (debis) AG geprägt. Seit der Gründung im Jahr 1990 hat debis ein durchschnittliches Wachstum von über 20 Prozent pro Jahr erreicht und den Umsatz von umgerechnet rund zwei Milliarden Euro auf 13 Milliarden Euro in 1999 erhöht. Dabei konnten wir von Jahr zu Jahr sowohl Gewinn als auch Beschäftigung kräftig steigern.

Wie weit die Internationalisierung inzwischen fortgeschritten ist, zeigt sich auch daran, dass debis seinen Umsatz zu Beginn fast ausschließlich im Inland erwirtschaftete und heute mehr als zwei Drittel seines Umsatzes außerhalb Deutschlands erzielt. Mit einem verantworteten Vertragsvolumen von rund 100 Milliarden Euro ist debis nun das weltweit viertgrößte Finanzdienstleistungsunternehmen außerhalb des Banken- und Versicherungssektors.

Die Erfolge, die debis und andere Unternehmen mit Dienstleistungen erzielen, stehen in engem Zusammenhang mit dem Globalisierungstrend. Ohne unternehmensnahe Dienstleistungen ist der globale Produktionsprozess nicht mehr vorstellbar, da Dienstleistungen unverzichtbare Komplementärgüter von Industrieprodukten darstellen.

Daher gehören Industrie und Dienstleistungen eng zusammen und lassen sich nicht künstlich auseinander dividieren. Und darum darf die Entwicklung des Dienstleistungssektors keinesfalls auf Kosten einer zukunftsorientierten und international wettbewerbsfähigen Industriestruktur gehen. Hochwertige Dienstleistungen sind auch in Zukunft auf einen leistungsfähigen und innovativen industriellen Kern angewiesen – und umgekehrt!

Es ist grundsätzlich festzustellen, dass sich die Internationalisierung der Dienstleistungen auf zwei Wegen vollzieht:

- einerseits durch „servicing exports", also absatzunterstützende Dienstleistungen, die die Industrie im Rahmen ihrer Globalisierung – sei es im Export oder bei Direktinvestitionen – begleiten,

- und andererseits durch „exporting services", also durch den eigenständigen Export von Dienstleistungen.

Die Interdependenz von Dienstleistungen und Globalisierung

Der Prozess der Globalisierung und der Dienstleistungsboom sind wechselseitig voneinander abhängig und begünstigen sich gegenseitig. Die folgenden vier Fakten sollen die wesentlichen Ursachen darlegen, die dafür verantwortlich sind, dass der Globalisierungsprozess und die Dienstleistungsdynamik gemeinsame Wurzeln haben.

Fakt 1: Die technologische und die institutionelle Revolution haben sowohl Dienstleistungen als auch die Globalisierung beschleunigt.

Die technologische Revolution im Bereich der Informations- und Kommunikationstechnik hat unzweifelhaft die Globalisierung der Finanz-, Waren- und Dienstleistungsmärkte entscheidend vorangetrieben. Satellitentechnik, Fax, Glasfaserkabel, Laptop, Mobiltelefon und Internet bilden die Grundlage für ein weltumspannendes Kommunikationsnetz. Informationen sind damit so gut wie an jedem Punkt der Erde in „real time" verfügbar. Konsument und Produzent können über das Internet praktisch raum- und zeitunabhängig miteinander in Verbindung treten.

Gleichzeitig hat sich im Zuge der „Digitalisierung der Ökonomie" ein rapider Preisverfall bei den Kosten für Informati-
onsverarbeitung und -vermittlung vollzogen. Ohne diese dras-
tische Verbilligung von PC, Telekommunikation, Netzwerk-
techniken etc. sowie die Öffnung der Kommunikationsmärk-
te wäre der Boom der Informations- und Kommunikations-
dienste undenkbar, deren Aufschwung eine wesentliche Voraussetzung für die Globalisierung darstellt. Ebenso wäre die
Entwicklung moderner Finanzdienstleistungen wie Leasing
und Finanzierung, Investmentbanking oder Derivate ohne diesen technischen Fortschritt und die Marktliberalisierung nicht
in dieser Form möglich gewesen. Die Informations- und Kommunikationstechnik hat daher eine entscheidende Bedeutung
für den Weg in die globale Dienstleistungsgesellschaft.

Israel kann geradezu als ein Musterbeispiel dafür gelten, wie
eine konsequente Hinwendung zu Hightech-Dienstleistungen
wirtschaftliche Erfolge nach sich ziehen kann. Israel ist neben
Singapur eines der wenigen Länder der Welt, die die Entwicklung zum Industrieland gleichsam übersprungen und
enorme Fortschritte mit Dienstleistungen erreicht haben.

Von besonderer Relevanz ist die weitere Entwicklung des
Electronic Commerce. Die hier vorhandenen, immensen Potenziale werden sich nämlich nur entfalten, wenn es gelingt,
das Vertrauen des Verbrauchers für diese Art des Internetange-
bots zu gewinnen. Dabei muss vor allem verhindert werden,
dass einzelstaatliche Regulierungshürden die Entwicklung
des Internets bremsen. Der *Global Business Dialogue on Electronic Commerce* hat hierzu geeignete Vorschläge gemacht.

Für die Unternehmen wird die Welt durch die radikalen Um-
brüche, die sich aus der informations- und kommunikations-

technologischen Revolution ergeben, nicht einfacher. Heutzutage sind Informationen prinzipiell allen zugänglich. Dem Verbraucher kommt zugute, dass sich dadurch für ihn die Markttransparenz erhöht. Für die Unternehmen verschärft sich dagegen der Wettbewerb noch weiter. Während es früher genügte, einen Informationsvorsprung zu haben, um sich einen Wettbewerbsvorteil zu verschaffen, besteht die Kunst heute darin, die Informationen richtig zu interpretieren, problemorientiert aufzubereiten und innovative Produkte daraus zu entwickeln.

Hinzu kommt, dass es die moderne Technik heute viel effizienter ermöglicht, Wertschöpfungsketten räumlich aufzubrechen und für jede einzelne Unternehmensfunktion den optimalen Standort zu suchen. Das kann beispielsweise heißen: Forschen in den USA, Entwickeln in Indien, Einkaufen in Thailand, Produzieren in Deutschland, Finanzieren an einem Offshore-Markt in der Karibik und Vertrieb in der virtuellen Welt des Internets. Dies alles ist heute keine Sciencefiction mehr, sondern Alltag in einem globalisierten Unternehmen.

Parallel zur technologischen Revolution hat in den vergangenen 20 Jahren auch ein institutioneller Wandel stattgefunden. Die klassischen Industrieländer haben ihre Telekommunikations-, Verkehrs-, Energie- und vor allem die Finanzmärkte dereguliert. Viele Entwicklungs- und Schwellenländer haben ihre Märkte geöffnet und sich der internationalen Konkurrenz gestellt. Im internationalen Maßstab wurden Handelshemmnisse im Rahmen des *General Agreement on Tariffs and Trade* (GATT) beziehungsweise der Welthandelsorganisation (WTO) abgebaut und der Dienstleistungshandel durch das *General Agreement on Trade in Services* (GATS) liberalisiert.

Diese Veränderungen der technologischen und institutionellen Rahmenbedingungen haben die Globalisierung beschleunigt und die Internationalisierung der Dienstleistungen vorangetrieben – aber auch die Politik vor neue Aufgaben gestellt. Die Globalisierung bringt daher neue Herausforderungen für die nationalen Wirtschaftspolitiken mit sich.

Fakt 2: Globalisierung schafft Wohlstand und führt damit zu höherer Dienstleistungsnachfrage.

Jeder von uns weiß aus eigener Erfahrung: Mit steigendem Wohlstand werden überproportional mehr Dienstleistungen wie Reisen, Gesundheitsdienste, Freizeit, Finanzdienste, Kultur und Bildung nachgefragt. Doch was für uns persönlich gilt, betrifft in ähnlicher Weise ganze Volkswirtschaften. Höhere Einkommen führen in der Regel auch zu einer höheren gesamtwirtschaftlichen Nachfrage nach Gütern – und für Dienstleistungen gilt das in einem überproportionalen Maße.

Auch wenn hin und wieder skeptische Stimmen zu hören sind – oder sich wie anlässlich des WTO-Ministertreffens Ende 1999 in den USA versuchen, lautstark und teilweise gewaltsam Gehör zu verschaffen –, ich bin im Gegensatz dazu zutiefst überzeugt, dass alle von der Globalisierung profitieren: reife Volkswirtschaften, die mittel- und osteuropäischen Transformationsländer sowie die Schwellen- und Entwicklungsländer. Wie der internationale Handel auch ist die Globalisierung kein Nullsummenspiel. Allen bietet sich die Chance zu mehr Wachstum, mehr Wohlstand, mehr Einkommen.

Die Chance der Schwellen- und Entwicklungsländer ergibt sich aus der Tatsache, dass die Globalisierung ökonomische Aufholprozesse beschleunigt. Dies hat sich trotz der Krise

1997/98 besonders eindrucksvoll bei den südostasiatischen Schwellenländern der ersten Generation erwiesen. Die stärkere Einbindung von Südkorea, Taiwan, Singapur und Hongkong in die Weltwirtschaft hat den Technologie- und Produktivitätstransfer befördert. Diese und andere Länder Asiens haben aufgeholt und ihr Wohlstandsgefälle zu den Industrieländern spürbar reduziert. Automatisch sind dabei die Dienstleistungen überproportional gewachsen. So konnten die „Asian Tigers" ihre Dienstleistungsanteile an der gesamten Wertschöpfung von jeweils gut 50 Prozent im Jahr 1980 auf inzwischen rund 60 Prozent steigern. Gerade Länder wie Hongkong oder Singapur haben sich zu führenden Dienstleistungsstandorten für ihre Region entwickelt.

Der Zusammenhang ist eindeutig: Mehr Wohlstand in der Welt bedeutet höhere Nachfrage nach Dienstleistungen. Unternehmen, die diese Chancen systematisch und konsequent genutzt haben, ist es in der jüngsten Vergangenheit durch den Eintritt in wachsende Dienstleistungsmärkte besonders gut gelungen ihren Unternehmenswert nachhaltig zu steigern. So sind in den 90er Jahren an praktisch allen Handelsplätzen die Notierungen der Dienstleistungs- stärker als die der Industrieunternehmen gestiegen. Auch die „Fortune-500-Liste" ist ein Beleg dafür: Rund 45 Prozent der größten Unternehmen in den USA sind heute Dienstleister. Während die Gewinne der größten amerikanischen Industrieunternehmen in den letzten zehn Jahren ungefähr konstant geblieben sind, gelang es den Dienstleistungsunternehmen auf der Liste der „Fortune 500" ihre Gewinne in diesem Zeitraum zu verdoppeln und damit auch ihren Unternehmenswert deutlich zu erhöhen. Gleichzeitig entstanden bei diesen Firmen gut zwei Millionen neue Arbeitsplätze.

Fakt 3: Wettbewerbsfähige Dienstleistungen sind eine entscheidende Voraussetzung für Exporterfolge von Industrieunternehmen.

Der Wandel in Richtung Dienstleistungswirtschaft zeigt sich nicht nur in den Wirtschaftsstrukturen, sondern auch auf Produktebene. Auch die klassische Industrie wird dienstleistungsintensiver, der „Software"-Anteil der Produkte steigt. Die Tatsache, dass in modernen Industrieprodukten aufgrund vermehrter Zulieferungen von Dienstleistungsunternehmen ein immer höherer Dienstleistungsgehalt steckt, führt zur so genannten „Tertiarisierung der Sachgüterproduktion".

Damit reagieren die Industrieunternehmen auf die von ihnen gemachte Erfahrung, dass es mit dem Verkauf guter Produkte allein nicht mehr getan ist. Die Kunden verlangen heute komplexe Problemlösungen mit einem ausgeklügelten Industrie-Dienste-Paket. Die Wertschöpfung in der Industrie wird durch Service-Komponenten ergänzt. Hochwertige Dienstleistungen rund um das Produkt müssen das Angebot abrunden – angefangen beim Design über Beratung, Finanzierung, EDV, Installation, Schulung bis hin zu Wartung und Kundendienst.

Ein Teil dieser Dienstleistungen wird von den Industrieunternehmen selbst erstellt, ein anderer Teil von außen zugekauft. Nach Berechnungen des Kölner Instituts der deutschen Wirtschaft stieg der Anteil dieser Dienstleistungszukäufe am Umsatz der deutschen Industrie von 13 Prozent im Jahre 1991 auf heute fast 20 Prozent.

Dienstleistungsunternehmen tragen damit wesentlich zu den Exporterfolgen der Industrie in Deutschland bei. Die mit den Industriewaren quasi indirekt exportierten Dienstleistungen summierten sich 1999 auf fast 160 Milliarden DM. Damit überstiegen sie deutlich den Wert der in der Zahlungsbilanz ausgewiesenen direkten Dienstleistungsexporte, der rund 150 Milliarden DM betrug. Mit anderen Worten: Der indirekte Dienste-Export über Industriewaren ist weit höher als der unmittelbare Dienstleistungsexport. Das relativiert ein wenig das hohe Defizit, das wir in der deutschen Dienstleistungsbilanz vorfinden. Dienstleistungen sind längst auch in Deutschland zu einem Exportschlager geworden, auch wenn das von der amtlichen Statistik nicht vollständig erfasst wird.

Die Konsequenz hieraus ist eindeutig: Auch Länder wie zum Beispiel Deutschland, deren internationales Standbein in erster Linie der Warenexport ist, benötigen in Zukunft noch mehr als bisher einen leistungsfähigen Dienstleistungssektor, um im internationalen Wettbewerb bestehen zu können.

Fakt 4: Dienstleistungen und Globalisierung sind der Motor im Wandel der Beschäftigungsstrukturen.

Zwischen 1980 und 1989 sind in den entwickelten Volkswirtschaften zusammengerechnet fast 90 Millionen neue Arbeitsplätze im Dienstleistungssektor entstanden. Parallel dazu ist die Zahl der Beschäftigten in Industrie und Landwirtschaft in den OECD-Ländern um rund sechs Millionen geschrumpft. Besonders ausgeprägt war der Rückgang in Europa, wo 1989 14 Millionen weniger Industriearbeitsplätze als noch 1980 vorhanden waren. Ein Großteil der in der Industrie abgebauten Arbeitsplätze ist im Zuge des Strukturwandels durch neue Dienstleistungsjobs ersetzt worden.

Ein anderer Teil der Industriearbeitsplätze ist jedoch durch die zunehmende internationale Arbeitsteilung unter Druck geraten: Die Globalisierung hat in den reifen Volkswirtschaften vor allem Industriezweige mit Einfacharbeitsplätzen einer verschärften internationalen Konkurrenz ausgesetzt. Denn die Produkte dieser Industriezweige gehören zu den klassischen Exporterfolgen der Emerging Markets. So werden etwa in den USA mittlerweile über 40 Prozent der Inlandsnachfrage nach Bekleidung und Schuhen durch Importe aus Entwicklungsländern abgedeckt – im Jahr 1980 waren dies erst 14 Prozent. Nicht viel anders sieht es in den Ländern der Europäischen Union aus.

Die Industrieländer haben darauf mit einem Strukturwandel hin zu technologie- und wertschöpfungsintensiven Industrie- und Dienstleistungsbranchen sowie mit einer Aufwertung der Arbeitnehmerqualifikationen reagiert. Zwangsläufig sind in diesem Prozess viele Industriearbeitsplätze mit geringerer Qualifikation abgebaut worden. Im Unterschied zu Deutschland oder Frankreich ist es aber den USA gelungen die Betroffenen in neuen Jobs im Dienstleistungssektor unterzubringen. Die Amerikaner haben dazu den Markt für persönliche Dienstleistungen erschlossen, in dem auch viele einfache Tätigkeiten verrichtet werden. Ein weiterer Vorteil dieses Arbeitsmarktsegments besteht darin, dass er weitgehend vor internationaler Konkurrenz geschützt ist, da die meisten dieser Dienstleistungen vor Ort erbracht werden müssen und daher nicht aus dem Ausland importiert werden können.

In Deutschland scheitert dieser Beschäftigungstransfer und damit die erfolgreiche Bewältigung des Strukturwandels vor allem daran, dass es einen solchen Markt für einfache Dienstleistungstätigkeiten kaum gibt. Die Lohnstruktur ist durch das Sozialsystem nach unten zementiert und das Angebot einfa-

cher Dienstleistungen dadurch zu teuer. Um die Globalisierung beschäftigungspolitisch abzufedern, muss deshalb auch
ein größerer Sektor für gering qualifizierte Dienstleistungstätigkeiten geschaffen werden. Das ist auch sozial geboten –
ansonsten wird ein Teil der Menschen vom Arbeitsprozess
ausgeschlossen.

Man darf sich keinen Illusionen hingeben: Kein Strukturwandel verläuft friktionslos und ohne Härten. Das war in der Vergangenheit so und ist heute nicht anders. Dienstleistungen und
die Globalisierung schaffen neue Möglichkeiten, aber natürlich auch neue Herausforderungen. Daher hat die Globalisierung auch eine soziale und eine ethische Dimensionen der
Globalisierung, die es unbedingt zu berücksichtigen gilt. Bei
allen Einwänden gegen die sozialen Konsequenzen der
Dienstleistungsgesellschaft darf allerdings nicht vergessen
werden, dass moderne und wissensintensive Dienstleistungen
vor allem aber auch attraktive, gut bezahlte Arbeitsplätze
schaffen. Das zeigt das Beispiel USA ganz deutlich. Denn anders als häufig behauptet, hat das Beschäftigungswunder dort
nicht so sehr bei Billiglohnjobs stattgefunden, sondern vielmehr bei hoch qualifizierten, professionellen Tätigkeiten.
Zwei Drittel der über 14 Millionen seit 1989 neu geschaffenen
Arbeitsplätze sind im oberen Verdienstedrittel angesiedelt –
etwa Management-Positionen bei Banken, Versicherungen, in
der Software-Industrie oder bei den IT-Dienstleistungen.

Die dargestellten Fakten sollten die Frage nach dem Zusammenhang von Globalisierung und Dienstleistungswachstum
beantworten. Im Ergebnis lässt sich festhalten, dass beide Megatrends die gleichen Wurzeln haben und lediglich unterschiedliche Seiten des gleichen Phänomens darstellen. Dienst-

leistungen sind eine wichtige Facette der Globalisierung und treiben gleichzeitig die Globalisierung an. Beide Megatrends führen uns in eine neue Wirtschaftswelt, deren Konturen immer deutlicher sichtbar werden. Aber ist die Bundesrepublik Deutschland gut gerüstet für diese Zukunft? Wie steht die deutsche Volkswirtschaft bei den Dienstleistungen im internationalen Vergleich da?

Die deutsche Wettbewerbsposition im internationalen Dienstleistungshandel

Wie die Industrieunternehmen zwingt der intensive Wettbewerb auch die Dienstleistungsunternehmen zur Optimierung ihrer Standortwahl. Weltweit gibt es inzwischen viele gute Unternehmensstandorte für Dienstleister. Die Märkte in anderen Ländern lassen sich dank der modernen Technik viel einfacher als früher durch Exporte bedienen. Zu den Gewinnern in einer globalisierten Wirtschaft werden daher nur die Volkswirtschaften gehören, die über einen wettbewerbsfähigen Dienstleistungssektor verfügen. Zur Beantwortung der Frage, wie Deutschland im internationalen Dienstleistungswettbewerb positioniert ist, kann ein Vergleich mit den USA, der erfolgreichsten Volkswirtschaft der 90er Jahre, nützliche Anhaltspunkte liefern. Denn nicht nur bei Wachstum und Beschäftigung oder anderen wirtschaftlichen Leistungsindikatoren setzen die Vereinigten Staaten den Standard, auch im Dienstleistungshandel sind die USA weltweit führend.

Schon seit Jahren können sich die USA rühmen Weltmeister im Dienstleistungsexport zu sein. 1998 exportierten sie Leistungen im Wert von 260 Milliarden Dollar. Die amerikanischen Dienstleister trugen damit mehr als ein Viertel zu den gesamten Ausfuhren der USA (Waren und Dienstleistungen) bei. Der Exportüberschuss im Dienstleistungshandel Amerikas belief sich auf fast 79 Milliarden Dollar.

Anders sieht es in Deutschland aus. Wir haben traditionell eine defizitäre Dienstleistungsbilanz. Im Jahr 1999 klaffte zwischen Einnahmen und Ausgaben ein Loch von über 70 Milliarden DM – ein neuer Minusrekord, der vor allem aufgrund der Reiselust der Deutschen ins Ausland zustande gekommen ist. Auch ist die Außenhandelsstruktur bei uns wesentlich stärker von der Industrie geprägt als in den USA. Nur knapp 14 Prozent der Gesamtausfuhren Deutschlands entfallen auf Dienstleistungen.

Diese Tatsache stellt an sich noch kein Problem dar. Jedoch steckt hinter diesen Zahlen ein weiterer Befund, der viel eher Anlass zur Sorge geben muss: Den amerikanischen Unternehmen gelingt es mit modernen, wissens- und technologieintensiven Dienstleistungen auf den internationalen Märkten Geld zu verdienen, während sich die deutschen Unternehmen hierbei – bis auf wenige rühmliche Ausnahmen – viel schwerer tun. So konnten die USA ihren Überschuss im Außenhandel mit modernen Dienstleistungen in den 90er Jahren auf fast 63 Milliarden Dollar verdoppeln. Am erfolgreichsten sind die USA beim Verkauf von Patenten und Lizenzen. Sie erzielten hiermit 1998 im internationalen Handel einen Überschuss von rund 26 Milliarden US-Dollar. Dagegen wies Deutschland beim „Blaupausenverkauf" einen Negativsaldo von drei Milliarden US-Dollar auf.

Ob Patente und Lizenzen, Film-Business, Softwareproduktion, Finanzdienste, Consulting oder Research & Development

– auf den meisten dieser Märkte haben die Amerikaner die Position des Marktführers inne. Dagegen ist Deutschlands Außenhandelssaldo bei den zukunftsträchtigen Dienstleistungen in den vergangenen Jahren kontinuierlich tiefer ins Minus gerutscht – 1999 hatten wir hier ein Defizit von insgesamt über 30 Milliarden DM.

Eine Studie des Münchner ifo-Instituts machte kürzlich deutlich, dass auf zentralen globalen Dienstleistungsmärkten – Ingenieurdienste, DV-Dienste, Rechtsberatung, Unternehmensberatung, Werbung – kein deutsches Unternehmen unter den Top Ten zu finden ist. Bei der Mehrheit der deutschen Datenverarbeitungs- und Beratungsdienstleister sehen die ifo-Forscher noch deutliche Wettbewerbsschwächen.

Es besteht also Handlungsbedarf, um existierende Marktpotenziale effektiver ausschöpfen zu können. Und die Möglichkeiten sind enorm, denn moderne Dienstleistungsmärkte sind lukrativ und prinzipiell offen. Mit Ausnahme der Märkte für bestimmte Standardsoftware gibt es im Dienstleistungsbereich international keine alles dominierenden Unternehmen. Die deutschen Dienstleister sollten sich stärker als bisher bemühen, auch international Fuß zu fassen. Ihre Pluspunkte sind Qualität, Termintreue und eine hohe Problemlösungskompetenz.

Erfolg können solche Bemühungen aber nur haben, wenn auch die Standortbedingungen stimmen. Daraus leiten sich bestimmte Anforderungen an die Politik ab. Nicht überall ist die Politik bislang so weit wie bei der Gestaltung der Rahmenbedingungen der Informationswirtschaft. So steht das Thema Dienstleistungen und Informationsgesellschaft in der politischen Diskussion schon seit einiger Zeit auf der Agenda und hat zu den ersten wichtigen Weichenstellungen geführt. Dies ist auch der Tatsache zu verdanken, dass Wirtschaft, Gesellschaft und Politik hier miteinander in einem intensiven Dialog stehen. Die vom damaligen Bundespräsidenten Roman Herzog ins Leben gerufene IT-Initiative, deren Beiratsvorsitz mittlerweile Bundeskanzler Gerhard Schröder übernommen hat, ist ein außerordentlich erfreuliches Beispiel hierfür.

Herausforderungen für die Politik

Es herrscht weitgehend Einigkeit darüber, dass in Deutschland auch im Bereich der hochwertigen Dienstleistungen noch erhebliche Entwicklungspotenziale bestehen. Dies liegt auch an den ungenügenden Kenntnissen und fehlenden Qualifikationen eines Teils der Beschäftigten. Eines kann nicht klar genug herausgestellt werden: Innovative Dienstleistungen lassen sich nur mit Mitarbeitern erstellen, die über entsprechendes Wissen und Know-how verfügen, die hoch qualifiziert und hervorragend ausgebildet sind.

Daher ist es ganz besonders wichtig, dass unser Bildungs- und Ausbildungssystem auf die Dienstleistungs- und Informationsgesellschaft ausgerichtet wird. Das ist noch lange nicht der Fall. Der derzeitige Mangel an qualifizierten DV-Arbeitnehmern dokumentiert dies auf eine erschreckende Weise. Das Bundeswirtschaftsministerium und die Fachverbände schätzen, dass auf dem deutschen Arbeitsmarkt rund 75 000 IT-Fachkräfte fehlen. Notwendig sind Bildung und Ausbildung und weitere geeignete Berufsbilder für die Dienstleistungsbranchen. Wir benötigen eine neue Pädagogik für die Dienstleistungs- und Wissensgesellschaft.

Neben Veränderungen der Bildungs- und Ausbildungssysteme stellt der Weg in die Dienstleistungsgesellschaft im Bereich der Arbeitsbeziehungen außerdem neue Anforderungen an die Gestaltung von Beschäftigungsverhältnissen. Dienstleistungsproduktion ist ein auftrags- und projektbezogenes Geschäft, das flexible Arbeitszeiten erfordert. Arbeit am Wochenende oder schwankende Arbeitszeiten an einzelnen Tagen und Wochen sind in vielen Dienstleistungsbranchen unabdingbar. Der erforderlichen Arbeitszeitflexibilisierung schiebt aber das Arbeitszeitgesetz oft einen Riegel vor. Sonn- und Feiertagsarbeit bedürfen – abgesehen von der Gastronomie, dem Verkehrsgewerbe, Krankenhäusern und anderen gesellschaftsbezogenen Dienstleistungen – meist behördlicher Genehmigungen. Die Genehmigungspraxis für andere Dienstleistungsbranchen ist eher restriktiv. Auch bei den Ausgleichszeiträumen für Mehrarbeit hapert es an praxisrelevanten Regelungen.

Ein weiter Hemmschuh für die Entwicklung zur Dienstleistungsgesellschaft ergibt sich aus der Problematik, dass eine ganze Reihe von Märkten in Deutschland und Europa, insbesondere im Bereich der Dienstleistungen, weiterhin behindernden Regulierungen unterworfen sind. Der weitere Abbau dieser Regulierungen ist jedoch notwendig, um neuen Dienstleistern den Zugang zu interessanten Wachstumsmärkten zu eröffnen. Nicht nur in diesem Bereich, sondern grundsätzlich gilt, dass der Dschungel an staatlichen Gesetzen und Vorschriften dringlicher denn je gelichtet werden muss. Denn überbordende Bürokratie und Regelungswut bremsen insbesondere den Gründer-Elan im Dienstleistungsbereich und verhindern das Entstehen neuer Dienstleistungen. Nicht nur der Arbeitsmarkt, auch die Güter- und Dienstleistungsmärkte sind in Deutschland zu stark reguliert. Hier muss sich rasch etwas ändern, denn wir brauchen mehr Gründer in zukunftsorientierten Branchen, nicht zuletzt, um damit einen wichtigen Beitrag zur Bekämpfung der Arbeitslosigkeit zu leisten.

Überregulierung und ein Zuviel an Bürokratie hemmen die Entfaltung der Marktkräfte. Wer dagegen bei der Liberalisierung der Märkte konsequent vorangeht, verschafft sich einen Wettbewerbsvorsprung. Das zeigen die nordischen Länder Finnland und Schweden, die ihre Telekommunikationsmärkte in Europa als Erste geöffnet hatten. Skandinavische Unternehmen gehören heute zu den führenden Handy-Herstellern. Dies belegt klar, dass sich politische Innovationen auch wirtschaftlich auszahlen.

Für die internationale Wettbewerbsfähigkeit bei der Erstellung bestimmter Dienstleistungen spielen auch die Arbeitskosten eine Rolle. Wenn Programmierarbeiten und DV-Leistungen in Indien wesentlich kostengünstiger sind, werden die Aufträge eben nicht nach Deutschland, sondern nach Indien vergeben. Sicherlich können deutsche Dienstleister dagegen ihre Qualität und Perfektion anführen. Doch kann dies nicht alles kompensieren, denn Kosten sind in einigen Branchen ein besonders relevantes Kriterium. Vor allem bei den Sozialkosten und Steuern müssen die deutschen Unternehmen daher entlastet werden, damit sie im internationalen Wettbewerb konkurrenzfähiger werden. Die notwendige Reform der Sozialsysteme kommt aber nicht so recht voran. Immerhin bringt uns die anvisierte Unternehmenssteuerreform mit der deutlichen Senkung der Steuersätze ein gutes Stück vorwärts.

Um die globalen Dienstleistungsmärkte besser und intensiver nutzen zu können, ist es weiterhin erforderlich, die Bedingungen für Dienstleistungsunternehmen im Bereich der internationalen Handelspolitik zu verbessern. Umso bedauerlicher ist es, dass die „Millenium"-Runde der WTO im Dezember 1999 in Seattle gescheitert ist, weil sich die Vertreter der 135 Teilnehmerländer nicht auf einen Themenkatalog für eine neue Liberalisierungsrunde im Welthandel einigen konnten. Für die Weltwirtschaft bedeutet dies den Verzicht auf neue, bislang nicht erschlossene Handelsgewinne, die den Wachstumsspfad der Weltwirtschaft dauerhaft erhöht hätten. Die Globalisierung wird durch das Scheitern der WTO-Runde allerdings nicht aufgehalten, sie wird nur andere Formen annehmen. Zur Umgehung von Handelsschranken haben sich in der Vergangenheit im Industrie- wie im Dienstleistungssektor vor allem ausländische Direktinvestitionen als effizient erwiesen.

Dennoch wurde auch für den Dienstleistungsbereich die große Chance vertan weitere Verbesserungen für den internationalen Handel zu verabreden. Der 1994 abgeschlossene GATS-Vertrag bietet zwar eine gute Grundlage für den globalen Dienstleistungshandel. Aber es sind dringend weitere Fortschritte geboten, um das GATS zu stärken und auf neue Bereiche auszuweiten. Dazu gehört unter anderem:

• die bestehenden länderspezifischen Ausnahmen auf ein Minimum zu reduzieren,

• die Bereiche in das GATS aufzunehmen, die bei Vertragsschluss noch monopolisiert waren oder staatlicher Verwaltung unterstanden, seither aber liberalisiert worden sind,

• die Integration des Electronic Commerce in das GATS; geeignete Vorschläge (zum Beispiel des *Global Business Dialogue on Electronic Commerce*) liegen hierzu vor,

• die starke Ausweitung der Zahl der GATS-Teilnehmerländer, damit die WTO-Regeln flächendeckend zur Norm im internationalen Dienstleistungsverkehr werden.

Darüber hinaus gilt es, dem TRIPS (*Trade-Related Aspects of Intellectual Property Rights*) mehr Geltung zu verschaffen. Zwar schützt das bestehende Abkommen grundsätzlich geistige Eigentumsrechte im Handel, in den vergangenen Jahren haben dennoch Produktpiraterie und Lizenzverstöße überhand genommen. Das TRIPS bedarf daher wirkungsvoller Sanktionsmechanismen. In diesem Zusammenhang wäre es natürlich wichtig, dass auch China demnächst der WTO beitritt und sich ebenfalls den Regeln des TRIPS unterwirft.

Und schließlich sollte das Abkommen über das öffentliche Beschaffungswesen in die WTO integriert werden. Dieses Abkommen greift bislang kaum, da es im Gegensatz zum Waren- und Dienstleistungsabkommen nicht multilateral, sondern nur plurilateral verankert ist, das heißt die Staaten räumen sich nur wechselseitig Zugang zu ihren Märkten ein – und nicht auf einer globalen Ebene. Der internationale Wettbewerb im Beschaffungswesen wird erst dann richtig funktionieren, wenn allen Unternehmen Marktzugang gewährt wird.

Die Felder, auf denen weiterer Handlungsbedarf besteht, sind also durchaus umfangreich, und es besteht daher kein Anlass in den Anstrengungen einer weiteren Liberalisierung des internationalen Dienstleistungshandels nachzulassen. Im Gegenteil, die Entwicklung und Verfolgung einer politischen Vision der globalen Handelsliberalisierung von Dienstleistungen sind trotz beziehungsweise gerade wegen der vorerst gescheiterten WTO-Milleniums-Runde äußerst aktuell und besitzen weiterhin Gültigkeit.

Die Gestaltung der globalen Dienstleistungs- gesellschaft

Der strukturelle Wandel zur Dienstleistungsgesellschaft und die zunehmende Globalisierung bringen zahlreiche Veränderungen mit sich. Neue Arbeitsplätze mit andersartigen Qualifikationsprofilen entstehen, während andere Arbeitsplätze im Zuge des Strukturwandels entfallen. Dies hat auch nicht zu vernachlässigende soziale Auswirkungen. Die zunehmende Verbreitung von modernen Informations- und Kommunikationsstrukturen ermöglicht es, Herstellungsprozesse besser zu zerlegen und global zu verteilen. Daraus ergeben sich neue Impulse für die internationale Arbeitsteilung. Gleichzeitig entwickelt sich der allgemeine Trend zur Globalisierung der Finanz-, Güter und Dienstleistungsmärkte weiter. Dies stellt neue Anforderungen an die Gestaltungsfähigkeit der Wirtschaftspolitik, an die internationale Zusammenarbeit und erfordert den Aufbau einer modernen und dienstleistungsorientierten Weltwirtschaftsarchitektur.

Die Befassung mit dem Thema Dienstleistungen ist gerade in Deutschland besonders wichtig, denn bei uns besteht noch ein deutlicher Nachholbedarf bei den Dienstleistungen. Wir könnten in Deutschland Tausende von neuen Arbeitsplätzen schaffen, würde der Dienstleistungssektor hierzulande eine ähnlich starke Bedeutung erlangen wie in manch anderen Ländern.

Hier bestehen eine Herausforderung und eine Chance zugleich. Die Schaffung von zukunftsgerechten Bedingungen für die Nutzung der Potenziale der Dienstleistungsgesellschaft ist eine vordringliche Gestaltungsaufgabe von Politik, Wirtschaft und Gesellschaft. Das Thema Dienstleistungen muss zu einem wesentlichen Bestandteil des öffentlichen Bewusstseins werden. Wir dürfen nichts unversucht lassen, um die Potenziale der globalen Dienstleistungswirtschaft für die Stimulierung des Wachstums und die Schaffung neuer Arbeitsplätze zu nutzen.

Wer den globalen Markt will, muss auch eine minimale globale Rahmenordnung des Marktes wollen, und wer diese globale Rahmenordnung des Marktes will, muss auch ein globales Ethos wollen, ja voraussetzen.

Professor Dr. Hans Küng, 1928 in Sursee/Schweiz geboren, studierte an der Päpstlichen Universität in Rom Philosophie und Theologie und promovierte in Paris. 1962 ernannte ihn der Papst zum offiziellen Konzilsberater; 1963 bis 1996 war er Direktor des Instituts für ökumenische Forschung an der Universität Tübingen. Dort lehrte er ökumenische Theologie, zunächst an der katholischen Fakultät, später fakultätsunabhängig. Seit 1995 ist er Präsident der „Stiftung Weltethos".

Die ethische Dimension der Globalisierung

von Hans Küng

Die Einladung zu diesem debis Dienstleistungskongress bedeutet für mich eine Ehre und zugleich – angesichts der Größe und der Bedeutung der Zuhörerschaft wie der Schwierigkeit der Problematik – eine Herausforderung. Ein Impulsreferat wird von mir erwartet. Impuls heißt Anstoß (darf das Referat auch anstößig sein?), heißt Anregung (darf es auch aufregen?), heißt Antrieb: Darf es auch über das hinaustreiben, wo Sie gerade stehen?

Der Markt erfordert eine Globalisierung

Ja, wo stehen wir? Was ist der status quaestionis in Sachen Globalisierung? Vier Grundthesen zur Globalisierung, wie ich sie in „Weltethos für Weltpolitik und Weltwirtschaft" entwickelt habe, dürften auch für den Dienstleistungsmarkt einen soliden Ausgangspunkt für das Weitertreiben der Problematik bilden:

These 1: Globalisierung ist **unvermeidbar, „unstoppable":** Sie alle, meine Damen und Herren, besonders in den Bereichen Information und Kommunikation, sind Teil dieser atemberaubenden weltwirtschaftlichen Strukturrevolution, die einen rasanten Übergang von der Nationalökonomie zur Globalökonomie bedeutet. Verbunden damit ist ein Wandel zur Dienstleistungs- und Wissensgesellschaft. Wer die Potenziale der Globalisierung gerade im Dienstleistungssektor für sich nicht zu nutzen weiß, degradiert sich von vornherein zu einer drittklassigen Wirtschaftsmacht. Aber aufgrund Ihrer ganz persönlichen Erfahrungen, meine Damen und Herren, werden Sie wohl auch meiner zweiten These zustimmen.

These 2: Globalisierung ist **ambivalent**: Wir alle, Massen von Menschen, genießen tagtäglich die Früchte der Globalisierung der Technologie, der Güter, der Dienstleistungen – vom Faxen bis zum Fliegen. Globale Wirtschaft und Wissenschaft, Information und Kommunikation sind gegenüber der nationalen Ökonomie ebenso ein epochaler Fortschritt wie früher die Nationalökonomie gegenüber den lokalen und regionalen. Vermutlich gehören Sie alle in diesem Prozess zu den Aufsteigern. Aber zweifellos sind Ihnen aus Ihrem Umkreis auch Absteiger bekannt: absteigende Personen, Betriebe, Standorte, ja auch Regionen und Nationen, und denen helfen schönfärbende universale Statistiken über den Segen der Globalisierung wenig. Auch Sie alle werden ja aufgrund der Globalisierung von einem intensivierten Wettbewerb gejagt und werden deshalb gewiss auch meiner dritten These zustimmen.

These 3: Globalisierung ist **unberechenbar**: Die beabsichtigten Haupteffekte der Globalisierung sind eines, die nicht geplanten Nebeneffekte ein anderes. Einerseits ökonomische Mirakel, andererseits ökonomische Debakel. Ich weiß nicht, ob Sie selber den längerfristigen Wirtschaftsprognosen eine größere Treffsicherheit zuschreiben als den längerfristigen Wetterprognosen. Wie unsere fabelhaften Geheimdienste weder den Zusammenbruch der Sowjetunion noch den Golfkrieg vorausgesehen haben, so unsere fabelhaften Forschungsinstitute und Rating-Agencys weder den Kollaps Mexikos 1997 noch den Absturz des Nikkei-Indexes, weder die Asienkrise 1997 noch den Defaut Russlands 1998. Angesichts der seit der amerikanischen Bankenkrise 1990 bis 1991 „mit beinahe schöner Regelmäßigkeit" folgenden Krisen im Weltfinanzsystem können nur unrealistische Optimisten heute noch einen ökonomischen Boom für die nächsten 30 Jahre verkünden, nur ökonomische Dogmatiker eine Weltwirtschaftskrise von vornherein ausschließen. Ja, die Globalisierung ist unberechenbar. Da mag Ihnen meine vierte These ein Trost sein:

These 4: Globalisierung ist **steuerbar**: Globalisierung ist kein Naturphänomen wie eine heraufziehende Gewitterfront oder ein Erdbeben, dem man machtlos gegenübersteht. Manche Ökonomen werden Ihnen freilich sagen, der Markt selber sei das Steuerungsinstrument der Globalisierung, und tatsächlich soll es Leute geben, die an die Unfehlbarkeit des Marktes glauben wie andere an die Unfehlbarkeit des Papstes. Doch wie der Steuermann der Kirche etwa bezüglich Geburtenregelung und Schwangerschaftskonfliktberatung versagen konnte, so kann auch der Markt als Steuerungsinstrument der Wirtschaft versagen. Die Märkte sind, so sagte mir der bekannteste globale Devisenspekulant George Soros in einem Gespräch beim Weltwirtschaftsforum in Davos, „besessen von Gier und Angst (greed and fear)" und reagieren deshalb gegen alle ökonomische Theorie nicht „rational", sondern „emotional". Auffälligerweise rufen aber in Wirtschaftskrisen gerade die entschiedensten Vertreter des unbeschränkten Freihandels nach der Politik und ihrer Ordnungsfunktion, rufen nach dem Staat, dem IWF und unseren Steuergeldern. Man fragt sich: Warum erfolgt ein solcher Ruf nur in Krisenzeiten? Deshalb:

Der globale Markt erfordert eine globale Rahmenordnung

Die Globalisierung von Ökonomie und Technologie hat eine **Globalisierung der Probleme** zur Folge: von den beängstigenden ökologischen Belastungen bis zur Globalisierung der organisierten Kriminalität (Mafia) und des Drogen- und Menschenhandels. Aber für Sie, meine Damen und Herren, sind wohl die Probleme des **globalisierten Finanzmarkts** noch drängender. Wenn heute an einem Tag mehr Devisen um den Globus zirkulieren, als der gesamte Welthandel von vier Monaten ausmacht, sollte man die weltweiten Kapitalmärkte meines Erachtens nicht als Katalysator für Transparenz, unternehmerische Effizienz und demokratische Kontrolle verklären. Wo sind denn hier die Transparenz und die demokratische Kontrolle?

Ich frage Sie: Hat dieser „globale Markt" ohne alle Grenzen, Hemmungen und Regelungen die asiatische Krise mit ihren noch immer unabsehbaren Auswirkungen nicht überhaupt erst ermöglicht? Untergräbt dieser völlig ungeregelte Markt mit seinen kurzfristigen spekulativen Investitionen in Hoffnung auf schnellen Gewinn nicht die langzeitigen Industrieinvestitionen? Untergräbt er in diesen Ländern nicht das notwendige Vertrauen in das System der Marktwirtschaft? Ja, stellt er nicht **die Stabilität des Weltfinanzsystems selber** in Frage?

Es besteht dringender Handlungsbedarf: Wir brauchen eine **Neuordnung des globalen Finanzsystems**, am besten so etwas wie ein neues, nein, ein neuartiges Bretton-Woods-Abkommen. Wenn schon der immens komplex und gefährlich gewordene Flugverkehr einiger weltweit akzeptierter elementarer Regeln und Kontrollen bedarf, warum dann nicht auch der ebenso komplexe und auf seine Weise gefährliche internationale Geldverkehr? Eine neue „global financial architecture" forderte Präsident Clinton auf dem Höhepunkt der südostasiatischen Finanzkrise.

Es ist zu hoffen, dass die Menschheit zur Abwechslung nicht wieder durch neue katastrophale Erfahrungen lernen muss, sondern dass die Verantwortlichen gerade jetzt wichtige Lehren aus den bedrohlichen Entwicklungen der allerneuesten Zeit ziehen. Der globale Markt erfordert eine minimale globale Rahmenordnung, die sich der Markt nicht selber geben kann. Man diskutiert bekanntlich verschiedene Reformmaßnahmen – eine zentrale Aufsicht über Finanzinstitute und -märkte (Henry Kaufmann), eine Weltzentralbank (Jeffrey Garten), eine einheitliche Weltwährung (Richard Coopers), eine internationale Schuldenversicherungsagentur (George Soros), eine internationale Konkursinstanz für Staatsschulden (Jeffrey Sachs), eine minimale Wechselkurssteuer (James Tobin, früher auch vom jetzigen amerikanischen Finanzminister Lawrence Summers vertreten). Die Großbanken ihrerseits möchten sich nach horrenden Verlusten (im Fall der Asien- und Russlandkrise auf 350 Milliarden Dollar geschätzt) mit Reparaturmaßnahmen wie besserer Information, Transparenz, Kommunikation und Aufsicht zufrieden geben. Leider hat man bisher noch keinen überragenden ökonomischen Architekten von der Statur eines John Maynard Keynes gefunden, der für das Bretton-Woods-System mit IWF und Weltbank das konsensfähige theoretische Framework ausgearbeitet hatte.

Dabei ist es wichtig zu bedenken, dass Erholung bei den Aktien-, Obligationen- und Devisenmärkten nicht dasselbe be-

deutet wie Erholung für die einfachen Leute, die unter den Zu-
sammenbrüchen der letzten etwa 21 Monate am meisten ge-
litten haben. „Viele Angehörige der Mittelklasse wurden in
Armut gestoßen und viele arme Familien wurden noch ärmer.
Ihre Erholung wird wohl noch Jahre brauchen. Ihre Leiden
und zerbrochenen Hoffnungen müssen für die Finanzpolitiker
der entwickelten Länder im Zentrum bleiben." (The Washington Post, 26.4.1999) Damit sind wir bereits bei ethischen Fragen angelangt.

Eine globale Rahmenordnung des Marktes erfordert ein globales Ethos

In einem persönlichen Gespräch über die Frage der Realisier-
barkeit einer minimalen Wechselkurssteuer antwortete mir der
langjährige Präsident der Weltbank, Robert McNamara, im
Herbst 1997 in Neu Delhi: Sie ist realisierbar, „if you want it!"
(„wenn man sie will!") In der Tat: Wenn eine bessere globale
Finanzarchitektur – mit dieser oder jener Maßnahme – ange-
strebt werden soll (aufgrund einer Initiative der USA, der EU
und Japans), dann braucht es dafür den **politischen Willen** der
Verantwortlichen. Und dieser ist bei Unternehmen für das Bo-
num Commune der Völker kaum ohne **ethischen Impuls**
möglich, ohne die sittliche Schwungkraft, ohne die morali-
sche Energie, wie sich dies etwa beim Marshall-Plan, bei der
Ausarbeitung einer Allgemeinen Menschenrechtserklärung
oder bei der Grundlegung eines geeinten Europas gezeigt hat.

Bestätigt sehe ich mich durch den jetzigen Präsidenten der
Weltbank, James Wolfenssohn, am Vorabend der Jahresver-
sammlung von IWF und Weltbank, wo die Notwendigkeit ei-

nes „code of conduct" und Antikorruptionsmaßnahmen oben auf der Tagesordnung stehen: „Vor einem Jahr sagte jedermann, wir müssen uns der Frage der systemischen Reform stellen, aber diese Themen wurden in vielen Ländern nicht angegangen ... Viele Leute kommen zum Urteil: ,Well, wir haben diese Krise überstanden, und alles wird wieder all right sein.'" Wolfenssohns Mahnung: „Es besteht klar weniger politischer Wille für eine Reform. Im Moment, da die Wirtschaft anzieht, sieht man die Notwendigkeit für Reformen als geringer an." (International Herald Tribune, 20.9.1999)

Sie mögen, meine Damen und Herren, über Details dieser Analyse also ruhig so oder anders denken – die konkreten Lösungen sind Sache der Fachleute. Mir geht es um die allgemeine Schlussfolgerung: Wer den globalen Markt will, muss auch eine minimale globale Rahmenordnung des Marktes wollen, und wer diese globale Rahmenordnung des Marktes will, muss auch ein globales Ethos wollen, ja voraussetzen. Es handelt sich hier ja nicht nur um Binnen- und Spezialfragen der Ökonomie. Es geht um gesamtgesellschaftliche, um hoch politische und letztlich auch ethische Fragen. Im Konkreten etwa um die Frage, ob Profit, also das grundsätzlich berechtigte Gewinnstreben, der alleinige und einzige Zweck der Wirtschaft, einer Bank, eines Unternehmens sein soll. Das Phänomen der **ökonomischen Globalisierung** macht deutlich, dass es bei der Globalisierung auch um das Ethische gehen muss und **im Ethischen auch um Globalisierung.**

Globalisierung ist ja viel mehr als nur ein ökonomisches Konzept. Um der Globalisierung von Märkten, Technologie und Kommunikation Nachhaltigkeit zu verleihen, müssen die damit verbundenen Gewinne der Wirtschaft so erzielt werden, dass dies sozial verträglich und umweltverträglich ist. Dafür ist eine Reflexion über globale ethische Standards unbedingt erforderlich. Um sicherzustellen, dass die wirtschaftliche Leistung den humanen und sozialen Zielen untergeordnet bleibt, braucht Globalisierung eine politische Grundlage und einen ethischen Rahmen.

Für die komplizierten Probleme im Zusammenhang mit der Globalisierung gibt es sicherlich keine leichten und schnellen Lösungen. Es gibt offensichtlich keine Alternative zur freien und sozialen Marktwirtschaft. Doch Erfahrungen der letzten Zeit auf der ganzen Welt haben gezeigt, dass die Marktwirtschaft nur dann ihre gewünschte Wirkung entfaltet, wenn sie sich auf eine einigermaßen intakte Zivil- oder Bürgergesellschaft stützt, die auf Grundwerten und grundlegenden ethischen Standards ruht. Dafür zwei Beispiele:

Das negative ist Russland: Der von westlichen Beratern und vom IWF empfohlene Zaubertrank – „freie Preise" und „freier Warenverkehr" – führte zu einer ziemlich chaotischen Situation: Russland war kein gewichtiger Akteur mehr in der globalen Ökonomie. Ein Gespräch mit einem früheren Berater Präsident Jelzins, dem Harvard-Ökonomen Jeffrey Sachs, hat mich darin bestärkt: Die Marktwirtschaft kann nicht erfolgreich sein, so auch Sachs,

- wenn es erstens keine einzige öffentliche Persönlichkeit von moralischer Integrität gibt, mit der sich die Menschen identifizieren können: weder Präsident noch Premierminister noch Mitglieder des Parlaments noch ein Wissenschaftler oder Schriftsteller (Sacharow ist tot, Solschenizyn im Abseits);

• wenn es keine einzige öffentliche Institution gibt, die moralisch glaubwürdig ist: weder die Regierung noch die Staats-Duma oder der oberste Gerichtshof, weder die Zentralbank noch die Kirche.

Positives Beispiel: Die Niederlande haben eine erstaunliche wirtschaftliche Entwicklung durchgemacht mit Hilfe des so genannten „Polder Modells", das erstens die Interessen aller Stakeholder berücksichtigt und zweitens Flexibilität für Arbeitgeber und Sicherheit für Arbeitnehmer kombiniert.

Dieses Modell der Kooperation der verschiedenen gesellschaftlichen Kräfte war aber nur aufgrund eines Gesellschaftskonsenses möglich, der explizit oder implizit eine Reihe ethischer Werte und Standards voraussetzt, die in den schwierigen Verhandlungen, Planungen und Realisierungen zum Tragen kommen müssen. Dies ist gar nicht möglich ohne ein hohes Maß an Gemeinsinn, Verantwortung, gegenseitigem Vertrauen und Ehrlichkeit, ohne Gerechtigkeitssinn, Fairness, Partnerschaft, ja, ohne Menschlichkeit. All das, was ausgedrückt wird in zwei ethischen Grundsätzen eines Weltethos', das von Menschen verschiedener religiöser und weltanschaulicher Tradition, von Gläubigen und Nichtgläubigen mitgetragen werden kann: „Jeder Mensch muss menschlich behandelt werden", und: „Was du nicht willst, das man dir tut, das tu auch nicht den anderen". In der Tat: Gewisse Richtlinien für faire Konfliktaustragung und gerechten Interessenausgleich werden welweit von den meisten Religionen, Kulturen und Weltanschauungen anerkannt – die Voraussetzung für ein Weltethos gerade auch im Zeichen der Marktwirtschaft.

Die Marktwirtschaft ist also nicht Selbstzweck, sie muss auch im Zeitalter der Globalisierung im Dienst der Bedürfnisse des

Menschen stehen, und nicht umgekehrt die Menschen restlos
der Logik und den selbst fabrizierten „Sachzwängen" des
Marktes unterworfen werden. Auch **der Weltmarkt ist um
der Menschen willen** da und nicht die Menschen um des
Weltmarktes willen. Wenn die deutsche Wirtschaft mehr
Markt und Deregulierung braucht, so benötigt die Weltwirtschaft mehr Staat und Regulierung. Ist das vielleicht der
berühmt-berüchtigte „Third Way" der Finanz- und Wirtschaftspolitik?

Der Dritte Weg – ein Weg für alle demokratischen Parteien

Wer hat den Dritten Weg erfunden? Dazu eine kleine Episode:
Durch eine Indiskretion war in die Londoner Times geraten,
dass der britische Premierminister Tony Blair mich zu einer
persönlichen Unterredung nach London eingeladen hatte.
Warum? Nicht um Kandidaten für die Nachfolge des Erzbi-
schofs von Westminster zu diskutieren, wie der Glossenschreiber der Times unter dem Titel „Holy Smoke" mutmaß-
te. Wohl aber um die Fragen eines globalen Ethos zu bespre-
chen, was der Glossenschreiber nicht wusste, wiewohl er süf-
fisant anmerkte, der Theologe sei schon längst vor dem Staats-
mann, der ja in der Tat wie etwa Roman Herzog und Helmut
Schmidt für Werte und Moral, Rechte und Pflichten einsteht,
„ein Exponent des Dritten Wegs" gewesen. Letzteres ist richtig, halb richtig. In der Tat hatte ich schon 1990 im Buch „Pro-
jekt Weltethos" („Global Responsibility") und nachfolgend
immer wieder grundsätzlich für eine Neugestaltung der politischen Weltordnung geworben und im Hinblick auf eine post-

industrielle Gesellschaft, die zunehmend eine Dienstleis-
tungs- und Kommunikationsgesellschaft sein werde, für eine
**öko-soziale Marktwirtschaft jenseits von Kapitalismus
und Sozialismus.**

Aber das alles hatte ich selbstverständlich nicht selber erfunden. Vielmehr lag es auf der Linie der – damals noch national
und nicht global verstandenen – Sozialen Marktwirtschaft von
Ludwig Erhard und Alfred Müller-Armack, die „das Prinzip
der Freiheit auf dem Markt mit dem des sozialen Ausgleichs
zu verbinden" versucht hatten: wirtschaftlichen Erfolg, doch
mit dem Prädikat „sozial" als ethische Verpflichtung! Ein
Wirtschaftskonzept, grundgelegt in der Freiburger Schule des
„Ordo-Liberalismus" sowie in Ideen evangelischer Sozial-
ethik und vor allem jener katholischen Soziallehre, die von
Vertretern des sich zwischen Liberalismus und Sozialismus
platzierendenplazierenden Solidarismus von Heinrich Pesch,
Oswald von Nell-Breuning und meines römischen Lehrers
Gustav Gundlach durchgedacht worden waren. Eine Konzentration – längst vor allem „Kommunitarismus" – auf die bei-
den hochaktuellen, im Grunde ethischen Prinzipien: Solida-
ritäts- und Subsidiaritätsprinzip, die eine individualistische
Gesellschaft zusammenhalten können.

Das alles heißt: Der Dritte Weg (natürlich nicht im neomarxis-
tischen Sinn, sondern in dem der Sozialen Marktwirtschaft)
wurde nicht von einem Einzelnen erfunden; dass die Tugend
in der Mitte liegt, wusste übrigens schon der griechische Philosoph Aristoteles. Und es wäre wahrhaftig an der Zeit, dass
angesichts des Problem- und Reformstaus in der Bundesrepublik alle demokratischen Parteien einsehen würden, dass der
dritte Weg zwischen Kapitalismus und Wohlfahrtsstaat der

einzig vernünftige, ja, heute der einzige realisierbare Weg ist.
Wenn wir die gegenwärtigen riesigen Probleme in Deutschland bewältigen wollen, brauchen wir nicht nur ein Sparpro-
gramm, sondern eine gesellschaftliche Zukunftsvision, eine
ethische Grundorientierung, ja, einen **neuen politischen Ge-
sellschaftskonsens** der verschiedenen Parteien und gesellschaftlichen Gruppen, auf dem die konkreten Lösungen de-
mokratisch ausgehandelt werden müssen:

1. Unumgänglich erscheint heute der großen Mehrheit unseres Volkes der **Umbau des aufgeblähten Wohlfahrtsstaa-
   tes**, der knapp 50 Prozent des Volkseinkommens der Deutschen verschlingt. Und wenn bestimmte sozialdemokrati-
   sche Traditionalisten noch immer in die „Gerechtigkeits-
   falle" locken wollen, wird ihnen von den eigenen Parteige-
   nossen gesagt: Was ist ungerechter als eine von allen zu be-
   zahlende Staatsverschuldung und ein krankes Rentensys-
   tem? Nein, der Abschied von einem für alle und alles auf-
   kommenden Fürsorge- und Entmündigungsstaat ist gekommen. Auch für jene CDU-Sozialpolitiker, die in paradoxer
   Verkehrung der Fronten mit noch mehr finanziellen Wohl-
   taten die zum Sparen entschlossenen Sozialdemokraten
   links zu überholen versuchen. Die von ihnen seit 1982 ver-
   schleppte (wiewohl von Klardenkern wie Kurt Biedenkopf
   angemahnte wie durchdachte) gründliche Reform des Sozi-
   alstaates ist für dessen Aufblähung und gigantische Ver-
   schuldung wesentlich mitverantwortlich. Alle Parteien haben Anlass, die ökonomische Stabilisierung und Konsolidierung der öffentlichen Haushalte und den auch von der
   EU-Kommission angemahnten Abbau der Überregulierung
   und Steuerlast verantwortungsvoll und kooperationswillig
   mitzuvollziehen. Nicht nur Kritik, wie es nicht geht, son-

dern Gestaltungskraft, wie es weitergeht, ist heute von Schwarzen, Gelben, Roten und Grünen gefordert: keine leere Mitte, sondern eine mit vernünftigen humanen Inhalten gefüllte Mitte!

2. Unverantwortlich erscheint der großen Mehrheit unseres Volkes aber auch die **Rückkehr zur kapitalistischen Marktwirtschaft**, die keinen Gemeinsinn, Grundlage jeder Demokratie, kennt, die vielmehr den Egoismus des Homo Oeconomicus als universale Tugend verkündet. Der Markt nicht als Mittel, Instrument, sondern als Ziel verstanden. Soll denn in Zukunft alles dem Markt geopfert werden: nicht nur der Werk-, sondern auch der Sonntag, nicht nur das Berufs-, sondern auch das Familienleben? Soll der deutsche Arbeitnehmer in Zukunft mit der Vorstellung einschlafen, dass sein Betrieb beim Aufwachen einem ganz anderen Eigentümer, möglicherweise einem „Verschlanker" gehören könnte? Da wundert es doch ein wenig, wenn deutsche Manager neuerdings wieder recht unverblümt statt von Sozialer Marktwirtschaft von „Kapitalismus" reden, der sogar eine „sittliche Qualität" habe, nur weil er für breite Bevölkerungsschichten Wohlstand schaffe. Als ob – bei aller Anerkennung des berechtigten Wettbewerbs und Gewinnstrebens – kapitalistische Marktwirtschaft und soziale Marktwirtschaft keine Gegensätze wären. Ein Modell sind die USA bezüglich Wirtschaftswachstum, niedrigerer Arbeitslosigkeit, Haushaltskonsolidierung und niedrigeren Steuern. Ein Modell aber sind sie nicht mit der seit den siebziger Jahren ungeheuer angewachsenen Kluft von Reich und Arm: für das reichste eine Prozent der Bevölkerung ein Vermögenszuwachs von 115 Prozent, für das reichste Fünftel ein Zuwachs um 43 Prozent, für die Mittelschicht sta-

gnierende Einkommen, für das ärmste Fünftel (also 50 Millionen Menschen) aber ein faktischer Einkommensverlust von neun Prozent (das Verhältnis der Gehälter von Topmanagern zu den Arbeiterlöhnen soll in den achtziger Jahren 42 zu eins betragen haben, 1998 aber 419 zu eins).

Ein mehr persönliches Wort zum Schluss: „Dienstleistung" („Service") kommt von „dienen", und Dienen hat in Deutschland mehr als anderswo für viele etwas Unwürdiges an sich. Es fehlt bei uns weitgehend das Ethos des Dienens. „Wer nur an sich denkt, dem fällt naturgemäß die Dienstleistung für andere schwer", so Bundespräsident Roman Herzog beim debis Dienstleistungskongress 1996: „Wir sind schon ein merkwürdiges Volk, wenn wir mit Freude Maschinen bedienen, aber jedes Lächeln gefriert, wenn es sich um die Bedienung von Menschen handelt." Das gilt nicht nur für Angestellte in Gasthaus, Warenhaus oder Rathaus, sondern in analoger Weise auch für die Führungskräfte, bei denen Untergebene bald merken, ob sie nicht nur führen, sondern persönlich herrschen, ob sie dominieren statt dienen wollen: dem Unternehmen, den Mitarbeitern, den Kunden, schließlich doch auch dem Gemeinwohl. Das Bibelwort, das die Bischöfe im gegenwärtigen Konflikt einem mittelalterlich-autoritären Papst entgegenhalten sollten, wäre auch nicht falsch gebraucht angesichts so vieler kleiner Päpste selbst im Dienstleistungsgewerbe: „Wer von euch groß sein will, der sei euer Diener." (Matthäus 20,26)

Ist das zu viel verlangt? Das Wort „Dienst", Service, soll nicht moralisch überfrachtet, allerdings auch nicht – in Büro, Werkstatt, Bank, Versicherung oder Krankenhaus, bei Personalvermittlung oder Unternehmensberatung – total digitalisiert werden. Ohne Dienst aneinander im Kleinen kein gut funktionierender Dienstleistungsbereich im Großen!

Ich möchte es Ihnen, meine Damen und Herren, gerade im Dienstleistungsgewerbe wünschen, dass es Ihnen überall nicht nur um Zahlen und Nummern, Dollars und D-Mark gehen möge, sondern um Menschen. Die Menschen in Ihrem nächsten Umfeld und in all Ihren Geschäftsbeziehungen sind Ihnen dankbar, wenn Sie bei aller Sachlichkeit und Geschäftstüchtigkeit zugleich Redlichkeit, Verlässlichkeit und Fairness zeigen, echte Orientierung am Kunden und, wo möglich, ein wenig persönliche Zuwendung. Sie werden so sicher nicht weniger erfolgreich sein als die kalten, inhumanen Technokraten, aber in jedem Fall glücklicher. Bewahren Sie sich, meine Damen und Herren, auch und gerade im Zeitalter der Globalisierung die Menschlichkeit.

Im Dienstleistungssektor werden hochwertige Arbeitsplätze entstehen, die wiederum auf vielfältige Zulieferdienste angewiesen sein werden, bei denen, wenn man es klug anfängt, auch Ungelernte ins Spiel kommen können.

Professor Dr. Klaus F. Zimmermann, geboren 1952, lehrte nach seiner Habilitation in Mannheim als Gastprofessor in Philadelphia, Dortmund und Berlin. Von 1989 bis 1998 war er Ordinarius für Volkswirtschaftslehre in München und Direktor des Forschungszentrums für Human Resources (SELAPO). Der Experte für Arbeitsmarktforschung ist heute Professor für Wirtschaftliche Staatswissenschaften in Bonn und Direktor des IZA. Seit Anfang 2000 ist er Präsident des DIW.

Dienstleistungen als Motor für Wachstum und Beschäftigung

von Klaus F. Zimmermann

Auf dem Weg in die Dienstleistungsgesellschaft?

Arbeitslosigkeit ist die Geißel unserer Zeit. Durch die voranschreitende Globalisierung und den Einfluss des technischen Fortschritts – und hier insbesondere durch die Informations- und Kommunikationstechnologie – hat sich die Geschwindigkeit ökonomischer Veränderungen im Vergleich zu früheren Zeiten wesentlich erhöht. Die Volkswirtschaften stehen inmitten eines Strukturwandels, der ihnen zwar nicht die Arbeit ausgehen lassen wird, wie manch notorischer Schwarzseher meint, der aber der Arbeitswelt ein völlig anderes Gesicht geben wird. In den klassischen Wirtschaftszweigen geht die Beschäftigung immer weiter zurück – und das ganz unabhängig von unseren spezifischen Arbeitsmarktproblemen.

Gleichzeitig ist es der Dienstleistungssektor, der zum Treibstoff für den Beschäftigungsmotor wird. Die Frage ist gar nicht, ob Dienstleistungen diese Funktion erfüllen, sondern welche Dienstleistungen es vor allem sind. Im Zuge dieser unaufhaltsamen Entwicklung wird auch der Arbeitsplatz selbst mehr und mehr von seiner technischen Ausstattung und Vernetzung geprägt werden. Das bringt neue Anforderungen an Qualifikation und berufliche Mobilität mit sich. Der so genannte „Normalarbeitsplatz" wird zum Dinosaurier des Arbeitsmarktes; er wird von flexibleren Arbeitsformen verdrängt werden.

Mit diesen dürren Worten könnte man den Veränderungsprozess beschreiben, der vielleicht gerade einmal das Ende der ersten Halbzeit erreicht hat und ohne Pause weitergeht. Fest steht, dass der Umbruch von der alten Industrie- zur modernen Informationsgesellschaft uns alle zum Umdenken und zu erheblichen Anpassungsprozessen zwingen wird, ob wir das nun wollen oder nicht.

Allerdings werden mit dem Schlagwort der „Dienstleistungsgesellschaft" häufig geradezu Heilserwartungen verbunden, die durch die Realität nicht gedeckt sind. Denn auch im Dienstleistungssektor ist weder alles Gold, was glänzt, noch kann hier grundsätzlich von rosigen Beschäftigungsperspektiven ausgegangen werden.

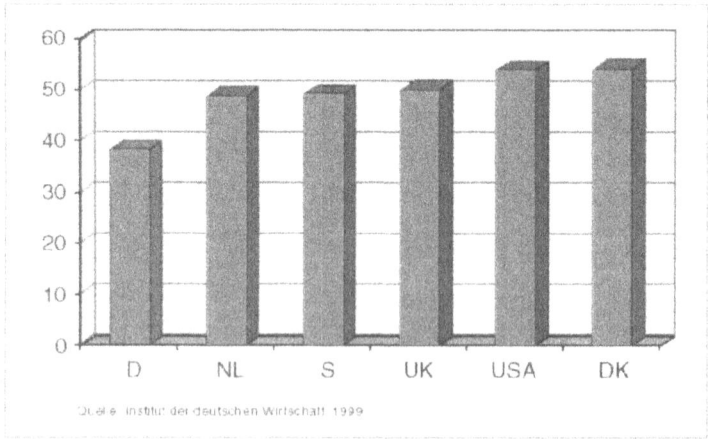

Abbildung 1: Dienstleistungsanteile an der erwerbsfähigen Bevölkerung im internationalen Vergleich

Richtig ist, dass im internationalen Vergleich diejenigen Staaten – wie etwa die USA, Großbritannien oder Dänemark – gegenwärtig die besseren Wachstumsraten und Beschäftigungsbilanzen aufweisen, die über einen höheren Dienstleistungsanteil verfügen.

Es wäre aber zu kurz gedacht, daraus zu folgern, dass eine entsprechende Dienstleistungsdichte in Deutschland zwangsläufig fünf bis zehn Millionen neue Jobs brächte. Rein statisch betrachtet wäre das zwar korrekt, doch es wäre eine Rechnung mit vielen Unbekannten. Natürlich würde eine solche Dienstleistungsorientierung neueste Technologien ins Spiel bringen und neue dynamische Gestaltungsprozesse entfalten. Alle Untersuchungen zeigen denn auch, dass die neu einsetzende Beschäftigung im Bereich der Dienstleistungen insbesondere Höherqualifizierte in Arbeit bringt.

Vielfach handelt es sich um zusätzlich entstehende Arbeitsplätze, häufig aber fallen auch höherwertige Jobs anderweitig weg – dem Bankgewerbe etwa steht ein Rationalisierungsschub erst noch bevor –, und die dort Beschäftigten können dank ihrer Qualifikation relativ leicht einen der neu entstandenen Dienstleistungsarbeitsplätze übernehmen.

Hinzu kommt, dass neben die Technik als zweite treibende Kraft die Flexibilisierung tritt, die virtuelles Arbeiten ermöglicht und nicht mehr räumlich gebunden ist. Neben allen Chancen dieser Entwicklung darf nicht übersehen werden, dass hieraus auch ein Anreiz für potenzielle Erwerbstätige höherer Qualifikation resultiert, sich aus der Stillen Reserve zu verabschieden und sich auf dem regulären Arbeitsmarkt zurückzumelden. Auch dies wird den arbeitsmarktentlastenden Effekt des Wachstums im Dienstleistungssektor bremsen.

Vor allem aber muss die Betrachtung der künftigen Entwicklung der Dienstleistungen ihr Augenmerk auf zweierlei richten: Es genügt nicht, sich über die viel versprechenden Perspektiven für neue hoch qualifizierte Jobs zu freuen, die zweifelsohne gegeben sind. Der bislang unterentwickelte Bereich einfacher Dienstleistungen darf dabei nicht außen vor bleiben.

International sind Deutschlands Hightech-Dienstleistungen – das Paradebeispiel sind die Umwelttechnologien – konkurrenzfähig, gelegentlich sogar mit führend. Gerade der Hightech-Bereich ist zwar aufgrund des rasenden Wettlaufs um Neuentwicklungen anfällig für Rückschläge, aber die Aussichten Deutschlands sind hier insgesamt als günstig anzusehen. Der internationale Vergleich ergibt im Übrigen noch ein beachtliches Potenzial im Bereich höher qualifizierter Dienstleistungen. Beispielsweise könnte im Finanzsektor, wie es in den USA der Fall ist, Beschäftigung in erheblichem Ausmaß entstehen, wenn all die kleinen Finanzdienstleistungen, die bei uns durchweg den Gang zur Bank notwendig machen, alternativ auch von privaten Beratern, Brokern und Finanzmaklern angeboten würden.

Im Vergleich zu den USA, Neuseeland, aber ebenso Finnland, steckt bei uns auch die Internetverbreitung noch in den Anfängen. Deutschland hinkt bei der Zahl der Computer und Internetanschlüsse noch weit hinterher und muss hier dringend „nachsetzen". Denn es ist vor allem der elektronische Handel mit Information und Dienstleistungen, dem massive Wachstumszuwächse zuzutrauen sind. Vermutlich wird schon in zehn Jahren die Hälfte aller Wirtschaftsaktivitäten der Welt sehr stark vom Internet beeinflusst werden, im Dienstleistungssektor noch weitaus stärker als im industriellen Sektor.

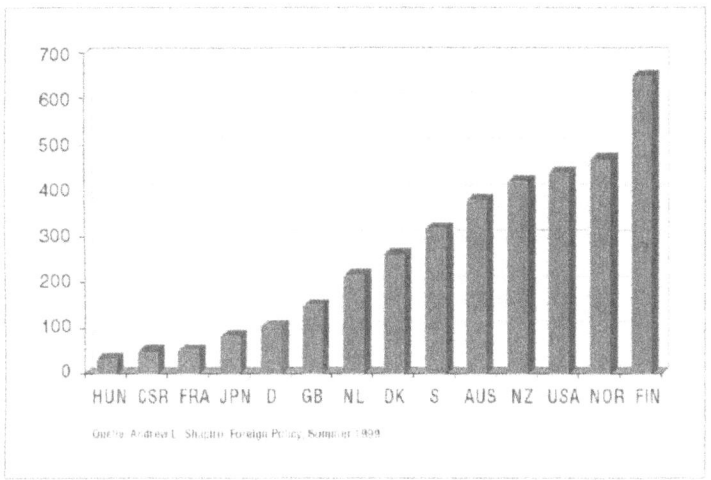

Abbildung 2: Internet-Hosts je 10 000 Einwohner 1998

Das Internet wird der globale Marktplatz sein, dem sich niemand entziehen kann, der seine Marktchancen wahren will.

Darüber hinaus werden in den kommenden Jahren erhebliche Bedarfe an Kommunikations- und Informations*management*-Angeboten entstehen. Denn wir sind ja gewissermaßen in eine Zeit des Jagens und Sammelns zurückversetzt, nur dass statt rarem Wild ein überbordendes Angebot an Informationen auf uns wartet, das gejagt, gesammelt, gesichtet und genutzt werden will.

Auch der Freizeitsektor wird dank zurückgehender Arbeitszeiten eine gesteigerte Nachfrage nach Animation und Service erleben. Und nicht zuletzt wird die Versicherungsbranche – nach einer Phase der Rationalisierung – auf die neuen Unwägbarkeiten und Risiken, die die Arbeitswelt von morgen mit sich bringt, mit neuen Dienstleistungen reagieren.

All das sichert und schafft Beschäftigung. Es kann im Zeitraum nach 2010, wenn der demographische Wandel auch den Arbeitsmarkt erfassen wird, sogar so weit kommen, dass solche Arbeitsplätze mit qualifizierten inländischen Arbeitnehmern gar nicht mehr besetzt werden können und ein neuer Rationalisierungsdruck entsteht. Einen Vorgeschmack davon haben wir bereits heute bei vielen qualifizierten Jobs.

In der überwiegenden Mehrzahl aller Fälle werden diese Arbeitsplätze eine umfassende, ständig zu aktualisierende Qualifikation erfordern. Ebenso aber ist ein anderes Verständnis von Selbstständigkeit und Risikobereitschaft erforderlich, um Beschäftigungschancen nicht ungenutzt zu lassen. Auf der anderen Seite – auch das sollte nicht übersehen werden – führt die zusätzliche Beschäftigung von hoch Qualifizierten aufgrund vorhandener Komplementaritäten zwangsläufig auch zu größeren Beschäftigungschancen für gering Qualifizierte.

Gering Qualifizierte und Beschäftigungsentwicklung

Dies gilt erst recht für das zweite, bislang völlig verkümmerte Standbein einer wirklichen „Dienstleistungsgesellschaft" – den Bereich einfacherer, personenbezogener Dienstleistungen. Genau hier befindet sich die wichtigste Stellschraube für einen deutlichen Abbau der Arbeitslosigkeit. Wenn der Dienstleistungsmotor rund laufen und ein Optimum an Beschäftigung erzeugen soll, braucht es dazu eine andere „Dienstleistungskultur", damit an der Dynamik des Dienstleistungssektors auch geringer Qualifizierte teilhaben können, die die Hauptleidtragenden auf dem Arbeitsmarkt sind.

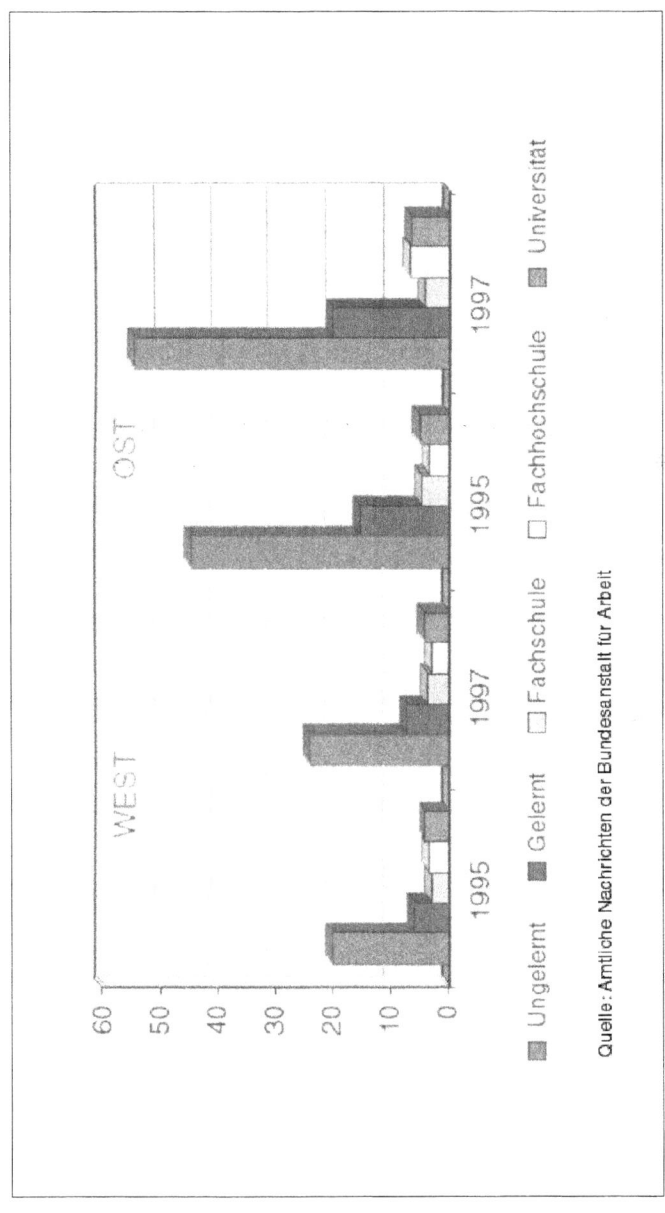

Abbildung 3: Arbeitslosigkeit nach Berufsausbildung 1995 bis 1997 (in Prozent)

Die Arbeitslosigkeit von Ungelernten und gering Qualifizierten hat nicht nur in Deutschland in Besorgnis erregendem
Ausmaß zugenommen. In jeder anderen westlichen Wirt-
schaftsnation stellt sich dieses Problem in vergleichbarer Dimension dar. Besonders betroffen sind jedoch vor allem Länder mit einer unterentwickelten Dienstleistungskultur.

Die Arbeitslosigkeit von Ungelernten liegt in Westdeutschland gegenwärtig bei annähernd 25 Prozent, in Ostdeutschland bei dramatischen 55 Prozent. Allein seit 1995 ist hier ein
Anstieg um jeweils ein Fünftel zu beobachten. Demgegenüber
rangiert die Arbeitslosigkeit von höher und hoch Qualifizierten durchweg in fast „natürlichen" Größenordnungen von drei
bis sechs Prozent – Größenordnungen also, bei denen die
Ökonomen im internationalen Zusammenhang bereits von
„Vollbeschäftigung" sprechen.

Es spitzt sich demnach zusehends eine Situation zu, die eine
bestimmte Gruppe – nämlich diejenige ohne ausreichende
Qualifikation – aus dem Arbeitsmarkt ausgrenzt. Dabei sind
es keineswegs nur ältere gering Qualifizierte, die zu dieser
Gruppe zählen, sondern in immer stärkerem Maße auch jugendliche und junge Ungelernte. Das ist angesichts der dauer-
haften Schäden alarmierend, die eine frühe Arbeitslosigkeit
für den Werdegang junger Menschen bedeutet.

Die Prognosen für die Beschäftigung bis 2010 lassen nicht erkennen, dass sich diese bedrohliche Situation für gering Qualifizierte nachhaltig ändern wird. Im Gegenteil: Die klassischen Beschäftigungsfelder für Ungelernte und gering Qualifizierte scheinen sukzessive auszusterben. Allein zwischen
1992 und 1998 ist die Zahl der Beschäftigten in Fertigungs-
berufen um fast 17 Prozent oder knapp 1,4 Millionen zurück-

gegangen. In den meisten Wirtschaftszweigen wird der Arbeitskräftebedarf auch in den nächsten Jahren weiter sinken.

Bis zum Jahr 2010 dürften im Verarbeitenden Gewerbe schätzungsweise 900 000 Stellen wegfallen. Im Bausektor kommt ein Verlust von rund 300 000 Stellen hinzu, in der Landwirtschaft gehen bis zu 350 000 Arbeitsplätze verloren, bei den Bahnen etwa 80 000. Aber auch der Dienstleistungssektor wird Federn lassen, wo er nicht neue Produkte anbietet, sondern seinen Service rationalisiert, etwa im Bankgewerbe, bei den Versicherungen oder der Nachrichtenübermittlung.

Den Prognosen zufolge werden zwar unabhängig von einer gezielten Förderung gering qualifizierter Arbeit bis zum Jahr 2010 mehrere Hunderttausend weitere Dienstleistungsjobs hinzukommen. Gelänge die Förderung einfacher Dienstleistungen zumindest teilweise, wäre sogar von etwa einer Milli-

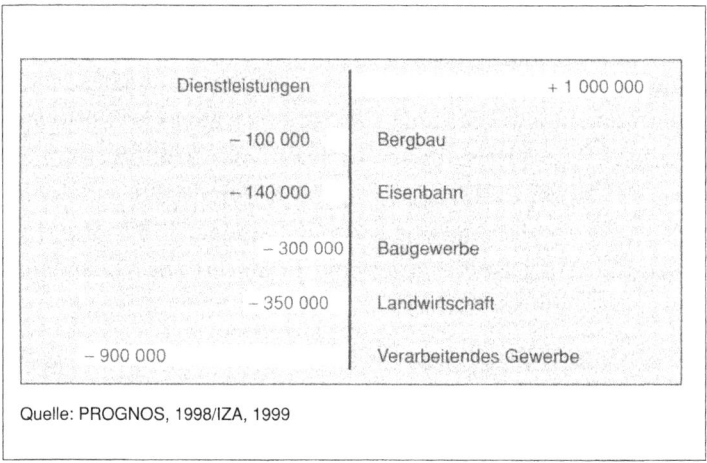

Abbildung 4: Beschäftigungsentwicklung bis zum Jahr 2010

on neuer Jobs im Dienstleistungssektor bis 2010 auszugehen. Derzeit ist jedoch festzuhalten, dass die Beschäftigungsdynamik dieses Sektors sich zuletzt erkennbar verringert hat und neue Anreize braucht.

Mit anderen Worten: Auch dem Dienstleistungssektor gelingt es **nicht**, den Stellenverlust in anderen Bereichen auszugleichen, selbst wenn seit 1992 die Zahl der sozialversicherungspflichtig Beschäftigten in Dienstleistungsberufen um fast 25 Prozent oder 2,5 Millionen zugenommen hat.

Eine Ausnahme stellt bemerkenswerterweise Ostdeutschland dar. Hier bewegt sich der Dienstleistungsanteil auf hohem Niveau – Resultat des massiven Drucks durch den Strukturwandel. Und dass mitunter in verfrühter Goldgräberstimmung – vielleicht aber auch, weil man sich angesichts des neuen Hauptstadt-Status und der damit verbundenen Herausforderungen Mut machen möchte, – schon vom neuen Silicon Valley an der Spree die Rede ist, wenn vom Dienstleistungsboom in Berlin gesprochen wird, liegt ebenfalls an der besonderen Dynamik in Ostberlin. Dort sind erhebliche Zuwächse bei den Dienstleistungen zu verzeichnen, wobei es sich insbesondere um unternehmensbezogene Dienste – vor allem im Software-Bereich – handelt. Mehr als die Hälfte der Bruttowertschöpfung im Ostteil Berlins geht auf das Konto der Dienstleistungen, in Westberlin sind es nur wenig mehr als 30 Prozent. Insgesamt aber hat Berlin gegenüber Frankfurt am Main, München oder Hamburg starkt aufgeholt.

Euphorie ist dennoch fehl am Platze. Trotz des hohen Dienstleistungsanteils ist die Beschäftigung auch in Berlin rückläufig. Auch hier muss man den Hebel bei den einfachen Dienstleistungen ansetzen, um mehr Menschen in Arbeit zu bringen.

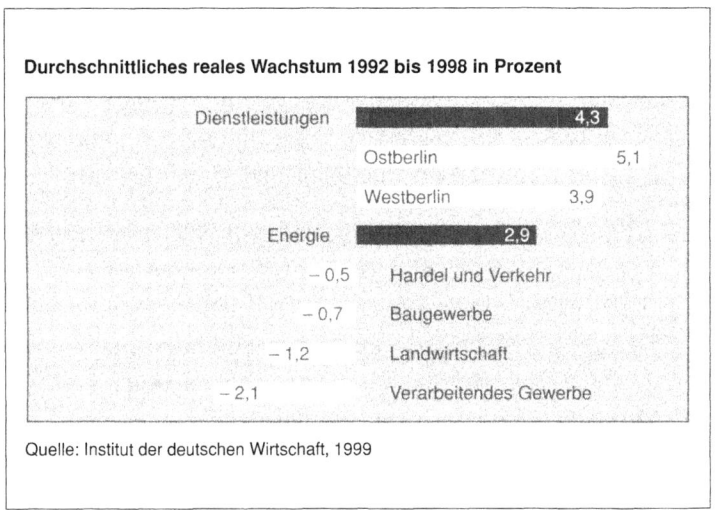

Abbildung 5: Dienstleistungsmetropole Berlin

Einfache Dienstleistungen fördern

Das führt zu der zentralen Überlegung, wie die Nachfrage nach gering qualifizierter Arbeit gesteigert werden kann. Der internationale Vergleich zeigt, dass Deutschland einen massiven Nachholbedarf im Bereich einfacher und personenbezogener Dienstleistungen aufweist, also genau dort, wo nennenswerte Chancen gering qualifizierter Beschäftigung in der modernen Arbeitswelt nur liegen können. Es wäre geradezu fahrlässig das Potenzial, das hier bislang nahezu brachliegt, mit dem Gerede von den „Mc-Jobs" zunichte zu machen.

Natürlich: Nicht jeder dieser potenziellen Arbeitsplätze wird ein hohes Sozialprestige haben und ein ausreichendes Einkommen sichern. Dennoch ist es besser eine Arbeit und eine neue Chance zu erhalten als arbeitslos zu bleiben. Eine entsprechende Dienstleistungsmentalität vorausgesetzt, handelt es sich hier um ein potenzielles Beschäftigungsreservoir von vielen Millionen Arbeitsplätzen. Und die werden gebraucht, wenn die Arbeitslosigkeit spürbar reduziert werden soll.

Nun ist es ein offenes Geheimnis, dass wir Deutschen uns mit der Akzeptanz von einfacheren Dienstleistungen schwer tun. Dabei geht es bei genauerem Hinsehen keineswegs nur um die Tätigkeiten, die jedem von uns sofort einfallen: Schuheputzen, Koffertragen, Autowaschen oder Tanken. Auch hier liegen Möglichkeiten, aber einfache Dienstleistungen brauchen sich längst nicht nur darin zu erschöpfen, sofern wir gewillt sind, die Schlagworte von Entbürokratisierung und Deregulierung nicht nur nachhaltig im Munde zu führen.

Das betrifft insbesondere den Bereich der Freien Wohlfahrtspflege. Beispielsweise ist unser System der Senioren- und Kinderbetreuung derart bürokratisiert, dass private Initiativen – etwa private Kinderhorte oder einfache Altenbetreuungsdienste – dem in der Regel zum Opfer fallen. Ähnliches gilt für andere wohlfahrtsstaatliche Einrichtungen. Übrigens trägt auch der Zivildienst zu diesem Effekt bei. Aus Gemeinwohlüberlegungen wäre gegen ihn ja gar nichts einzuwenden, doch erstickt er einen kompletten Markt für Dienstleistungen. Die Wohlfahrtseinrichtungen sollten dringend in den Wettbewerb entlassen werden, damit Beschäftigung entstehen kann. Deregulierung ist auch hier dringend angezeigt.

Der gesamte Bereich einfacher Dienstleistungen könnte nicht zuletzt auch dadurch attraktiver gemacht werden, dass differenzierte Mehrwertsteuersätze eingeführt werden. Dienstleistungsbranchen, die einen hohen Anteil von gering Qualifizierten beschäftigen, könnten von niedrigeren Steuersätzen profitieren, wodurch wiederum die Nachfrage gestärkt würde. Ebenso könnten Existenzgründerkredite konsequent in diesen Bereich vergeben werden, statt ihn wie heute geflissentlich zu umgehen. Viele staatliche Bemühungen, die heute zwar gut gemeint, aber nicht zielgruppenorientiert sind, sollten ganz gezielt die gering Qualifizierten in den Mittelpunkt stellen.

Ein weiteres Feld der Möglichkeiten ist bislang noch nahezu unbestellt – dasjenige der Informations- und Kommunikationstechnologie selbst. Der Umgang mit ihr könnte und sollte wesentlich vereinfacht werden. Auch das könnte die Zugangsbarrieren für geringer Qualifizierte verringern und ihnen Beschäftigungschancen eröffnen. Der boomende Bereich der Call Center, im Grunde ein potenzielles Beschäftigungsfeld für lernfähige gering Qualifizierte, weist hier eine Richtung.

Die Erwartungen an die Schaffung eines ausgesprochenen Niedriglohnsektors, wie er gegenwärtig diskutiert wird, sollten demgegenüber nicht allzu hoch sein. Die staatlichen Subventionen, die hier fließen müssten, würden erhebliche Summen – je nach Modell bis in zweistellige Milliardenhöhe – ausmachen und den Wert der zusätzlich entstehenden maximal 400 000 neuen Arbeitsplätze stark relativieren. An der Zeit für entsprechende Modellprojekte ist es aber allemal. Mehr Mut zum Experiment kann uns nur gut tun.

Neue Anforderungen an die Qualifikation

Darüber hinaus kommt dem Faktor Ausbildung eine Schlüsselfunktion in der Informations- und Dienstleistungsgesellschaft zu. Ausbildung darf sich nicht in der Vermittlung betriebsspezifischer Details verzetteln, wie sie viele Unternehmen heute aus Kostengründen fordern. Da ein häufigerer Jobwechsel bald der Normalfall sein wird, droht dieses Wissen schnell nutzlos zu werden. Schlüsselqualifikationen wie Selbstständigkeit, Teamfähigkeit, Entscheidungsfähigkeit in flachen Hierarchien, Improvisation, vernetztes Denken, Medienkompetenz, Kommunikations- und Sprachkompetenz muss deshalb ein größeres Gewicht zukommen. Warum sollte beispielsweise nicht Englisch Lehrsprache an deutschen Hochschulen sein können? Auch bedarf es einer deutlichen Verkürzung der Ausbildungszeiten und der Bereitschaft, im Gegenzug die Notwendigkeit eines lebenslangen Lernens zu akzeptieren. Staat und Tarifparteien sollten sich dieser Aufgabe stellen.

Die Verbesserung der Qualifikation von Ungelernten und Fehlqualifizierten bleibt darüber hinaus eine wichtige Aufgabe. Allerdings: Nicht jeder Arbeit suchende Ungelernte ist unbegrenzt qualifizierbar. Ein Grund mehr, verstärkte Anstrengungen zu unternehmen, um für diese Gruppe neue Beschäftigungsfelder zu erschließen.

Arbeit im Informationszeitalter

Das Informationszeitalter beinhaltet ein enormes Potenzial für neue flexible Beschäftigungsformen. Dazu gehören die Bereiche Teilzeitarbeit, Mehrfachbeschäftigung, Heimarbeit, selbstständige Beschäftigung, befristete Arbeitsverhältnisse, Outsourcing, grenzüberschreitende Beschäftigung, flexible Arbeitsverträge und Worksharing. Die Internet-Technologie ist dafür ein wichtiger Wachstums- und Beschäftigungsmotor.

Der Arbeitsplatz der Zukunft wird nicht nur häufig aus einem ultraleichten Hochleistungscomputer bestehen, der mit der ganzen Welt vernetzt ist. Er wird für einen großen Teil der Arbeitnehmer gar kein „Platz" mehr sein, zu dem man jeden Morgen hinfährt und mit der Arbeit beginnt. Projektorientierte Arbeit wird immer öfter dominierend sein, mal hier, mal dort stattfinden und immer wieder neue internationale Teams virtuell zusammenführen. Der vernetzte, virtuelle Betrieb dürfte der Regelbetrieb der Zukunft sein. Im Extremfall bedeutet dies die völlige Entkoppelung aller Arbeitseinheiten, für die es nur noch eine formale Hülle gibt – den Firmennamen. Die Unternehmensorganisation wird sich unweigerlich ändern müssen; Dezentralisierung und flache Hierarchien werden zunehmen.

Ein beachtlicher Teil der Arbeit, die heute noch im Betrieb geleistet wird, wird morgen von zu Hause aus erledigt werden. Daraus ergeben sich neue Chancen nicht nur für eine Vitalisierung ländlicher Regionen, sondern nicht zuletzt auch für eine partnerschaftliche Vereinbarung von Familie und Beruf. Gleichzeitig kommen für das Tarifrecht und das Steuerrecht spannende Fragen auf. Denn der sprichwörtliche indische oder südafrikanische Buchhalter oder Programmierer, der via Internet für DaimlerChrysler arbeitet, unterliegt nun einmal nicht dem deutschen Arbeitsrecht und wird auch nicht nach deutschem Tarif entlohnt. Ebenso durchlöchert er die nationalen Steuergrenzen wie einen Schweizer Käse.

Der internationale Standortwettbewerb stellt Arbeits- und Tarifrecht, Lohnpolitik und Besteuerung auf einen harten Prüfstand. Am Beispiel des Tarifrechts wird deutlich, wie schnell die Globalisierung unsere hausbackene Diskussion um das

Für und Wider von Öffnungsklauseln und mehr Flexibilität überrollen könnte. Der Markt erzwingt sich die Flexibilität, die er im Zeitalter der globalen Vernetzung braucht.

Je größer im Übrigen Entkoppelung, Dezentralisierung, Virtualisierung und Outsourcing, desto nötiger sind detaillierte Regelungen, die immer wieder neu vereinbart werden müssen. Eine modulare Strukturierung der Firma erfordert eine dezentrale Output- und Leistungsmessung, eine Aufgabe, die bei der Verlagerung der Produktion in den Dienstleistungsbereich immer schwieriger wird. Wenn aber die Messung der Produktivität immer schwieriger wird, so wird es auch die produktivitätsorientierte Entlohnung.

Die Notwendigkeit der Kontrolle der Mitarbeiter, ihre Motivierung und Identifizierung mit den Unternehmenszielen, darf bei aller Vernetzung nicht in Vergessenheit geraten. Geld ist aber nur ein Faktor, der die Leistung eines Mitarbeiters bestimmt. In einem dezentralen Umfeld wird es nicht leicht sein, diese Leistungspotenziale zu mobilisieren. Dafür standen früher verschiedene Instrumentarien – von der persönlichen Ansprache über die Gruppendynamik bis hin zur opulenten Arbeitsplatzausstattung und zum Firmenwagen – zur Verfügung, die durch eine Internet-Konferenzschaltung nun einmal nicht ohne weiteres ersetzt werden können. Eine ganz neu organisierte Mitarbeiterbetreuung wird nötig sein, um dem Rechnung zu tragen.

Fazit

Fest steht, dass uns die Arbeit nicht ausgehen wird. Nach einer Phase von Rationalisierungs- und Reorganisationsbemühungen wird die Nachfrage nach Arbeit unweigerlich wieder steigen. Im Dienstleistungssektor werden hochwertige Arbeitsplätze entstehen, die wiederum auf vielfältige Zulieferdienste angewiesen sein werden, bei denen, wenn man es klug anfängt, auch Ungelernte ins Spiel kommen können. Gleichzeitig könnte ein nachfragestarker Markt nach einfachen Dienstleistungen entstehen, wenn es gelingt, Vorbehalte, Vorurteile und Vorschriften aus dem Weg zu räumen. Das erfordert allerdings harte Schnitte und energische Führung durch Staat und Wirtschaft. Wenn uns dies gelingt, sollte uns vor der Arbeitswelt von morgen nicht bange sein.

Es gibt heute in Europa gewaltige
Möglichkeiten für den Eintritt in das neue
globale Paradigma und für die Akzeptanz und
Beeinflussung der Richtung des Wandels.
Aber diese Chance wird nicht auf dem Tablett
serviert; die Regierungen wie der private
Sektor sind gefordert auf den Wandel zu
reagieren und das Beste daraus zu machen.

Dr. Bruno Lamborghini schloss sein Studium der Wirtschaftswissenschaften 1959 mit Auszeichnung ab. Nach seinem Einstieg bei Olivetti 1961 wurde er dort nach verschiedenen Stationen Mitglied des Executive Committees. 1996 folgte seine Berufung in den Vorstand und ein Jahr später die Ernennung zum Vorstandsvorsitzenden der Olivetti Lexikon, die auf dem Gebiet der Büroautomatisierung tätig ist. Bruno Lamborghini ist auch Präsident der EITO und von EUROBIT.

Europa auf dem Weg zur globalen Informationsgesellschaft

von Bruno Lamborghini

Vor fünf Jahren, im Jahr 1994, hatte ich die Gelegenheit, an der Erstellung des Berichts „Europa und die globale Informationsgesellschaft" mitzuwirken. Darin wurde von einer Gruppe europäischer Unternehmensvertreter eine ganze Reihe von Empfehlungen an den Europäischen Rat aufgeführt. Der auch als „Bangemann-Report" bekannt gewordene Bericht mahnte nachdrücklich an, den Aufbau der Informationsgesellschaft in Europa zu beschleunigen. Den Regierungen wurde dringend empfohlen, ihre bisherige Haltung zu ändern und die Liberalisierung der Telekommunikationsmärkte voranzubringen, das Entstehen neuer Unternehmen zu fördern und gemeinsame ordnungspolitische Rahmenbedingungen zu schaffen, durch die wettbewerbsfähige Märkte in der Kommunikationsbranche sowie bei den Informationsinfrastrukturen und -dienstleistungen entstehen. Der Schwerpunkt lag auf dem Abbau öffentlicher Monopole in der Telekommunikation und der Entwicklung neuer Märkte und neuer Dienste, die vom privaten Sektor und den Marktkräften Schub erhalten sollten. Ich glaube, dass dieser Bericht einen wirklichen Wendepunkt für Europas Weg zu einem neuen Paradigma markiert hat.

Was ist nun, fünf Jahre danach, aus der Entwicklung der globalen Informationsgesellschaft in Europa geworden? Ist Europa tatsächlich auf dem Weg dahin?

Wir sind heute Zeugen radikaler Veränderungen: Europa befindet sich auf dem Weg zu einem neuen Paradigma, das sich
wie folgt beschreiben lässt:

1. ein revolutionärer Prozess in den Telekommunikationsdiensten, vorangetrieben durch Liberalisierung, Deregulierung, Abschaffung von Monopolen und Privatisierung in
von zunehmendem Wettbewerb geprägten Märkten,

2. europäische Führerschaft in der digitalen, drahtlosen Kommunikation, vorangetrieben durch die Verbreitung einer
einheitlichen Norm (GSM), die die Telekommunikationsmärkte Europas vereinigt und die Entwicklung der außer-
gewöhnlich hohen Marktdurchdringung der Mobilkommunikation mit Multimedia-Perspektiven begünstigt,

3. die rapide wachsende Beteiligung Europas an der neuen Internet-Wirtschaft und am E-Commerce,

4. eine Welle neuen europäischen Unternehmertums im Bereich der Informations- und Kommunikationstechnologien
und bei internetgestützten Geschäftsvorhaben,

5. das Heranwachsen einer neuen „Brainware"-Generation"
(„Netzwerk-Generation"),

6. die auf das Internet zentrierte Umstrukturierung von Unternehmen: durch Netzwerkintegration, Intra- und Extranets
und Wissensmanagement als treibende Kräfte.

Einige Länder (vor allem in Nordeuropa) öffneten sich diesen
Veränderungen früh. Doch noch immer gibt es viele Barrieren.
Wenn aber das „Alte Europa" noch häufig durchscheint, können wir doch sagen, dass Bewusstsein und Akzeptanz einer
neuen „internetgesteuerten" Kultur Tag um Tag wachsen.

Das Erdbeben der Telekommunikation-Liberalisierung

Der Abbau nationaler Monopole und die Öffnung traditionell abgeschotteter Märkte in der Telekommunikation spielen dabei eine führende Rolle. Der Tag, an dem die Wettbewerbsbarrieren fielen, der 1. Januar 1998, markiert einen historischen Meilenstein. Die Erfahrungen, die mit der Liberalisierung im Telekommunikationssektor gemacht wurden, bilden ein Erfolgsmodell, das auch für andere Bereiche der öffentlichen Versorgung Anwendung finden wird.

Ein Jahr und sechs Monate nach dem Start Anfang 1998 hat ein radikaler Umwandlungsprozess des Telekommunikationsmarkts durch eine ganze Reihe von neuen Akteuren (über 500 neue Betreiber von drahtgebundenen oder drahtlosen Netzen) stattgefunden, der sich in den kommenden Jahren zum großen Nutzen für die Verbraucher fortsetzen wird; er wird neue Technologien und Dienstleistungen verbreiten und die Wettbewerbsfähigkeit der europäischen Wirtschaft fördern.

Die Liberalisierung in der Telekommunikationsindustrie bedingt einen Kulturwechsel in allen Ländern. Durch den Zugang von völlig neuen Marktspielern, den zunehmenden Wettbewerb, durch neue Investitionen in die Infrastruktur, in neue Technologien und Dienstleistungen, durch Tarifsenkungen, die den Weg für neue Anwendungen frei machen, durch neue Geschäfte, niedrige Kommunikationskosten, durch die zunehmende Verbreitung von Informations- und Kommunikationsausrüstung und -dienstleistungen werden die europäischen Märkte sich stärker den US-amerikanischen Marktbedingungen anpassen.

Die Telekommunikation wandelt sich rapide von der traditionellen analogen zur digitalen Technologie, von der Übertragung von Sprache zu der von Daten und jeder Art von digitalisierbaren Informationen bis hin zur Multimediaanwendungen. Die Verbreitung der Glasfaseroptik, von ISDN und DSL, von drahtlosen Netzwerken und von kostengünstiger Satellitenkommunikation multipliziert Bandbreiten und Kapazitäten auf exponenzielle Weise – und das nicht nur bei großen Entfernungen, sondern auch auf der „letzten Meile" bis ins eigene Heim. Dieser Trend kann uns in Zukunft eine unendliche Kapazität der Bandbreite bescheren und den Ausbau der Informationsautobahnen zu minimalen Kosten ermöglichen.

Die Explosion des digitalen Mobiltelefons

Ein entscheidender Durchbruch in Europa war die unglaublich schnelle Verbreitung des digitalen Mobiltelefons dank des Liberalisierungsprozesses und der Entwicklung neuer Normen (GSM, heute ein Symbol für den neuen Wettbewerbsvorteil der Europäischen Industrie). In wenigen Jahren wurde die Verbreitung des digitalen Mobiltelefons zur riesigen Erfolgsgeschichte, die neue geschäftliche Aktivitäten und neue Arbeitsplätze schafft.

Die digitale Mobilfunktechnologie wird zum wichtigen Motor für die Multimedia-Bündelung aufgrund der in der Bandbreitenkapazität erzielten Fortschritte, die Video, Multimedia und Internet auf dem Mobiltelefon ermöglichen. Es wird erwartet, dass die drahtlose Technologie zunehmend die fest installierte kabelgebundene Technologie bei vielen Anwendungen (Stimme, aber auch Daten) ersetzt; die enorme Verbreitung des Mobiltelefons in Europa ist der fundamentale Motor für neue Anwendungen (100 Millionen Anschlüsse zum Ende 1998, erwartete 170 Millionen im Jahr 2000, was bedeutet, dass damit jeder zweite Europäer ein Mobiltelefon besitzen wird). Die digitale Mobiltechnologie ist eine der großen Stärken der europäischen Wirtschaft und eine einzigartige Chance, im neuen digitalen Szenario an Wettbewerbsfähigkeit zu gewinnen und neue Unternehmen ins Leben zu rufen.

Die Mobiltelekommunikation wird sich auch auf innovative Arbeitsbedingungen (durch das mobile Büro, mobile Dienstleistungen) auswirken und die Evolution Europas zu einer zunehmend mobilen Dienstleistungsgesellschaft entscheidend beeinflussen.

Das Internet, ein historischer Durchbruch

Doch das eigentlich Revolutionäre auf dem Kommunikationssektor ist das Internet. Das Internet ist ein bedeutender historischer Durchbruch, seine Auswirkungen sind gewaltiger als die Einführung der Druckerpresse und wahrscheinlich vergleichbar, wenn nicht von noch größerer Relevanz, mit anderen revolutionären Technologien, wie zum Beispiel der Erfindung der Elektrizität. Das Internet verändert die gesamte Informationstechnologie (intelligente Netzwerke, Intranet, Extranet ersetzen traditionelle Informationssysteme) und den Telekommunikationssektor (die Verbreitung des Internet-Protokoll (IP) und die Datenpaket-Vermittlung transformiert radikal den Industrie- und den Dienstleistungssektor).

Von wirklicher Relevanz ist jedoch der mühelose Zugang zu einem weltweiten Netzwerk mit Millionen von Nutzern und die Explosion völlig neuer Aktivitäten, neuer Firmen, neuer Jobs rund um das Internet. Rund 200 Millionen Nutzer weltweit waren es zum Jahresende 1999 und etwa 400 Millionen Nutzer werden es bis zum Jahr 2002 sein. John Chambers zufolge, CEO von CISCO, wird der Tag kommen, an dem ein „New World"-Netzwerk die Internet-Technologie nahtlos mit hoch leistungsfähigen Lichtleitern, Kabeln, drahtlosen Systemen verbindet, um Ton und Daten von überallher nach überallhin zu tragen.

Zwar ist der US-Markt die treibende Kraft, doch auch in Europa scheint sich das Tempo dank sinkender Telekommunikationskosten, zunehmender Verbreitung des Englischen (als Netzsprache), kontinuierlicher Zunahme europäischer Internetanwendungen und lokaler Zugänge sowie immer höherer Sensibilisierung für den Nutzen der neuen Technologien zu beschleunigen. Die massenhafte Verbreitung von Web-Dienstleistungen in Europa wird höchstwahrscheinlich demselben Muster folgen wie die massenhafte Verbreitung der Mobiltelefone, nämlich durch billige Nutzergeräte und niedrige Grundtarife. Der Erfolg des Internets verdankt sich dem spontanen und freien Umfeld (keine Interesse von Großunternehmen in der Startphase, nicht aufgrund von Entscheidungen der Telekommunikationsbetreiber zustande gekommen), doch das reale Wachstum in der zweiten Phase, der Phase des E-Commerce, wird von unternehmerischen Zielen angetrieben.

Erwartungen und Chancen des E-Commerce

Electronic Commerce verwandelt den herausragenden Nutzen des Internets in neue unternehmerische Chancen auf unterschiedlichen Niveaus: Business-to-Business, Business-to-Market, Government-to-Business und Government-to-Citizens. Electronic Commerce ist ein starker Motor für die Schaffung neuer Geschäftsmöglichkeiten und neuer Arbeitsplätze.

Eine EITO-Studie, die 1998 unter Teilnahme von 560 europäischen Firmen erarbeitet wurde, ergab, dass 80 Prozent aller Teilnehmerfirmen innerhalb der letzten 24 Monate Zugang zum Internet erhielten. Die Gesamtanzahl der an das Internet angeschlossenen Firmen in Europa verfünffachte sich zwischen 1995 und 1997, wobei die nordeuropäischen Länder und Deutschland an der Spitze lagen.

Business-to-Business-Anwendungen erlebten einen Aufschwung, wobei die in vielen Branchen bereits vorhandenen Versorgungsnetze und die Distributionsaktivitäten bis zum Endkunden heute fast vollständig elektronisch betrieben werden. Beim E-Commerce ist der Dienst am Kunden die vorrangige Motivation; der Service wird personalisiert, die Kunden werden effektiver und direkter angesprochen und die Nachfrage wird schneller befriedigt. Weltweit werden die Einnahmen durch E-Commerce in 1999 auf 170 Milliarden US-Dollar geschätzt; bis 2002 wird mit einem Anstieg auf zwei Trillionen US-Dollar pro Jahr gerechnet. Europa rangiert dabei insbesondere auf dem Business to Market Sektor zurzeit noch hinter den USA, legt aber in einigen Bereichen bereits rasch zu – wie im elektronischen Börsenhandel (geschätzte 400 000 Online-Börsenhändler in Deutschland Ende 1999).

E-Commerce ist eine Chance für Europa. Es gibt hier bereits Anzeichen für neue florierende Unternehmen und Geschäfte, die infolge von E-Commerce zustande kamen. In Anlehnung an die positiven Beispiele von WWW, GSM, USTM könnten in Europa neue Industrienormen für Internet und E-Commerce entwickelt werden. Parallel zum Euro wird die Verbreitung von E-Commerce auch die Vereinheitlichung der Märkte vorantreiben. Mit der richtigen Strategie können die vereinten Kräfte des E-Commerce und des Euro enorme Fortschritte auf dem Weg zu einem tatsächlich einzigen europäischen Markt und zur Internet-Wirtschaft bewirken.

Die Regeln der neuen Internet-Wirtschaft

Was sind die neuen Regeln der neuen Internet-Wirtschaft? Nach den Untersuchungen von Forrester gelten drei fundamentale Regeln für die Internet-Wirtschaft oder die „neue Wirtschaft":

1. „Der Wert der Dienstleistungen und nicht die Produkte wird zum unterscheidenden Wettbewerbsmerkmal. Wichtig ist der Dienst am Kunden. Die „Internet-Wirtschaft" ist eine Dienstleistungswirtschaft.

2. Produkte werden nicht mehr auf Basis ihrer voraussichtlichen Nachfrage hergestellt. Die Unternehmen suchen sich ihre Märkte und stellen dann das dazu passende Produkt her. Nicht die Technologie, sondern der Markt ist die treibende Kraft.

3. Durch die Online-Welt mit ihren verbesserten Wahlmöglichkeiten werden sich die Preise zwangsläufig enger an der tatsächlichen Marktnachfrage orientieren."

In der „neuen Wirtschaft" wird sich der Wert eines Unternehmens dramatisch verändern; beruhte er früher auf Sachvermögen, so leitet er sich heute und in der Zukunft von „intelligenten" Werten ab (Qualifikationen, intellektuelles Kapital, Wissensmanagement, Innovation und neue Dienstleistungen).

Bei der Umstrukturierung der Unternehmen dreht sich alles um das Netz: Intranet, Extranets ersetzen traditionelle Systeme. Es gibt neue Konzepte, deren Motor das Internet ist: Pervasive Computing, Informationswerkzeuge, neue Netzwerkgeräte (nicht computergestützt) wie Bildtelefone, webfähige Handys, Web-TV, der Personal Digital Assistant. Hardware und Software werden als Dienstleistung vertrieben.

Die elektronische Dienstleistungsrevolution

Laut Patricia B. Seybold bewegt sich die Umstrukturierung der Unternehmen durch das Internet zunehmend in Richtung integrierter elektronischer Dienste:

„Innovative Unternehmen werden ihre strategischen Prozesse als Dienstleistungen via Internet anbieten und/oder auf den Markt bringen. Bald werden viele Business-to-Business- und Business-to-Consumer-Anwendungen als eine Reihe von E-Diensten gehandelt, die sich gegenseitig ausfindig machen, miteinander verhandeln und die jeweiligen Wünsche und Anfragen bearbeiten. Der Anbruch der elektronischen Dienstleistungsrevolution hat profunde Auswirkungen auf fast alle geschäftlichen Aktivitäten."

Eine Welle neuen Unternehmertums

Mit dem Auftauchen neuer Marktteilnehmer, mit Neugründungen, die die Phase der Unbeständigkeit auf dem Informations- und Kommunikationssektor nutzen, mit neuen Chancen auf den Telekommunikationsmärkten und der Entwicklung von Internet-Diensten und E-Commerce bricht eine Welle neuen Unternehmertums in Europa im Hightech- und vor allem im Informations- und Kommunikationsbereich heran.

Zum ersten Mal legt der Risikokapitalmarkt – in den USA bereits ein wichtiger Wachstumsfaktor im Hightech-Sektor – auch in Europa zu: Deutschlands Neuer Markt wuchs 1998 um 150 Prozent und verdreifachte seine Notierungen. Neue Informations- und Kommunikationsunternehmungen und deren Finanzierung werden selbst in den konservativsten Märkten wie Italien entwickelt.

Qualifikationen, „Brains", Ausbildung

Hohe fachliche Qualifikationen („Brainware") gehört zu den Grundressourcen des neuen Paradigmas. Investitionen in Aus- und Fortbildung und Schulung unter massiver Nutzung von Informations- und Kommunikationstechniken, Multimedia und dem Internet sind die strategischen Investitionen von Wirtschaft und Staat. Nach Professor Probst gehören zu den neuen Qualifikationen: kollektives Wissen, Netzwerke, Portfolioarbeit, Konzeptualisierung und unternehmerische Innovation. In Anlehnung an Herrn Professor Küng möchte ich „globale ethische Werte" hinzufügen.

Viele dieser Elemente sind im gegenwärtigen Ausbildungssystem in Europa nur in Ansätzen vorhanden. Europa leidet an einem dramatischen Mangel qualifizierter Fachkräfte: Nach einer kürzlich in Auftrag gegebenen Studie gibt es mehr als 500 000 vakante Stellen im Informations- und Kommunikationsbereich, in einigen Jahren könnten es 1,5 Millionen sein. Qualifikationsmangel aber ist ein gravierender Hemmschuh der Wettbewerbsfähigkeit auf dem Weg ins neue Paradigma.

Weil es in Europa an qualifizierten Software-Entwicklern fehlt, lassen viele Firmen ihre Software in Indien herstellen. Dabei zeigt der Fall von Linus Thorwalds, einem Jungen aus Finnland, der das Freeware-Betriebssystem Linux, eine Alternative zu Microsoft, entwickelt hat, dass Europa, wenn es auch keine neuen Bill Gates hervorbringen muss, so doch neue unternehmerische Möglichkeiten aus der Internet-Revolution schöpfen kann.

Leider ist das Bewusstsein für diese Chancen noch unterentwickelt; der private Sektor und der öffentliche Sektor müssen daher ihre Kräfte bündeln und massiv in digitale Ausbildung, Schulung und lebenslanges Lernen investieren.

Europa als „Brainware-Region"

Viele Regierungen werden sich zunehmend der Bedeutung von Strategien bewusst, die auf die Verbreitung von Informationstechnologien durch alle ökonomischen und sozialen Systeme abzielen; sie wissen, dass die Zukunft der europäischen Wettbewerbsfähigkeit in der globalen Herausforderung eng mit der Möglichkeit verknüpft ist, zu einer „Brainware-Region" zu werden, die Produkte und Dienste mit zusätzlicher Wertschöpfung anbietet.

Wie im Fall des digitalen Mobiltelefons kann Europa die Vorteile aus der neuen Wirtschaft und der Revolution der elektronischen Dienste nutzen, da der Informations- und Kommuni-

kationsbereich weniger rechtlichen Beschränkungen unterliegt als in den USA. Doch unter dem Druck destabilisieren-
der Faktoren im Zusammenhang mit dem wachsenden Prozess der Globalisierung der Finanz- und anderer Märkte, der
Technologien, Industrien und der Arbeitsplätze sowie den
noch immer schwachen Investitionstrends in Europa ist man
für die Dringlichkeit des Handelns bisher kaum sensibilisiert.

Eine neue Generation von „Netzwerknutzern"

Eine neue Generation junger „Netzteilnehmer" drängt auf den
Arbeitsmarkt und bringt neue Ansätze, neue Ideen und neue
Kulturen in alle beruflichen Aktivitäten.

Doch ohne massive Verbreitung von Computer- und Netz-
werk-Unterricht an den Schulen wird sich zwischen den
„Have" und „Have-nots" der Informations- und Kommunikationstechniken (denjenigen mit und denjenigen ohne Internetzugang) schon in der jungen Generation eine dramatische
Kluft auftun. Traditionelle und veraltete Schul- und Ausbildungssysteme stehen dem Wandel entgegen; sie tragen zur Er-
haltung der strukturellen Arbeitslosigkeit bei und verhindern,
dass neue Chancen genutzt werden. Die Jugendarbeitslosigkeit in Europa ist hoch und sie bedroht die Zukunft Europas.

In den USA gibt es einen klaren Konsens zwischen Regierung
und dem privaten Sektor, gemeinsam alles zu tun, damit die
neuen Technologien in alle Schulformen Eingang finden (z. B.
die Net Day Initiative, bei der Bürger und Institutionen Zeit
und Geld investieren, um den Computer und Internetzugang
in allen Schulen zu ermöglichen und die Lehrkräfte entsprechend zu schulen).

Die Rolle des öffentlichen Sektors

Die digitale Revolution ist fundamental marktgesteuert. In einem globalen Umfeld, in einer zunehmend grenzenlosen Welt (der Internet-Welt) ist realer Marktwettbewerb eine Grundbedingung, um die Verbreitung der neuen Technologien schnell genug und kostengünstig genug zu erreichen.

Doch auch die Regierungen spielen eine fundamental wichtige Rolle, die wichtigste davon betrifft das ordnungspolitische Umfeld und die Notwendigkeit, faire Voraussetzungen zu schaffen, die wettbewerbsfähige Konditionen ermöglichen. Das bedeutet eine faire Gestaltung und Kontrolle des ordnungspolitischen Rahmens für die Telekommunikationsdienste, für Internet und E-Commerce, Rundfunk- und TV-Medien bis hin zu Multimedia.

Es gibt eine Reihe kritischer Punkte, die geklärt werden müssen. Sie betreffen das ordnungspolitische Umfeld und die Normen für das Internet, für Online-Dienste und E-Commerce. Die Regierungen und insbesondere die Europäische Union spielen hierbei durch die enge Zusammenarbeit mit den einzelnen Sektoren und den Verbrauchern eine wichtige Rolle. Der Dialog auf internationaler Ebene zwischen Regierungen und den einzelnen Institutionen wie zum Beispiel die WTO, OECD, TABD über Themen in Verbindung mit E-Commerce, zum Beispiel Datenschutz, IPR, Sicherheit, Haftung, Steuerfragen und so weiter ist in diesem Umfeld zwingend.

Die Global Business Dialogue Conference, die im Herbst 1999 in Paris stattfand, zeigte deutlich, wie wichtig es ist, ein ausgewogenes Verhältnis zwischen der Selbstregulierung der Wirtschaft und der Regulierung (die manchmal Gefahr läuft, zur Überregulierung zu werden) durch den Staat herzustellen. Dies erfordert einen laufenden und fruchtbaren Dialog zwischen öffentlichem und privaten Sektor in einer Phase, in der die Bedingungen für neue Märkte definiert werden. Die Notwendigkeit das Vertrauen der Verbraucher zu gewinnen ist eine Grundvoraussetzung für jede Marktentwicklung. Dr. Mangold hat diese Forderung sehr klar auf der Global Business Dialogue Conference in Paris formuliert.

Auch öffentliche Verwaltungen verfügen über zahlreiche geeignete Möglichkeiten, um elektronische Dienste in ihren Organisationen einzuführen und damit Kommunikationsnormen und -protokolle auf nationaler und internationaler Ebene festzulegen, wie zum Beispiel das digitale Dokument oder die elektronische Unterschrift oder wie das Beispiel der US-Regierung zeigt, die elektronische Ausschreibungsunterlagen entwickelte, die tausendfach von den Zulieferfirmen der Bundesbehörden verwendet werden.

Öffentliche Beschaffung und Steuerpolitik sind von hoher Relevanz, wenn es um die Festlegung des Tempos und der Modalitäten beim Eintritt in die digitale Wirtschaft geht. Die Verbreitung der Informations- und Kommunikationstechnik dient nicht nur dem Ziel, die Effektivität und Qualität im öffentlichen Dienst zu erhöhen. Die neuen Technologien ermöglichen auch eine völlig Neugestaltung der Beziehungen zwischen den Regierungen (zentral oder lokal) und ihren Bürgern.

Lokale Werte im globalen Umfeld

Lokale Gemeinden sind ein besonderes Merkmal der europäischen Gesellschaft, das es zu bewahren gilt und das zum realen Knotenpunkt des Informationsgesellschafts-Netzwerks werden kann. Es gibt keinen Widerspruch zwischen dem Prozess der Globalisierung und dem Entstehen neuer lokaler Werte. Die Globalisierung und neuer Lokalismus/Regionalismus können sich gegenseitig stärken und damit der Wirtschaft wie der Gesellschaft nützen. Die Informations- und Kommunikationstechnik erlaubt das.

Durch das Internet können neue Beziehungen und neue demokratische Formen zwischen Bürger und ihren politischen Vertretern geschaffen werden. Lokale Werte und individuelle Werte können bewahrt und gestärkt werden. Virtuelle Gemeinden im Netz können eine neue Form der Bindung und Teilnahme der Menschen am sozialen Leben möglich machen.

Ein Paradigmenwechsel in Europa

Abschließend möchte ich sagen, dass der ökonomische Paradigmenwechsel, angetrieben durch die Dynamik im Informations- und Kommunikationstechnologiebereich, die Bewältigung des Wandels ermöglichen, den daraus resultierenden Nutzen für die europäische Wirtschaft und Gesellschaft maximieren und die Staaten West,- Mittel- und Osteuropas in die größte, facettenreichste und dynamischste Region der Welt, eine wahrhaftige Wissensgesellschaft, integrieren kann.

Die digitale Revolution, die weit reichende Diffusion von Computern und neuen Netzwerken, von Internetanwendungen, E-Commerce und elektronischen Dienstleistungen kann die strukturellen Lücken in Europa schliessen, die Fragmentierung der Märkte verringern und Hindernisse, die positivem Wandel und sozialer Besserung entgegenstehen, beseitigen.

Es gibt heute in Europa gewaltige neue Möglichkeiten für den Eintritt in das neue globale Paradigma und für die Akzeptanz und Beeinflussung der Richtung des Wandels. Aber diese Chance wird nicht auf dem Tablett serviert; die Regierungen wie der private Sektor sind gefordert auf den Wandel zu reagieren und das Beste daraus zu machen.

Ich möchte meinen Beitrag mit einem Zitat von Charles Darwin beenden, der vor langer Zeit feststellte:

Es sind nicht die Stärksten einer Art, die überleben, und auch nicht die Intelligentesten, sondern diejenigen, die sich Veränderungen am besten anzupassen vermögen.

2. Strategien für die internationale Dienstleistungswirtschaft

Ein besonders starkes Wachstum verzeichneten in den letzten Jahren die unternehmensbezogenen Dienstleistungen. Ohne diese innovativen Dienste, wie Leasing und Finanzierung, IT-Dienstleistungen, Logistik oder Beratung wäre der moderne Produktionsprozess nicht mehr vorstellbar. Parall zur technologischen Revolution hat auch ein institutioneller Wandel stattgefunden. Die klassischen Industrieländer haben ihre Telekommunikations-, Verkehrs-, Energie- und vor allem die Finanzmärkte dereguliert. Viele Entwicklungs- und Schwellenländer haben ihre Märkte geöffnet und sich der internationalen Konkurrenz gestellt. Der internationale Abbau von Handelshemmnissen hat die Globalisierung beschleunigt, die Dienstleistungen internationalisiert – und Unternehmen strategisch neu herausgefordert.

Wenn man im Dienstleistungssektor tätig ist und bei den Großen mitmischen möchte, muss man einen integrativen Ansatz verfolgen. Es muss Ziel sein die Kontrolle über alle Prozesse und die gesamte Wertschöpfungskette zu bekommen.

Jean-Marie Messier, geboren 1956 in Grenoble, studierte an französischen Eliteschulen und begann seine Karriere 1982 mit beratenden Positionen in der Politik. Ab 1986 war er als Berater des Wirtschafts- und Finanzministers Balladur für das Privatisierungsprogramm zuständig. Danach wechselte er in die Privatwirtschaft und war ab 1989 Teilhaber der Investmentbank Lazard Frères et Cie. 1994 wurde er zum Vorstandsvorsitzenden des Konzerns Générale des Eaux, heute Vivendi, berufen.

Unternehmensstrategien in der globalen Wirtschaft

von Jean-Marie Messier

Was sollten Firmen tun, um ihre Strategien an die Globalisierung anzupassen? Wie können sie alle Vorteile nutzen, die die Weltmärkte bieten, um ihren Marktanteil zu erhöhen und Werte zu schaffen?

Um diese weit reichenden Fragen zu beantworten, habe ich sieben Schlüsselwörter ausgewählt, auf die ich mich konzentrieren möchte. Diese sieben Begriffe sind in meinen Augen das neue „Handbuch" einer Weltfirma. Sie werden sicherlich entschuldigen, dass ich hierbei meine eigenen Erfahrungen bei Vivendi einfließen lasse. Und dies besonders deshalb, weil ich ehrlich meine, dass nur wenige Konzerne ihre Strategie und ihre Arbeitsweise bereits heute so intensiv wie wir überdacht haben. Hoffentlich halten Sie mich nicht für anmaßend, wenn ich dies sage. Meine Aussage begründet sich durch die Tatsache, dass wir in unserer früheren Struktur sehr schlecht ausgestattet waren, um uns der Globalisierung zu stellen. Daher mussten wir mehr als andere nachdenken.

Dies sind also die sieben Schlüsselwörter:

Das erste ist **Konzentration.** Es gab eine Zeit (die jetzt so lange her zu sein scheint wie Jurassic Park!), als jede Diversifikation begeistert begrüßt wurde, solange sie nur einigermaßen

interessant erschien. Das können Sie heute vergessen! In diesen Tagen lautet die Losung: „Fokussierung, Fokussierung,
Fokussierung!" Die Globalisierung verpflichtet die Firmen zu
einem einfachen Identitätsnachweis: Wer sind sie und was ist
ihr Kerngeschäft? Und worauf warten sie, um den Rest loszu-
werden? Nun, innerhalb von drei Jahren hat Vivendi Neben-
geschäfte und Aktienbesitz im Wert von über 15 Milliarden
Euro veräußert, wobei gesagt werden muss, dass die Diversifikation in den 70er und 80er Jahren ungeordnet verlief. Ja, die
heutige Losung muss lauten: „Fokussierung, Fokussierung,
Fokussierung!"

Aber lassen Sie uns nicht kurzsichtig oder dogmatisch sein.
Ich persönlich bin nicht für die Vorherrschaft eines einzelnen
Produkts – schon gar nicht im Dienstleistungssektor. Wir sollten uns auch nicht auf nur eine einzige Geschäftsidee einengen
lassen. Nischenmarktstrategien sind vielleicht das Richtige
für Industriegesellschaften oder kleine Unternehmen. Wenn
man aber im Dienstleistungssektor tätig ist und bei den
Großen mitmischen möchte, muss man einen integrativen Ansatz verfolgen. Es muss Ziel sein, die Kontrolle über alle Prozesse und die gesamte Wertschöpfungskette zu bekommen.

Vivendi hat sich nicht auf ein, sondern auf zwei Aufgabenge-
biete konzentriert: Umweltdienstleistungen und Kommunikation. Innerhalb dieser beiden Gebiete liegt unsere Stärke darin, dass wir über alle Kompetenzen verfügen, die wir benötigen. Weshalb? Weil ich glaube, dass es das ist, was der Kunde möchte.

Das zweite Schlüsselwort heißt **Wert**. Der Druck der Finanzmärkte zwingt uns, shareholder value für unsere Aktionäre zu
schaffen. Dieser Druck ist nützlich und legitim. Dies steht

außer Frage, denn die Wertschaffung ist der Zweck einer jeden Firma. Aber auch hier dürfen wir nicht zu kurzfristig denken. Langfristige strategische Ziele sollten wir nicht kurzfristigen Anforderungen opfern. Ich glaube zudem, dass die Finanzmärkte Zugeständnisse machen können. Wenn sie verstehen, wohin eine Strategie führt, und man die Richtung nicht verliert, können sie eine vorübergehende Schwäche verdauen. Wenn man aber zögert oder den Eindruck vermittelt, dass man nicht die Mittel hat, seine Ziele zu erreichen, können sofort Sanktionen eintreten.

Schlüsselwort Nummer drei: **neu erfinden**. Die Firmen, die Erfolg haben, sind jene, die dazu fähig sind, den Kern ihres Geschäfts und ihre Arbeitsweise neu zu erfinden. Und dies gilt auch für sehr alte Branchen, in denen sie Marktführer sind. Vivendi wurde vor fast 150 Jahren unter dem Namen Compagnie Générale des Eaux gegründet, um die Wasserversorgung für Kommunen zu managen. Aber bis vor kurzem, etwa bis vor sechs oder sieben Jahren, dachten wir – leider, um offen zu sprechen –, unsere Wasserkunden seien die Kommunen, mit denen wir die Verträge geschlossen hatten. Doch den Endverbrauchern, die das Wasser nutzten und dafür bezahlten, schenkten wir nicht genügend Aufmerksamkeit! Hier mussten wir eine erste Revolution in unserem Wassergeschäft herbeiführen.

Die zweite Revolution liegt noch nicht allzu lange zurück: Wir haben entdeckt, dass es einen weiteren Kundenstamm für Wasser gibt, der zunehmend an Bedeutung gewinnt. Die Industrie hat spezifische und oftmals hoch technische Anforderungen an Wasser (besonders die Lebensmittel-, pharmazeutische, chemische, Automobil- und elektrotechnische Bran-

chen). Diese zweite Revolution in unserem Wassergeschäft
hat uns zur Übernahme von USFilter geführt. Wir sind jetzt
nicht nur die Nummer Eins im Wassergeschäft, sondern auch
weltweit die einzige Wasserfirma, die in der Lage ist, sowohl
Gemeinden wie auch Privatkunden und die Industrie mit Cul-
ligan zu bedienen.

Manchmal reicht es nicht aus, etwas nur neu aufzustellen:
Man muss ein völlig neues Aufgabengebiet von Grund auf neu
erfinden. Im Bereich Kommunikation entsteht ein neues Aufgabengebiet: als Multimediafirma, die in der Lage ist, den
gleichen Inhalt auf den Bildschirm eines PCs, eines Fernse-
hers oder eines Funktelefons zu liefern. Ich hoffe, unsere potenziellen Mitbewerber verzeihen es mir, wenn ich dies sage:
Wir haben fest vor, die Pioniere auf diesem Gebiet zu werden
und damit Platz Eins in Europa zu belegen!

Das vierte Schlüsselwort heißt **Netzwerk**. Welches Führungs-
modell ist am besten für ein globales Unternehmen geeignet?
Ich bin fest davon überzeugt, dass die traditionellen hierarchi-
schen Strukturen nicht mehr funktionieren oder zumindest
nicht optimal sind. Als wir unseren Namen änderten, nutzten
wir die Gelegenheit die Unternehmenswerte unseres Konzerns neu zu definieren. Einer ist „die Vernetzung unserer Ta-
lente". Die Märkte entwickeln sich global im geographischen
Sinne, aber die Dienstleistungsangebote entwickeln sich global und integriert. Im Bereich der Umweltdienstleistungen
müssen wir zunehmend Verträge mit „Mehrfachnutzen" anbieten. Im Bereich der Kommunikation erwarten die Kunden,
dass sie den Zugang zum Internet oder das Abrufen ihrer E-
Mail nicht nur über ihren Computer, sondern einfach auch
über ihr Handy oder ihren Fernseher abwickeln können. In-

nerhalb einer traditionellen Struktur ist das Erfinden und Anbieten solcher Dienstleistungen unmöglich. Daher sollten wir
nicht zögern, die alten Hierarchien umzuorganisieren. Heute
sollten die Prioritäten auf funktionsübergreifenden Strukturen, projektorientierten Arbeitsgruppen und informellen Ko-
ordinierungsgruppen liegen. Diese Veränderung muss aber
gut kontrolliert werden. Ziel ist es, so nahe wie möglich am
Markt und am Kunden zu bleiben, Informationen schneller in
Umlauf zu bringen und somit schneller zu handeln. Aber lassen Sie es mich deutlich sagen: Wenn dies unorganisiert geschieht, kann es auch zu Verwirrung und lückenhaften Informationen führen. Wir müssen das richtige Verhältnis finden.

Schlüsselwort Nummer fünf: **Geschwindigkeit.** Heutzutage
weiß jeder, besonders im Bereich der neuen Informationstechnologien, dass nicht Größe, sondern Geschwindigkeit von Bedeutung ist. Die Vernetzung sollte uns in die Lage
versetzen, schneller zu reagieren. Auch hier können wir uns
der Realität nicht verschließen: In Aufgabegebieten, die entweder völlig neu sind – wie das Internet – oder einem sehr
schnellen internationalen Konsolidierungsprozess unterliegen
– wie Umweltdienstleistungen –, müssen wichtige finanzielle
und strategische Entscheidungen sehr schnell getroffen werden. Das bedeutet, wir müssen ständig bereit sein Gelegen-
heiten zu nutzen, die wir vorausschauend analysiert haben.

Das sechste Schlüsselwort heißt **Multikulturalismus.** Wir
alle haben unsere internationale Expansion sehr beschleunigt,
oft durch die Übernahme ausländischer Firmen. Dies ist kein
neuer Trend, aber die Größe und das Volumen der Fusionen
haben sich radikal verändert. Noch einmal: Die alten Integra-
tionsmethoden reichen nicht aus! Es ist nicht länger ein bloßes

Schlucken dieser oder jener Firma, sondern ein Verschmelzen unterschiedlicher Kulturen zu einer neuen gemeinsamen Kultur. Es reicht nicht länger aus, dass zwei Firmen nebeneinander arbeiten; man muss die Art der Führung völlig neu überdenken. Das haben wir nach der Übernahme von USFilter getan, indem wir unseren Marktauftritt von Kopf bis Fuß reorganisiert haben.

Allgemeiner gesprochen, sollten wir uns Fragen zur inneren Kultur unserer Firmen stellen. Wenn man Mitarbeiter in mehr als 100 Ländern hat, die in unterschiedlichen Bereichen arbeiten, ist es illusorisch zu denken, dass sie alle in die gleiche Form passen. Natürlich muss es feste gemeinsame Werte geben, die deutlich dargestellt und von den Mitarbeitern angenommen werden. Aber moderne Gesellschaften sind multikulturell. Globale Unternehmen müssen es auch sein. Bei Vivendi sagen wir, dass jeder Mitarbeiter zumindest bikulturell sein muss: Er muss die Kultur von Vivendi und die Kultur des Landes haben, in welchem er arbeitet.

Wir sind beim letzten Schlüsselbegriff angekommen, der **sozialer Zusammenhalt** heißt. Ich bin der festen Überzeugung, dass im 21. Jahrhundert die Firmen zu den Gewinnern zählen werden, die wirtschaftliche und soziale Erfolge erreichen. Dieses Ziel ist auch in den Unternehmenswerten von Vivendi enthalten. Unsere Sozialpolitik hat viele Formen: Zum einen haben wir ein Programm zur Reduzierung der Jugendarbeitslosigkeit aufgestellt und in diesem Rahmen in den vergangenen zwei Jahren in Frankreich 10 000 junge Menschen angestellt. Zudem haben wir die Möglichkeiten für den Aktienerwerb durch die Mitarbeiter erweitert, einschließlich derjenigen, die noch auf den ersten Stufen ihrer Karriereleiter stehen. Und nicht zuletzt haben wir mit der freiwilligen Mithilfe unserer Mitarbeiter eine Stiftung gegründet, welche die Schaffung von Arbeitsplätzen in Problemgebieten fördert.

Ich bin der vollen Überzeugung, dass der soziale Zusammenhalt unsere einzig wahre Herausforderung ist und dass der ganze Rest hiervon abhängt. Ich werde dies etwas genauer erläutern. Die anderen sechs Schlüsselworte, über die ich gesprochen habe, sind leicht verständlich: Wir wissen alle, dass wir schneller sein müssen, Vernetzung benötigen und Werte schaffen müssen. Gewissermaßen versuchen wir alle dies zu tun. Aber was sind die Konsequenzen für die Menschen, die für uns arbeiten? Wird all dies eine Gesellschaft mit mehr Solidarität und menschlicher Wärme hervorbringen? „Konzentrieren Sie sich auf Ihr Kerngeschäft" – dies bedeutet die Veräußerung von Betriebsvermögen, manchmal den Abbau von Arbeitsplätzen und immer Unsicherheit für die Arbeitnehmer. Werte zu schaffen ist überaus wichtig, um die Produktivität zu steigern. Unsere Geschäfte neu zu erfinden bedeutet, dass wir uns ständig in Frage stellen. Auch dies ist eine Quelle der Unsicherheit. Eine Vernetzung ist interessanter, kann aber auch destabilisierend sein. Mehr Geschwindigkeit – das ist ermüdend! Multikulturell werden – das ist nicht einfach! Lassen Sie uns diese Realitäten nicht übersehen. Die Weltwirtschaft generiert mehr Effizienz und Wachstum. Nun ist es an uns sicherzustellen, dass sie auch mehr Wohlbefinden und persönliche Zufriedenheit schafft – und dies nicht nur für die Stärksten und Besten, sondern für jeden. Und das ist keineswegs einfach! Aber einer Sache können wir uns sicher sein: Wenn uns dies nicht gelingt, wird die Globalisierung von unseren Mitarbeitern, von den Bürgern überall, abgelehnt. Diese Tatsache sollten wir nicht außer Acht lassen.

Erfolgreiche Wirtschaftsführer brauchen eine Vision. Sie müssen wissen, wohin sie ihr Land führen wollen. Anders gesagt, es muss ihnen gestattet sein zu träumen. Doch sollten wir auch daran denken, dass man, um seinen Traum zu verwirklichen, erst einmal aufwachen muss. Also ist die Verbindung von Traum und Realität für die erfolgreiche Umsetzung einer jeden Politik entscheidend.

Professor Dr. Jacob A. Frenkel, geboren 1943, war von
1991 bis 1999 Präsident der
israelischen Notenbank. Der
frühere Professor für Ökonomie, Wirtschaftsberater und
Forschungsdirektor des IWF,
Vorstandsvorsitzende der In-
ter-American Development
Bank und stellvertretende
Vorstandsvorsitzende der
Osteuropabank ist Mitglied
der G-30-Gruppe, assoziier-
tes Mitglied des NBER, Fel-
low der Econometric Society
und Ehrenmitglied der Ame-
rican Academy of Arts and
Sciences.

Globalisierung als Herausforderung für die Wirtschaftspolitik

von Jacob A. Frenkel*

Die globalen Märkte verändern sich und haben bereits ein neues Zeitalter geschaffen. Die Einladung von Dr. Mangold nach Berlin zum Dritten debis Dienstleistungskongress, über die ich mich sehr freue, ist eine ideale Gelegenheit, um über dieses Thema zu sprechen.

Dieser Kongress findet in zeitlicher Nähe zum zehnten Jahrestag des Falls der Berliner Mauer statt, was viel mehr ausdrückt als eine Beschreibung der Bauindustrie, die Mauern hoch zieht und wieder einreißt. Dieses Ereignis hat einen grundlegenden Wechsel in der Geisteshaltung nicht nur einer Nation, sondern der gesamten Welt bedeutet.

Es gibt in der Tat keinen passenderen Rahmen, um der Diskussion über die Globalisierung und ihre Bedeutung neue Impulse zu geben. Wahrscheinlich ist dies eine der letzten Konferenzen in diesem Jahr, in diesem Jahrzehnt, in diesem Jahrhundert und in diesem Jahrtausend zum Thema Globalisierung.

Es erscheint mir daher angemessen, mit einigen Gedanken über Globalisierung im Allgemeinen zu beginnen:

---

* Ich schulde Herrn Dr. Daniel Gottlieb Dank und Anerkennung für äußerst hilfreiche Kommentare und Anregungen.

Was ist Globalisierung?

Alles spricht von Globalisierung, als ob es sich dabei um ein klar definiertes Konzept handele, über das sich alle einig sind. Alles spricht vom Global Village, dem globalen Dorf. Aber was meinen wir genau, wenn wir von Globalisierung und vor allem von der Globalisierung der Märkte sprechen? Die Märkte sind miteinander verbunden – die Gütermärkte, die Dienstleistungs- und die Technologiemärkte. Wir sprechen von der Globalisierung von Ideen und meinen damit, dass Ideen an einem Ort entwickelt und an einem anderen realisiert werden, was vor allem durch die Einführung und Nutzung des Internets ermöglicht wird. Die Globalisierung von Technologien macht das Prinzip des komparativen Vorteils sowie das Konzept der Eigentumsrechte an Wissen und Know-how schwammiger als früher. Die Globalisierung verlangt die Anpassung von Rechtssystemen, denn wenn Landesgrenzen ihre Bedeutung verlieren, weil die eigentlichen Grenzen nicht mehr physische Grenzen, sondern Wissensgrenzen sind, müssen Rechtssysteme harmonisiert und damit auch globaler werden. Daher investieren die Parlamente in Europa – dem Neuen Europa oder dem Vereinigten Europa – viel Zeit darin, ihre Rechtssysteme zu harmonisieren. Wir sprechen über die Globalisierung von Ideen – über den zunehmenden Konsens darüber, was zum Erhalt eines Staatswesens, einer Demokratie notwendig ist. Und dieser Prozess führt schließlich zu größerer Kohärenz und Übereinstimmung darüber, was für eine gute Wirtschaftspolitik notwendig ist. Ebenso wichtig ist es, über Instabilität und Volatilität zu sprechen und sich zu fragen: Wie sollen Stabilität und Instabilität im neuen globalen Umfeld definiert werden? Ein weiterer Punkt ist die Frage, inwieweit das globale Finanzsystem für die neue, integriertere Welt noch geeignet ist und wie es sich daran anpassen lässt.

Noch vor einem Jahrzehnt wären diese Fragen in verschiedenen Teilen der Welt unterschiedlich beantwortet worden. Im östlichen Teil wäre die zentrale Planwirtschaft die Antwort auf alle ökonomischen Fragen gewesen. Heute wird die Welt nicht mehr von zwei Supermächten beherrscht, weder im politischen noch im wirtschaftlichen Sinn. Es gibt nur noch eine. Und man kann sich fragen, worin die Daseinsberechtigung einer Supermacht besteht, wenn es keinen Feind mehr gibt. Das ist ein neues Problem. In der alten Welt war die Supermacht eine Nation, die den Feind durch den Abwurf einer Bombe zerstören konnte; in der neuen Welt ist die Supermacht eine Rating-Agentur, die eine Volkswirtschaft durch die Herabstufung ihres finanziellen Ratings schädigen kann.

Kurz gesagt, die Welt ist in vielerlei Hinsicht global geworden: in konzeptioneller, politischer und wirtschaftlicher Hinsicht. In der heutigen Welt ist die Struktur der ökonomischen Vorherrschaft eine andere als früher. Vor nur einem Jahrzehnt sprachen wir über die Konjunkturlokomotiven der G7 (die Gruppe der sieben Industrieländer); die schnell wachsenden Länder waren damals Japan und Deutschland. Heute ist Deutschland wiedervereinigt und Japan hinkt der Weltwirtschaft hinterher. Die Welt verändert sich also und Globalisierung findet auf den Kapitalmärkten statt.

Globalisierung und der Dienstleistungssektor

Früher brauchte man Schiffe und Häfen, um Märkte miteinander zu verbinden. Wenn ein Hafenstreik den Handel lahm legte, war die Verbindung zwischen den Märkten unterbrochen und mit der Globalisierung war es erst einmal vorbei.

Heute reichen Computer, Telefon, E-Mail und Fernsehen. Die Märkte sind durch Kommunikation miteinander verbunden. Früher gaben die Lehrbücher eine klare Antwort auf die Frage, was ein Land produzieren und mit welchen Gütern es handeln sollte. Wenn ausreichend Know-how und ein technologischer Vorteil in der Produktion eines Gutes vorhanden waren, sollte dieses Gut produziert werden. Wenn eine Volkswirtschaft mit einer relativ großen Anzahl an Erwerbstätigen ausgestattet war, sollte diese Volkswirtschaft arbeitsintensive Produkte herstellen. Waren technologische Vorteile vorhanden, so sollten diese genutzt werden. Doch anders als Arbeitskraft kann Technologie heute von vielen gleichzeitig genutzt werden. Technologie lässt sich mühelos von einem Ort auf einen anderen übertragen. Was also soll eine Volkswirtschaft produzieren und worauf soll sie sich spezialisieren? Der entscheidende Punkt ist, dass sich in einem rapide ändernden Umfeld auch die Produktionsmöglichkeiten rapide verändern. Die Schlüsselbotschaft an alle – ob sie sich in der betrieblichen Weiterbildung, an einer Universität oder sonst wo befinden – heißt Flexibilität. Anders als früher ist die Verfügbarkeit von Daten heute nicht mehr der Schlüssel zum Erfolg, denn jeder hat bereits die Daten. Vielmehr wird heute nach dem Instrumentarium und der Fähigkeit zur **Analyse** von Daten gefragt. Vor einem Jahrzehnt investierten Broker-Firmen im Finanzdienstleistungssektor viel Geld in Analysten, die ein wenig besser informiert sein mussten als die Konkurrenz. Der Konkurrenz einen Tag an Wissen voraus zu sein, war alles. Heute ist der „eine Tag voraus" auf einen Augenblick geschrumpft. Da bleibt kein großer Vorteil übrig. In der Tat kann man beobachten, dass die Broker-Firmen viele ihrer daten-sammelnden Analysten entlassen und stattdessen in Arbeits-kräfte investieren, die sich auf die Analyse und Interpretation von Daten spezialisiert haben. Es wird eine neue Art von Qua-lifikation benötigt, nämlich die Fähigkeit, in einem sich än-dernden Umfeld handlungsfähig zu bleiben.

Die Marktstrukturen haben sich ebenso verändert wie das Prinzip des komparativen Vorteils; geographische Grenzen verlieren an Bedeutung. Auch herrscht ein weitaus größerer Konsens darüber, was es bedeutet, eine gute Wirtschaftspoli-tik zu machen.

Globalisierung und die Finanzmärkte

In den 90er Jahren flossen jährlich etwa 150 Milliarden US-Dollar von den Industrieländern in die Entwicklungsländer. Nach der Krise in Mexiko Ende 1994 und 1995 erreichte der Kapitalfluss von den Industrienationen in die Entwicklungs-länder in den Jahren 1996 und 1997 die Höhe von jährlich 250 Milliarden US-Dollar; das sind mehr als zwei Prozent des Bruttoinlandsprodukts (BIP) der Entwicklungsländer. In den ersten fünf Jahren dieses Jahrzehnts betrugen die Kapitalströ-me nach Asien zirka 50 bis 60 Milliarden US-Dollar pro Jahr; 1996 waren es 175 Milliarden US-Dollar. Der Kapitalzufluss in manche asiatischen Länder machte zwischen fünf und acht Prozent ihres Bruttoinlandsprodukts aus. Die Welt hat sich de-finitiv geändert.

Zwischen 1997 und 1999 änderte sich die Situation drama-tisch. Während der Kapitalzufluss in die fünf krisenbehafteten asiatischen Staaten (Südkorea, Indonesien, Malaysien, Thailand und die Philippinen) 1996 noch etwa 100 Milliarden US-Dollar betrug, kommt es 1997 zu einem Abfluss von einer Milliarde US-Dollar, gefolgt von weiteren 40 Milliarden im Jahr 1998 und geschätzten fünf Milliarden 1999. Dies summiert sich zu einem kumulativen Turnaround von 340 Milliarden US-Dollar im Vergleich zu dem Niveau, das sich durch kontinuierlichen Kapitalzufluss bis 1996 ergeben hatte. Während die Nettokapitalströme der Privatwirtschaft in die Emerging Markets 1996 noch etwa 335 Milliarden US-Dollar umfassten, fiel dieser Zufluss 1999 drastisch auf etwa 135 Milliarden zurück. Während 1996 private Gläubiger noch über 200 Milliarden US-Dollar an Krediten vergaben, zogen diese 1999 netto etwa sechs Milliarden US-Dollar wieder ab. Kurz: Die Welt reagiert schnell auf veränderte Umstände. Und die Veränderungen sind in der Tat dramatisch – konzeptionell, wirtschaftlich und politisch.

Die Welt entwickelt sich heute in einem fundamentalen Sinn gleichgerichteter als noch vor einem Jahrzehnt. Zwar lag die durchschnittliche Wachstumsrate in den industrialisierten Ländern vor einem Jahrzehnt ähnlich wie heute bei etwa zwei bis 2,5 Prozent, doch bestanden riesige Unterschiede zwischen den einzelnen Ländern. Vor allem Japan und das damalige Westdeutschland – vor der Wiedervereinigung – verzeichneten ein dynamisches Wachstum. Mittlerweile hat sich das Wachstum verlangsamt, in den industrialisierten Ländern liegt es heute bei zwei bis drei Prozent – ausgenommen Japan, das derzeit stagniert. Doch die Welt hat sich auch insofern angeglichen, als sich die Kluft zwischen Ländern, die Wachstumsraten von mehr als fünf Prozent verzeichnen konnten, und einigen Ländern, die zu Beginn dieses Jahrzehnts noch ein negatives Wachstum hinnehmen mussten, geschlossen hat.

Wenn der IWF den Ministern und Notenbankpräsidenten aller Länder auf seiner Herbsttagung die globale wirtschaftliche Situation darstellt, wird sich zeigen, dass die industrialisierte Welt weiter wächst; in den sieben größten Industrienationen mit etwa 2,5 Prozent und dabei nur geringe Unterschieden zwischen den einzelnen Ländern aufweist. Sieht man vom Sonderfall Japan einmal ab, wächst die industrialisierte Welt relativ einheitlich mit etwa 2,5 Prozent bis 2,8 Prozent. Wir sind nicht nur Zeitzeugen der Konvergenz von Ideen, sondern auch von Performance. Selbst in den Entwicklungsländern, die noch vor einiger Zeit Probleme hatten, konvergiert das Wachstum auf einem Niveau von ungefähr vier Prozent.

Auch mit Blick auf die Inflationsrate ist die Welt viel stabiler geworden. Zurzeit liegt sie zwischen 1,5 und 2,5 Prozent. Vor nur einem Jahrzehnt war die Inflationsrate noch dreimal so hoch.

Unsere Welt ist offener denn je. Während meiner Zeit beim Internationalen Währungsfond lautete der Standardsatz eines jeden typischen Kommuniquéentwurfs: „... und die Uruguay-Runde muss abgeschlossen werden". Die Uruguay-Runde war übrigens die Verhandlungsrunde zum Abbau von Zöllen („Schutzmauern"). Heute liegt die Uruguay-Runde hinter uns. Das GATT-Abkommen (General Agreement on Tariffs and Trade) existiert nicht mehr. Eine neue Organisation, die WTO (Welthandelsorganisation), ist entstanden. Die Welt hat sich für eine Strategie der Offenheit entschieden.

Die Weltwirtschaft wächst also im Großen und Ganzen spannungsfrei; wir leben in einer Welt, in der Preisstabilität eine hohe Priorität besitzt, da man erkannt hat, dass niedrige Inflationsraten eine notwendige Voraussetzung für die Erreichung von Wohlstand sind; auch Offenheit und freier Handel gehören dazu. Es ist eine Welt, in der die Sowjetunion nicht mehr existiert, eine Welt, in der Ost- und Westdeutschland wiedervereinigt wurden. Es ist eine Welt, in der Osteuropa eine Transformation durchläuft und die asiatischen „Tiger-Staaten" etwas weniger robust sind als zunächst angenommen. Eine Welt, in welcher das Konzept der „Phillips-Kurve" verworfen wurde, das ehemals eine Richtschnur für politische Entscheidungsträger war, die naiv glaubten, durch die Steuerung makroökonomischer Politikvariablen eine beliebige Kombination von Arbeitslosigkeit und Inflation wählen zu können. Es ist eine Welt, in der die Kapitalmärkte in hohem Maße integriert sind. Eine Welt, in der die Finanzmärkte die Spitze der Globalisierung bilden. Eine Welt, in der, wenn in einem Teil etwas geschieht, sich dies in einem anderen Teil zeigt. Es ist eine Welt, in der Informationen allen zugänglich sind, in der sich Neuigkeiten schnell verbreiten und in der die Kunst nicht mehr darin besteht, Daten zu sammeln, sondern sie zu analysieren und zu interpretieren. Wodurch wurde dies ausgelöst? Dadurch dass sich auf den globalisierten Kapitalmärkten selbst die gravierendsten Veränderungen in atemberaubender Geschwindigkeit vollziehen.

Daraus können ein paar wichtige Lehren gezogen werden: Ein Land, das nicht in der Lage ist, diese großen Veränderungen zu bewältigen, wird in dieser neuen Welt Schwierigkeiten haben. Die Neue Welt erfordert Flexibilität. Flexibilität heißt nicht, dass es „ohne Rückgrat" geht; es bedeutet, Chancen zu ergreifen, wenn sie sich bieten, es bedeutet „quer zu denken" und nicht zu meinen, dass morgen alles wie gestern sein wird, denn das Gestern verliert durch die Kräfte des Wettbewerbs an Relevanz.

Die Welt, in der wir heute leben, hat sich tatsächlich stark verändert; nicht nur die Namen – Westdeutschland, Ostdeutschland, Vereinigtes Deutschland, Tschechoslowakei, Tschechien, Slowakei, Jugoslawien –, sondern, was viel wichtiger ist, auch die Rahmenbedingungen haben sich geändert, und diese Veränderungen stellen eine außergewöhnliche Herausforderung für alle politischen Entscheidungsträger dar.

Der Schmetterlingseffekt

Manch einer erinnert sich vielleicht noch an das Buch „Chaos – Making A New Science" von James Gleick, 1988, (deutsch: „Chaos, die Ordnung des Universums"). In diesem Buch gibt es eine Geschichte über einen Schmetterling. Allein durch die Bewegung seiner Flügel erzeugt der Schmetterling irgendwo auf der Welt eine Schwingung, die schließlich aufgrund physikalischer Gesetze und dem Mangel an Reibung riesige Stürme in anderen Teilen der Welt – Taifune und Hurrikans – verursachte. Die Frage ist nun, warum das in der realen Welt nicht passiert. Die Antwort ist natürlich, weil Reibungsverluste auftreten. Der **Mangel** an Reibung war die Grundannahme, die dafür verantwortlich war, dass sich die Schwingungen der Schmetterlingsflügel in einen Sturm verwandeln. Diese Grundannahme entspricht nicht der Realität.

Doch an den Finanzmärkten werden Reibungsverluste kontinuierlich geringer und manchmal verschwinden sie mit dem Abbau der Schutzmauern auch ganz. Wenn die internationalen Kapitalströme ungehindert fließen können, trifft die Metapher, wonach das Flattern eines Schmetterlingsflügels in einem Teil der Welt Wirkung zeigt, in der Tat zu. Und dies wiederum ist eine Herausforderung an die politischen Entscheidungsträger und veranlasst sie zu der Frage, wie dieses besondere Phänomen zu behandeln ist. Eine Welt ohne Reibungsverluste kann viele positive Ergebnisse, aber auch potenzielle Gefahren mit sich bringen.

Als Ende der 70er und zu Beginn der 80er Jahre die Schuldenkrise ausbrach, die Vereinigten Staaten ihre Wirtschaft stabilisierten und die US-amerikanische Notenbank die Zinsen erhöhte, um die Inflation zu bekämpfen, hieß es in Europa: „Wenn die USA niesen, holt sich Europa einen Schnupfen." Das war die vor zwei Jahrzehnten gültige Version der Schmetterlingsmetapher.

Heute ist der „Schnupfen" viel schlimmer und gefährlicher, weil die Kapitalmärkte viel enger miteinander verwoben sind. Wir haben neues Territorium betreten. Es ist heute nicht mehr ausschließlich der Güterhandel, der die Länder wirtschaftlich miteinander verbindet. Heute haben wir eine andere Welt, eine Welt der integrierten **Kapital**märkte.

Weltweite Finanzkrisen im Zeitalter der Globalisierung

Die jüngste Finanzkrise, die Anfang 1997 in Südostasien begann, beschleunigte sich noch einmal entscheidend in den Monaten nach der russischen Zahlungskrise im August 1998 und dem Zusammenbruch des großen Sicherungsfonds Long-Term Capital Management (LTCM) im Oktober. Diese Entwicklung drohte sich wie eine ansteckende Krankheit auszubreiten, ähnlich dem „Tequila-Effekt", der in Folge der Mexi-

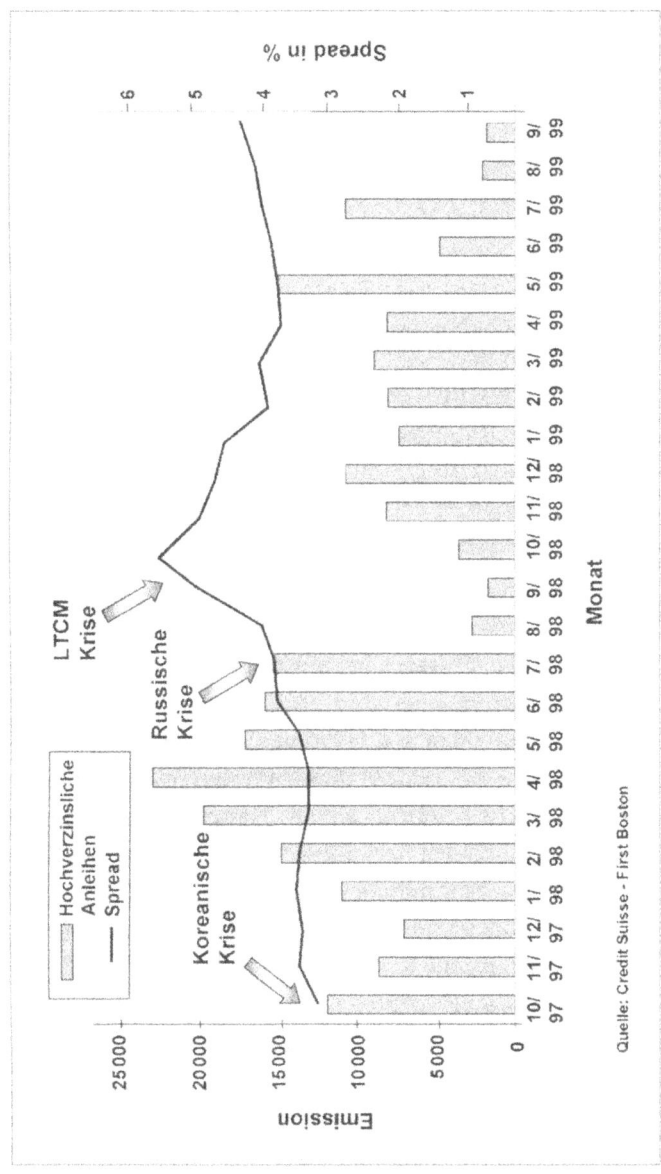

Abbildung 6: Markt für hoch verzinsliche Anleihen – Emission und Spread (1.10.1997 bis 30.9.1999)

kokrise 1994/95 auftrat. Besonderen Anlass zur Sorge berei-
teten damals Brasilien und indirekt auch andere Staaten in dieser Region.

Wie jede Krise hatte auch die jüngste Krise ihre Besonderheiten. Zumindest ihr Zeitpunkt und ihre Vehemenz haben viele
Beobachter und politischen Akteure kalt erwischt. Auf den
stark globalisierten Finanzmärkten wurde jedoch den verunsi-
cherten internationalen Investoren in den Emerging Markets
die Bedeutung schnell klar.

Während man über einen langen Zeitraum die Risiken hoch-
rentierlicher Investitionen praktisch völlig außer Acht ließ,
wurde nun weltweit eine komplett andere Strategien gefahren.
Jetzt galt es, Risiken zu vermeiden, wobei nun die Renditen
praktisch völlig außer Acht gelassen wurden. Dies spiegelte
sich in dem abrupten Anstieg der Risikoprämien auf dem US-
Markt für Industrieobligationen deutlich wider.

Die Folgen der zunehmenden Globalisierung manifestieren
sich in den sich rasch ändernden Risikoprämien für Anleihen
von Unternehmen, die in den USA operieren und sich dort finanzieren, obwohl die meisten dieser Firmen mit der Krise in
Russland kaum etwas zu tun hatten. Da jedoch die Finanzmärkte eng miteinander verknüpft sind, löste der radikale
Wandel in der Lagebeurteilung durch die globalen Investoren
riesige und schnelle Kapitalströme von einem Kontinent zum
anderen aus. In den fünf Krisenländern Asiens gab es den in
oben beschriebenen plötzlichen Rückgang der Kapitalströme.
Es liegt auf der Hand, dass sich solch enorme Kapitalbewegungen nicht nur auf die Kosten des Kapitals auswirken, sondern auch erhebliche Auswirkungen an den weltweiten Kapitalmärkten auf die Verfügbarkeit von Kapital für die Grenz-

nachfrager nach Kredit haben. Die Finanzmärkte waren wie ausgetrocknet.

Um einer finanziellen Krisenanfälligkeit vorzubeugen oder sie zu reduzieren, kommt den Politikern in den Schwellenländern ein wichtiger Trend entgegen: die wachsende Selektivität der Investoren. In einer Welt, in der sich die wirtschaftlichen Verhältnisse rasch verändern, werden die internationalen Investoren sehr viel stärker selektieren, wo sie investieren. Dabei müssen sie zum einen Faktoren berücksichtigen, die, wie zum Beispiel sich verschlechternde Rahmenbedingungen in einem bestimmten Schwellenland, zu einem Abzug internationaler Investmentfonds aus diesem Land führen, und sie müssen zum anderen Faktoren in Betrachtung ziehen, die dazu führen, dass Kapital generell aus Schwellenländern zugunsten risikoärmerer Investitionen in den entwickelten Ländern abgezogen wird. Nachdem die Phase der ausgetrockneten Finanzmärkte und der extrem großen Spreads bei hoch verzinslichen Anleihen vorüber war, gaben sich die Investoren nicht mehr mit aggregierten Indizes für große Ländergruppen wie zum Beispiel für „Emerging Markets" oder „Industrieländer" zufrieden. Stattdessen bestehen sie auf sehr viel genaueren Informationen über jedes einzelne Land. Dies stellt dann die Bühne für eine Art neuen „Schönheitswettbewerb" dar, bei dem jedes Land die „Juroren" überzeugen muss, dass es „schöner" als seine Mitbewerber – also attraktiver für Investitionen – ist. Die Gewinner, die bessere ökonomische Rahmenbedingungen vorweisen müssen, werden von geringeren Spreads und höheren Ratings profitieren. Wenn es einem Schwellenland gelingt, seine Krisenanfälligkeit zu reduzieren, indem es seine Rahmenbedingungen verbessert – hauptsächlich durch hartnäckige und konsistente Implementierung einer

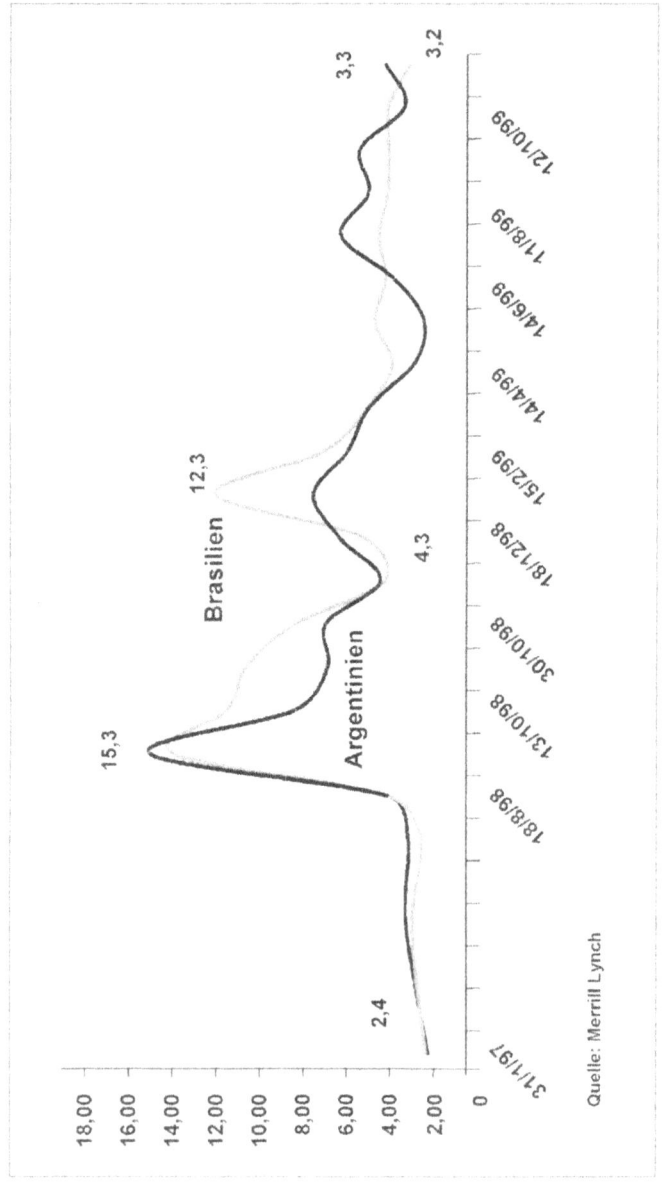

Abbildung 7: Risikoprämie auf Anleihen in Brasilien und Argentinien

langfristig angelegten marktorientierten Strategie wirtschaftlicher Reformen –, wird es im internationalen Wettbewerb um Finanzmittel für seine Investitionen gewinnen. In den heutigen Finanzmärkten werden die Emerging Markets sehr genau von Rating-Agenturen wie Standard & Poor's, Moody's und anderen beobachtet, die im „Schönheitswettbewerb" die Rolle des Jurors spielen. Sie beeinflussen die Entscheidungen von Investmentfonds nachhaltig, indem sie die Informationen liefern, auf deren Basis die Kapitalströme in Richtung ihrer effizientesten Verwendung fließen. Die politischen Entscheidungsträger in den Emerging Markets werden lernen müssen die internationale Dimension ihrer politischen und ökonomischen Entscheidungen zu erkennen. Dies ist der notwendige Mechanismus, durch den der Selektionsprozess in Gang gesetzt wird. Die Globalisierung wurde von dem bekannten Schriftsteller und Journalisten Tom Friedman treffend als „Goldene Zwangsjacke – erhältlich nur in Einheitsgröße" charakterisiert. Sie hält für jede Volkswirtschaft beides bereit: eine Herausforderung und eine Chance. Es ist Aufgabe der Entscheidungsträger das Beste aus den sich bietenden Möglichkeiten zu machen.

Die Krise der Jahre 1997/98 hat die Einstellung zum Risiko verändert. Damals jagten die Investoren größtmöglichen Renditen bei völliger Außerachtlassung des damit verbundenen Risikos hinterher. Jeder wollte eine hohe Rendite und war bereit, Risiken einzugehen. Als dann die Seifenblase platzte, sahen sich die Investoren auf einmal mit hohen Verlusten konfrontiert. Abrupt wurde die Zielrichtung umgedreht – weg von den Erträgen, hin zu Sicherheit. Es bestand die größte ökonomische Gefährdung seit vielen Jahren. Es existierte eine ernsthafte Gefahr, dass eine weltweite Rezession auftrat.

Glücklicherweise hat sich die Situation wieder entspannt, doch etwas gibt noch Anlass zur Sorge: Viele Länder, deren Märkte von den drastischen Veränderungen betroffen waren, tendierten dazu, internationalen Kapitalbewegungen Kontrollen zu unterwerfen und alle möglichen Restriktionen einzuführen. Angeblich „verursachte das Flattern der Schmetterlingsflügel zu viel Lärm". Ich glaube nicht, dass das stimmt. Die Investoren auf den heutigen Kapitalmärkten sind wählerisch. Sie sind nicht mehr „farbenblind", sondern können sehr gut zwischen den verschiedenen Emerging Markets unterscheiden, in die sie investieren wollen. War es früher einem Investor relativ gleichgültig, ob er sich in Argentinien, Brasilien oder Israel engagierte, so beobachtet er heute die Volkswirtschaften, in die er sein Geld investiert, sehr viel genauer. Und die einzelnen Länder verhalten sich wie in einem Schönheitswettbewerb des ökonomischen Erfolgs, bei dem jeder Teilnehmer seine Mitbewerber ausstechen muss.

Wie in jedem Wettbewerb müssen sich die Teilnehmer auf den Wettkampf vorbereiten. Um erfolgreich zu sein, müssen sie sich bei der Wettbewerbsjury erkundigen, nach welchen Kriterien die Gewinner bestimmt werden. Moody's, Standard & Poor's und alle anderen Rating-Agenturen geben allen Konkurrenten ein und dieselbe Antwort: „Ein attraktiver Wettbewerber sollte sich um finanzpolitische Konsolidierung und niedrige Inflationsraten kümmern und die Märkte für die Welt offen halten. Das verbessert die Bewertung. Ein Land, das Kapitalverkehrskontrollen einführt, handelt sich Minuspunkte im Kredit-Rating ein. Es ist daher ein großer Fehler diesen Ländern zu empfehlen, Mauern um ihre Märkte zu errichten. Der richtige Rat an sie ist, ihre Wirtschaftspolitik zu Hause zu verbessern.

Herausforderung für die Wirtschaftspolitik: der Fall Israel

Die Krise in Russland und der Zusammenbruch des Long Term Capital Management Fund führten zu einem Abfluss von Anlagekapital aus den Emerging Markets hin zu den weniger risikobehafteten westlichen Finanzmärkten – vor allem in den ersten Wochen nach dem Ausbruch der Krise. Dadurch wurde den Schwellenländern der Zugang zu den Finanzmärkten der Welt ernsthaft erschwert. Natürlich waren im Portfolio der verschiedenen Emerging-Markets-Fonds auch israelische Anleihen enthalten, die auf dem Höhepunkt der weltweiten Finanzturbulenzen massiv reduziert wurden.

In Israel manifestierte sich dieser Effekt als abrupte Trendwende bei den Portfolioinvestitionen (siehe Abbildung 8).

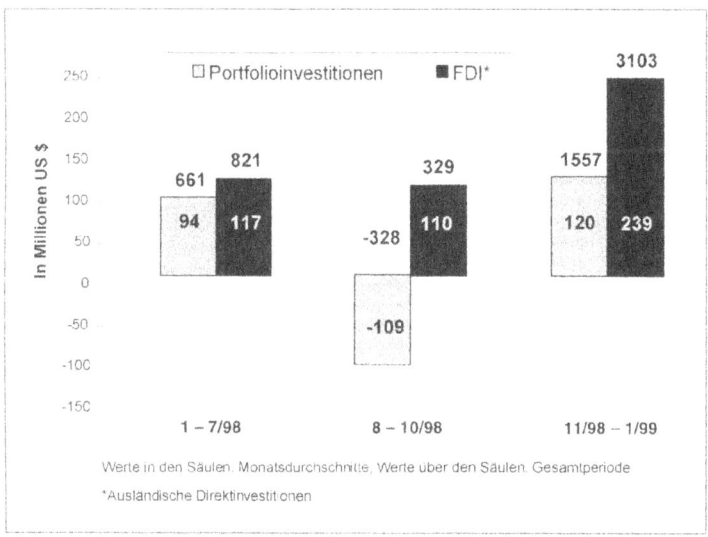

Abbildung 8: Auslandsinvestitionen in Israel

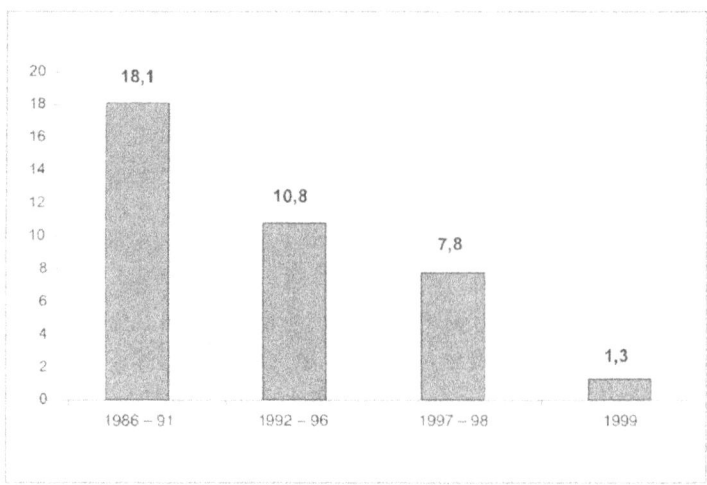

Abbildung 9:   Steigerungsrate der Verbraucherpreise in Israel

Doch die Direktinvestitionen in die israelische Wirtschaft
konnten sich auf hohem Niveau halten und stiegen 1999 sogar
an, was zeigt, dass die ausländischen Investoren Vertrauen in
die langfristigen fundamentalen Stärken der israelischen Wirtschaft besitzen. Es scheint, dass dieser allgemeine Abfluss
von Kapitalanlagen aus den Emerging Markets die starke Abwertung des „New Israeli Sheqel" (NIS) gegenüber dem US-
Dollar um etwa zehn Prozent Anfang Oktober 1998 auslöste.
Sie dürfte sich wohl durch die Reduktion des starken Fremd-
währungsengagements des Unternehmenssektors, das sich im
Lauf der Zeit gebildet hatte, als die Wechselkursschwankungen durch den existierenden Wechselkursmechanismus künstlich niedrig gehalten wurden, noch verstärkt haben.

Verschiedene Indikatoren zeigten einen sofortigen Anstieg
der Inflationserwartungen (siehe Abbildung 9). Die israelische Zentralbank reagierte mit einer beträchtlichen Zinsstei-

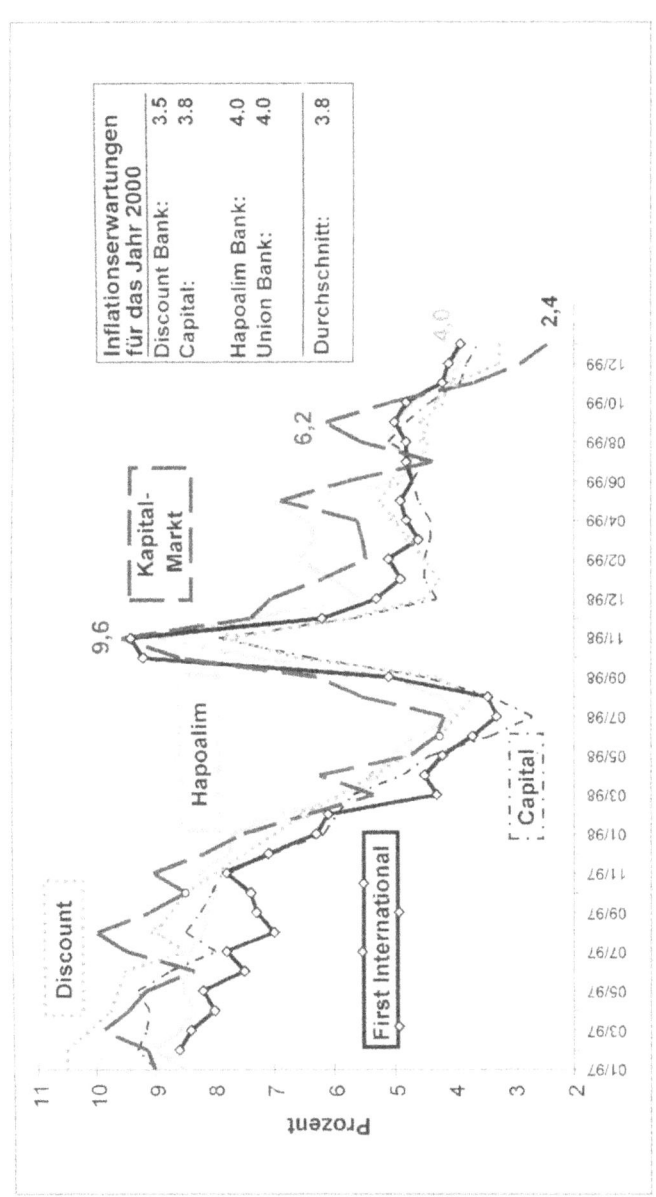

Abbildung 10: Inflationserwartungen des Kapitalmarkts und privater Institute

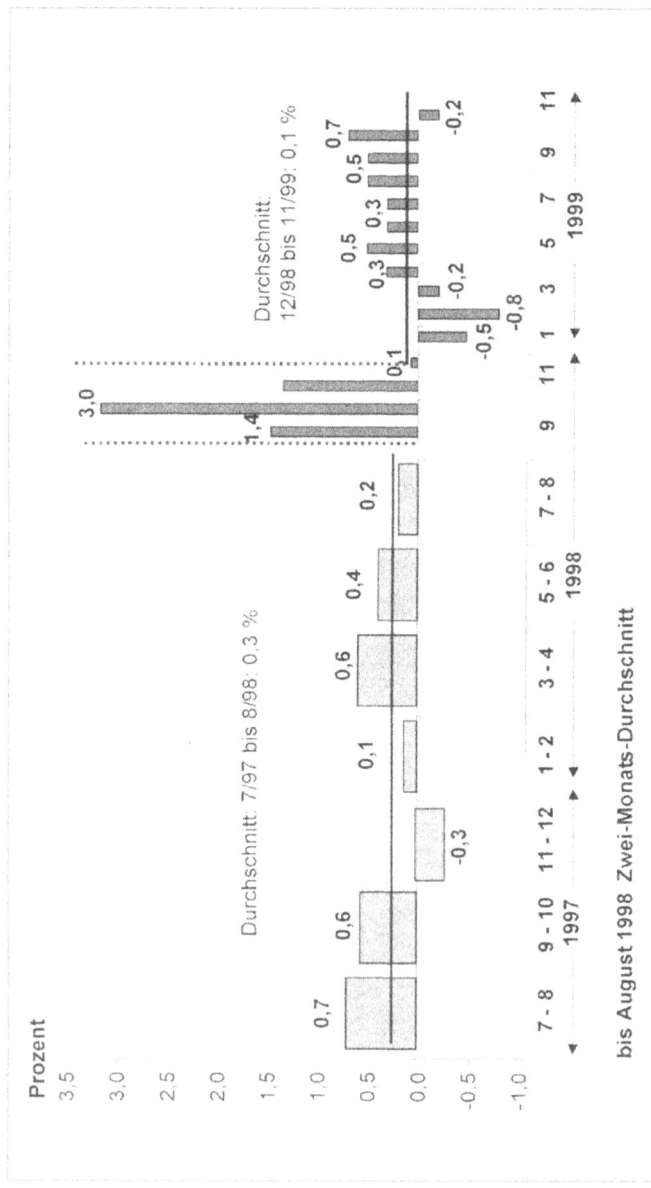

Abbildung 11: Monatliche Steigerungsrate des Verbraucherpreisindexes

gerung von vier Prozentpunkten. Sofort fielen die Inflationserwartungen, um sich dann auf einem niedrigen Niveau von
etwa vier bis sechs Prozent bis Oktober 1999 einzupendeln.
Dann gab es einen erneuten Rückgang auf etwa zwei bis vier
Prozent, bis die Inflationsrate im Jahr 1999 schließlich ihren
niedrigsten Stand seit 1950 (mit Ausnahme des Jahres 1967)
von 1,3 Prozent erreichte. Das Inflationsziel der Regierung für
die Jahre 2000 und 2001 liegt zwischen drei und vier Prozent,
die Einschätzungen der privaten Institute sind geringfügig
niedriger. Dieser positive Trend zu langfristiger Preisstabilität
ermöglichte der israelischen Zentralbank eine schrittweise
Senkung der Zinssätze (seit den Finanzturbulenzen in acht
Schritten) um insgesamt 3,6 Prozentpunkte, ohne damit die
Preisstabilität zu gefährden oder die Finanzmärkte negativ zu
beeinflussen.

Während der Turbulenzen auf dem Devisenmarkt entschied
die Zentralbank von einer direkten Devisenmarktintervention
abzusehen. Dieser Entschluss wurde schnell zum Gegenstand
einer aufgeheizten öffentlichen Auseinandersetzung. Die Reaktion der Zentralbank stützte sich auf ihre Einschätzung,
dass, trotz der hohen Wechselkursschwankungen, die Marktbedingungen grundsätzlich stimmten. Das Transaktionsvolumen war hoch, die Spreads nicht unverhältnismäßig groß und
die Kursentwicklung vollzog sich kontinuierlich. Tatsächlich
verzeichnete Israel das höchste Handelsvolumen seiner gesamten Geschichte. Offensichtlich wäre es für die Zentralbank
riskant gewesen, ein unbegrenztes Angebot an Fremdwährung
bereitzustellen, angesichts eines Marktes, der gegenüber den
globalen Finanzmärkten völlig offen ist. Tatsächlich kam der
Markt wieder ins Gleichgewicht, und ein Teil der Abwertung
bildete sich zurück. Die Zinspolitik, die darauf abzielte, die in-

flationären Auswirkungen der Wechselkursänderungen zu bekämpfen, beruhigte die Märkte wieder.

Ergebnis der beschriebenen Vorgänge auf den Devisenmärkten war schließlich, dass die Glaubwürdigkeit in die Geldpolitik weiter gestärkt wurde. Eine wichtige Konsequenz der Entscheidung sich einer direkten Intervention auf den Devisenmärkten zu enthalten war, das Vermeiden von moralischem Risiko (Moral Hazard). Tatsächlich ließ sich nach dieser Episode beobachten, dass Unternehmen ihre Devisenexposition reduzierten. Weiterhin nutzen die Unternehmen bei ihren Fremdwährungsgeschäften verstärkt Devisentermingeschäfte, um so ihre Netto-Fremdwährungspositionen zu verringern.

Den jüngsten Entwicklungen des Verbraucherpreisindex zufolge scheint es, dass die israelische Geldpolitik ganz wesentlich dazu beigetragen hat, den inflationären Druck durch die oben beschriebene Kombination von geld- und währungspolitischen Maßnahmen in Grenzen zu halten.

Das vorrangige Ziel der schnellen und starken Anhebung des Zinssatzes war der Bildung einer inflationären Dynamik in einer Zeit internationaler Finanzmarktunruhen und erhöhter Wechselkursunsicherheit zuvorzukommen. Das Zinsinstrument wurde deshalb in einer vorausschauenden Art angewendet, die primär auf seinen Zusammenhang mit Inflationserwartungen und -prognosen abzielte statt direkt zu versuchen, die Wechselkursabwertungen zu beeinflussen. Ganz bewusst wurde es dem Devisenmarkt überlassen sein Gleichgewicht zu finden. Die nachfolgende Wechselkursabwertung, die bei weitem die sofortige, aber begrenzte Preissteigerung überschritt, kann sich schließlich als export- und wachstumsfördernd herausstellen. Vor dem Hintergrund der beträchtlichen realen Abwertung seit der drastischen nominalen Abwertung im Oktober 1999 kann man es wagen den Schluss zu ziehen, dass die erfolgreiche Politik der Inflationsbekämpfung nicht zu Lasten des Exports ging, sondern im Gegenteil dazu beitrug ihm neuen Auftrieb zu geben, indem die nominale Abwertung in eine reale Abwertung überführt wurde. In der Tat war eine der wichtigsten Konsequenzen dieser Vorgänge die signifikante Verringerung des Ausmaßes, in welchem die Wechselkursabwertung in eine entsprechende Änderung der Preise transformiert wurde. Diese reduzierte „Weiterreichung" zeigt, dass es sich auszahlt, eine glaubwürdige Politik der Inflationsbekämpfung zu verfolgen, bei der die Marktteilnehmer erwarten können, dass die Zentralbank ihre geldpolitischen Instrumente zur Zielerreichung einsetzt und bei Fehlentwicklungen korrigierend einschreitet. Dieses konsequente Vorgehen führte auch dazu, dass die Wirkungsverluste von geldpolitischen Maßnahmen erheblich verringert werden konnten.

Die Funktionsfähigkeit des Bankensystems: eine große Herausforderung

Lassen Sie mich nun ein Konzept erläutern, dem seit einiger Zeit viel Aufmerksamkeit gewidmet wird: der Stabilität und Funktionsfähigkeit des Finanzsystems. Heute besteht ein besseres Verständnis und eine größere Übereinstimmung darüber, dass ein solides Finanzsystem, insbesondere ein starkes Bankensystem unabdingbare Voraussetzung für jede erfolgreiche makroökonomische Politik ist. Wenn das Bankensystem nicht funktionsfähig ist und es hier zu einer Krise kommt, kann sich hieraus eine makroökonomische Krise entwickeln. Ebenso kann ein labiles makroökonomisches System zu einer Bankenpanik oder einem Bankenzusammenbruch führen, wenn die Banken nicht stark genug sind. Es besteht also ein enger Zusammenhang zwischen makroökonomischer Stabilität auf der einen Seite und der Funktionsfähigkeit des Bankensystems auf der anderen.

Damit die Geldpolitik wirkungsvoll ist, muss gewährleistet sein, dass die Entscheidung oder Umsetzung geldpolitischer Maßnahmen nicht durch ein fragiles Bankensystem verhindert wird. Ein starkes und zuverlässiges Bankensystem ist daher unabdingbar. Da einer der wichtigen Übertragungskanäle der Wirkungen der Geldpolitik über das Bankensystem verläuft, muss ein gutes und zuverlässig funktionierendes Bankensystem vorhanden sein, um die volle Wirksamkeit der Geldpolitik zu gewährleisten. Dies alles legt nahe – und die Vorgänge in Asien haben es wieder einmal gezeigt –, dass heutzutage ein zuverlässiges Bankensystem ein außerordentlich wichtiges Element erfolgreicher Politik darstellt. Daher konzentrieren die Zentralbanken, der IWF und die Bank für internationalen Zahlungsausgleich (BIZ) einen Großteil ihrer Bemühungen auf die Stärkung der Bankenaufsicht.

Zwei Dinge müssen an dieser Stelle besonders betont werden: Erstens sind die Finanzmärkte sehr innovativ. Und zweitens bringen sie, da sie so innovativ sind, ständig neue Finanzinstrumente (zum Beispiel Finanzderivate) und neue Techniken hervor. Daher sind überwachende Institutionen, die über ein institutionelles und technisches Wissen von gestern verfügen, nicht so ausgerüstet, wie es der Umgang mit den Finanzmarktentwicklungen von morgen erfordert. Diese Erkenntnis impliziert, dass die Institutionen der Bankenaufsicht ihr Wissen kontinuierlich vergrößern und aktualisieren müssen, weil ihr Beobachtungsobjekt sehr dynamisch ist. Daraus folgt, dass die Definition, was ein funktionsfähiges Bankensystem ausmacht, ebenfalls dynamisch ist und nicht so eng gefasst werden darf, dass es sich nicht zur Anpassung an die sich verändernde Realität eignet.

Wenn wir die Entwicklung in Asien analysieren, erkennen wir, dass dort die meisten Probleme mit moralischem Risiko (Moral Hazard) zusammenhängen: Finanzintermediäre gewährten Kredite, die mit sehr hohem Risiko behaftet waren. Diejenigen, die ihr Kapital bei diesen Finanzintermediäre anlegten, taten dies (implizit oder explizit) in der Annahme, dass der Staat den jeweiligen Finanzintermediären eine Bestandsgarantie gewähren würde. Daher hatten sie keine Veranlassung, die Qualität der von den Finanzintermediären gewährten Kredite zu kontrollieren. Sie nahmen einfach an, dass alles sicher sei. Das Management der Finanzintermediäre hatte keinen Anlass, das Risiko ihrer Kredite sorgfältig abzuwägen, da sie stets auf die implizite staatliche Garantie vertrauten. Auch sie nahmen einfach an, dass alles sicher sei. Oftmals wurden die vergebenen Kredite für den Kauf von Aktiva wie zum Beispiel Immobilien verwendet. Die wachsende Nachfrage nach solchen Aktiva, finanziert mit leicht erhältlichen Krediten, führte zu einem kontinuierlichen Preisanstieg dieser Aktiva, da der Mechanismus fehlte, der einen solchen Trend normalerweise bremst, nämlich das mit dem wachsenden Schuldenbestand steigende Risiko. Die implizite Annahme, alles sei sicher, weil der Staat Sicherheit bot, ohne dafür eine angemessene Prämie zu verlangen, ließ eine „Einbahnstraßen-Wette" entstehen und schuf damit die Grundlage für das

Wachstum einer Seifenblase. Anleger gaben ihr Geld den Finanzintermediären in der Annahme, es sei dort gut und sicher angelegt. Die Finanzintermediäre vergaben mit diesen Ressourcen Kredite für riskante Geschäfte wie zum Beispiel im Immobilienbereich, wodurch die Preise dieser Güter extrem in die Höhe getrieben wurden. So entstand praktisch ein Teufelskreis, mit dem jeder glücklich war, solange er funktionierte. Die Anleger sahen, wie sich ihr Vermögen mehrte. Die Immobilienunternehmen bekamen ihre Kredite von den Banken und Investmentfonds. Die Finanzintermediäre stellten fest, dass der Preis der Sicherheiten in ihren Büchern in die Höhe ging. Alles war in Ordnung, bis die erste Seifenblase platzte. Als sich nun herausstellte, dass der Staat bestimmte Kredite nicht voll besicherte, schwand plötzlich der Mittelzufluss zu den Fonds und Banken. Und der Motor, der den Anstieg der Vermögenspreise angetrieben hatte, kam zum Stillstand. Die Vermögenswerte fielen. Die Sicherheiten in den Büchern der Banken schwanden. Kredite mussten gekündigt werden, einige Institute wurden rasch zahlungsunfähig und die Krise des Finanzsektors entwickelte sich zu einer schweren Wirtschaftskrise.

Dies wirft zwei Fragen auf: Wie sollten Aufsichtsinstitutionen mit angeschlagenen Banken umgehen? Wie sollten sie sich bei potenziellen Krisen verhalten? Sollten sie versuchen, die Auswirkungen von fünf von, sagen wir, neun Krisen zu begrenzen oder sollten sie besser neun von, sagen wir, fünf Krisen verhindern? Das ist durchaus eine zulässige Frage. Ehe die Krise ausbricht, weiß niemand, wann sie und wohin sie überall ausstrahlen wird. Und die Aufsichtsinstitutionen stehen vor der strategischen Entscheidung, entweder mit übertriebener Vorsicht zu handeln und neun von fünf potenziellen Krisen zu verhindern oder keine perfekte Vorsicht walten zu lassen und fünf von neun möglichen Krisen zu verhindern? Welches Konzept ist besser? Das ist die entscheidende Frage. Wenn die Aufsichtsinstitution neun von fünf Krisen verhindert, agiert sie überregulierend und übertrieben vorsichtig. In gewisser Weise paralysiert sie damit das System und behindert die Marktmechanismen. Ein solches Vorgehen verhindert, dass Risiken eingegangen werden. Doch ein bestimmtes Maß an Risikofreude ist die Essenz jeglichen Unternehmertums. Metaphorisch gesagt, ist es wie der Versuch, den Verkehr zu stark zu regulieren. Doch wenn die Aufsicht nur fünf von neun Krisen verhindert, bleibt eine prinzipielle Krisenanfälligkeit im System bestehen. Das ist die strategische Frage.

Wenn man sich für die Strategie entschließt, nur fünf von neun Krisen zu verhindern, sollte man sich darauf einstellen, dass Krisen vorkommen können und die Aufsichtsinstitutionen sollten darauf vorbereitet sein. Eine wichtige Lektion, die man gelernt hat, war, dass es essenziell wichtig ist, sich frühzeitig mit einer insolventen Bank zu befassen und sie eher zu schließen, als sinnlos Kapital einzuschießen und damit aus einem ursprünglich kleinen Problem ein großes zu machen. Damit ist nicht gemeint, dass jedes insolvente Institut geschlossen werden sollte. Aber ein Aufsichtsorgan sollte nicht jeden Zusammenbruch einer Bank als das Ende seiner Karriere ansehen, denn dies würde bedeuten, dass keine Bank jemals scheitert. Und wir wissen, dass ein System, das den Zusammenbruch einer Bank nicht zulässt, ein übertrieben vorsichtiges System ist. Wir dürfen nicht vergessen, dass die meisten Probleme, die man wachsen ließ, bis sie Teil des „Zu-groß-um-zu-scheitern"-Syndroms wurden, ursprünglich kleine Probleme waren, die zu lange ignoriert wurden, weil sie in die

Kategorie „Zu-klein-um-sich-damit-zu-befassen" fielen. Derartige „kleine" Probleme lösen sich nicht von selbst. In der Regel verschlimmern sie sich im Lauf der Zeit. Daher ist es besser, sie gleich anzugehen.

Ein Kollege von mir an der Universität von Chicago, der Nobelpreisträger Bob Lucas, fragte mich einmal, wie oft ich schon ein Flugzeug verpasst hätte. Als ich ihm sagte, dass ich noch nie eins verpasst hätte, sagte er mir: „Offenbar verschwendest du jede Menge Zeit an Flughäfen." Er fragte mich, wie oft ich schon ein Strafmandat wegen überhöhter Geschwindigkeit bekommen hätte. „Niemals", sagte ich ihm. „Nun", antwortete er, „du fährst offenbar systematisch unterhalb der Höchstgeschwindigkeit." Sicher, Analogien haben ihre Grenzen, doch liegt ein tieferer Sinn hierin. Denn entscheidend ist: Wenn man nicht zu viel Zeit auf Flughäfen verschwenden möchte, muss man bereit sein, vielleicht ein- oder zweimal einen Flug zu verpassen, und außerdem wissen, was man dann tun muss. Dies legt nahe, dass wir uns – trotz des Wunsches Krisen zu vermeiden – der Tatsache bewusst sein sollten, dass es übertrieben ist **jede Krise um jeden Preis** vermeiden zu wollen. Eher sollten Mechanismen und Instrumente entwickelt werden, die die Kosten der wenigen Krisen verringern, sobald sie auftauchen. Dies ist besser, als den effizienten Mechanismus des Eingehens von Risiken durch Überregulierung zu zerstören, um die Möglichkeit von Krisen um jeden Preis auszuschalten.

Eine Lektion aus der Finanzkrise in Asien und ein Thema, mit dem sich der IWF und die Weltbank intensiv auseinander setzen, ist die Notwendigkeit insolvente Institute frühzeitig zu identifizieren und sofort zu schließen. Manche Volkswirtschaften haben versucht, die Finanzkrise dadurch zu meistern, dass sie ihre Strategie der Offenheit hinsichtlich der Kapitalbilanz aufgeben. Der Ansatz mancher Länder „Lasst uns die Kapitalströme zum Versiegen bringen" ist gleichbedeutend mit „Lasst uns das Fenster schließen, wenn zu viel Wind hereinkommt", wobei vergessen wird, dass mit dem offenen Fenster nicht nur Wind, sondern auch Sauerstoff hereinkommt.

Eine andere Idee war „Sand ins Getriebe" zu streuen, was in unserem Zusammenhang heißt Steuern auf Kapitalströme zu erheben. Als ob dies die Dinge einfacher machte! Ich denke, wer versucht hat, tatsächlich Kontrolle auf die Kapitalströme auszuüben, statt dies nur zu predigen, hat erkannt, wie nutzlos und teuer eine solche Strategie ist. Jeder Mechaniker weiß, dass sich Sand im Getriebe nur schwer wieder entfernen lässt. Das Problem ist, dass es illusorisch ist zu glauben, man könne volatile Kapitalströme verhindern und hoffen, dass „gute" Kapitalströme weiterhin ins Land fließen. Wie bei einer Diät ist es schwer das „gute" vom „schlechten" Cholesterin zu trennen. Kapitalströme zum Versiegen bringen oder ihre Funktionsprinzipien zu behindern ist wie Straßen blockieren, um Verkehrsunfälle zu verhindern. Nun wissen wir alle, dass das nicht die richtige Methode ist, mit dem Unfallproblem fertig zu werden. Der richtige Weg wäre – unter anderem –, die Straßen zu verbreitern statt sie zu verengen, um die Unfallwahrscheinlichkeit zu verringern, und Sitzgurte zu installieren, um die Unfallkosten zu reduzieren. In den Diskussionen über die Strategie der Liberalisierung der Kapitalmärkte wurde die Frage, ob wir „Sand ins Getriebe" streuen sollten, zu einem großen internationalen Thema. Sollten wir Kapitalflüsse verlangsamen oder – metaphorisch gesprochen – „die Straßen verbreitern" und Sitzgurte installieren?

Tatsächlich wurden zwischen dem IWF und der Weltbank hitzige Debatten zu diesem Thema geführt, wobei der IWF bei der Einführung von Kapitalverkehrskontrollen mehr zögert als einige in der Weltbank. Meine eigene Ansicht in dieser Debatte lässt sich mit den Worten Sir Winston Churchills auf den Punkt bringen: „Märkte sind wie Fallschirme. Sie funktionieren am besten, wenn sie offen sind." Und dafür spricht eine Menge. Länder, die sich dafür entscheiden, ihre Kapitalmärkte abzuschotten, werden am Ende schlechter dastehen, da sich die Investoren von ihnen abwenden.

Koordination und Kooperation in der internationalen Wirtschaftspolitik

Dies führt mich zur Frage der Beziehung zwischen den internationalen wirtschaftspolitischen Akteuren. Warum sollte es einen politischen Dialog zwischen den USA, Japan, Kanada, Frankreich, Deutschland und anderen geben? Schließlich ist jeder Akteur in seinem Land in einem demokratischen Wahlverfahren gewählt worden. Warum sollte es politische Kooperation geben? Die Antwort lautet natürlich, dass, auch wenn nationale Regierungen im eigenen Land gewählt werden, die Politik der einzelnen Länder internationale Auswirkungen haben. Und daher ist eine offizielle und umfassende Kommunikation nicht nur ein moralischer Imperativ, sondern auch aus der Sicht wirtschaftlicher Effizienz unabdingbar. Aus dieser Erkenntnis entstand das System der politischen Koordination zwischen den großen Industrienationen Mitte der 80er Jahre. Einer der Meister einer solchen politischen Koordination war James Baker in seinem Amt als Finanz- und danach als

Außenminister. Zahlreiche Debatten, Niederlagen und Erfolge kennzeichnen diese Periode. Ich glaube, dass viele der Lektionen, die wir in dieser Zeit gelernt haben, nach der Asienkrise wieder relevant werden.

Was haben wir aus der Ära der politischen Koordination und Kooperation gelernt? Dass es im Grunde fünf „W"-Fragen gibt. Sie lauten: **Warum** sollten wir koordinieren?, **Was** soll koordiniert werden?, **Wann** sollte koordiniert werden?, **Wer** sollte koordinieren? und schließlich: **Wie** sollte die Koordination implementiert werden? Wir haben gelernt, dass es viele praktische und konzeptionelle Schwierigkeiten gibt. Zunächst sind die Rechtsprechungen von Land zu Land unterschiedlich. Zum Beispiel unterscheiden sich die Punkte, für die die U. S. Treasury rechtlich zuständig ist, von den Gebieten, für die das Finanzministerium in Deutschland rechtlich zuständig ist. Wenn sie also am runden Tisch zusammensitzen und sich für eine Koordination der Strategien entscheiden, sind die Voraussetzungen für eine Umsetzung höchst unterschiedlich, da sich die maßgeblichen Organe in jedem Land voneinander unterscheiden. In den USA ist der Kongress zuständig, in manchen Ländern dagegen die Zustimmung des Parlaments nicht erforderlich. Und weil die Zuständigkeiten sich unterscheiden, ist auch die Rolle der jeweiligen Institutionen im weiteren Verfahren sowie die Möglichkeiten, eine vereinbarte Strategie umzusetzen, verschieden. Es gibt auch große Unterschiede zwischen dem Gewicht, das der Relevanz internationaler und der nationaler Themen beigemessen wird. In den Vereinigten Staaten liegt der Schwerpunkt – aufgrund ihrer Größe und da der Außenhandel relativ unbedeutend ist – auf den nationalen Fragen. In einigen anderen Ländern wird dagegen internationalen Fragen viel mehr Gewicht beigemessen. Wir haben heute ja eine Vielfalt an Vereinbarungen und Foren für Diskussionen und Interaktionen: Dieselben Länder treffen sich in der Europäischen Union, beim IWF, bei der G5 und der G7 und ähnlichen Institutionen. Wie stellt man die Konsistenz zwischen den Vereinbarungen her, die in unterschiedlichen Foren getroffen wurden? All diese Schwierigkeiten haben zu dem Schluss geführt, dass politische Koordination, auch wenn es sich um ein gutes Konzept handelt, in einem sehr trivialen Sinn nicht sonderlich praktisch ist: Der Finanzminister des Landes A wird seinem Kollegen aus dem Land B erzählen, dass Land B aufgrund der internationalen Situation die Steuern anheben sollte; der Minister des Landes B wird antworten, dass Land A seine Staatsausgaben reduzieren sollte. Daher funktionieren die Dinge in der Praxis eben nicht.

Deshalb denke ich, dass die Sicht, die Deutschland in dieser Debatte eingenommen hat, korrekt war. Demzufolge bedeutet politische Koordination nicht, dass ein Land dem anderen vorschreibt, was es zu tun hat, sondern dass Informationen ausgetauscht werden. Somit sollte das Konzept der politischen Koordination zugunsten eines Konzepts der **politischen Kooperation** aufgegeben werden. Man kann kooperieren, indem man Informationen über Pläne oder Strategien austauscht, so dass der Gegenüber diese berücksichtigen kann. Aber Politik lässt sich nicht koordinieren. Politik wird in den Hauptstädten der einzelnen Länder gemacht. Es geht vielmehr darum, ein Verständnis für die Maßnahmen des Anderen zu entwickeln und, noch wichtiger, die Sprache des Gegenüber zu verstehen.

Das zugrunde liegende Prinzip lässt sich am besten durch die Geschichte der beiden Brüder Sam und Joe illustrieren. Jeder fuhr mit seinem Auto. Sam ließ einen Freund mitfahren. Als

sie an eine rote Ampel kamen, gab er Gas und fuhr weiter. Der
Freund fragte: „Was machst du da? Es ist rot." Und die Antwort lautete: „Mach dir nichts daraus. Mein Bruder Joe macht
das genauso." Bei der nächsten roten Ampel gab er wieder
Gas und fuhr weiter. „Warum tust du das?" „Naja, mein Bruder macht das genauso." Als sie eine grüne Ampel erreichten,
trat er auf die Bremse. „Wieso bremst du jetzt?", fragte der
Freund. Sams Antwort: „Vielleicht kommt mein Bruder gerade von der anderen Seite."

Politische Kooperation bedeutet nicht, dass wir alle auf dieselbe Weise fahren oder alle im Gleichschritt marschieren
sollten, sondern dass jede Seite die Regeln kennen sollte, die
die jeweiligen Verhaltensweisen bestimmen.

Es stellen sich jedoch einige Anforderungen an konkretes politisches Handeln, um sicher gehen zu können, dass die
Schmetterlingsflügel im Rest der Welt keinen Sturm entfa-
chen, wenn durch den Liberalisierungsprozess Friktionen und
Barrieren für Kapitalströme verschwinden und wenn das Finanzsystem weltweit immer stärker integriert wird.

Stabilität, Flexibilität und nachhaltiges Wachstum

Eine der bemerkenswertesten Erscheinungen der vergangenen
Jahre ist die außerordentliche Stärke der US-Wirtschaft. Wir
erleben eine Wirtschaft, die wächst und expandiert und deren
Aufschwung länger andauert als zu irgendeiner anderen Epoche seitdem Wirtschaftsdaten erfasst werden. Meiner Mei-
nung nach sind vor allem vier zentrale Gründe für diese Ent-

wicklung verantwortlich: Erstens herrscht in den USA seit geraumer Zeit Preisstabilität. Und Preisstabilität zahlt sich aus. Zweitens – und das ist wichtiger – erntet die US-Wirtschaft nun die Früchte ihrer Strukturpolitik und der Deregulierung ihrer Finanz- und Kapitalmärkte, die in den USA in den 80er Jahren vorgenommen wurde. Damals wurden die Märkte dereguliert, der Wettbewerb gestärkt und die Flexibilität des Arbeitsmarktes vergrößert. Die Ergebnisse dieser Bemühungen werden immer spürbarer. Drittens ernten die USA heute die Früchte eines erfolgreichen fiskalischen Konsolidierungsprogramms; das riesige Haushaltsdefizit der 90er Jahre hat sich am Ende dieses Jahrzehnts in einen enormen Haushaltsüberschuss verwandelt. Viertens manifestiert sich in der US-Wirtschaft die dramatische Revolution auf dem Gebiet der Kommunikations- und Informationstechnologien. Diese Entwicklung hat die Funktionsweise von Volkswirtschaften geändert. Der ökonomische Effekt dieser technologischen Revolution ist sogar mit der industriellen Revolution verglichen worden.

In der globalen Wirtschaft vollziehen sich Änderungen schnell. Wenn es einen Schock gibt und die Allokation der Ressourcen in der Wirtschaft geändert werden muss, aber der Arbeitsmarkt und die institutionellen Rahmenbedingungen nicht flexibel genug sind, damit sich Löhne, Transferzahlungen, Rentensysteme und Ähnliches anpassen, wird die Arbeitslosigkeit zunehmen. Wenn andererseits die Märkte und Rahmenbedingungen ausreichend flexibel sind und die Wirtschaft konkurrenzfähig ist, bleibt die Arbeitslosigkeit auf niedrigem Niveau. Das ist in gewisser Weise paradox: Oft sieht man, dass sich Gewerkschaften gegen strukturelle Reformen wehren, die auf eine Verbesserung des Wettbewerbs abzielen. Doch seltsamerweise sind es hauptsächlich die Arbeitnehmer, die unter inflexiblen Arbeitsmarktbedingungen leiden. Die stärkeren gesellschaftlichen Gruppen werden immer Auswege finden. Die Verlierer sind in der Regel die schwachen Gruppen in der Gesellschaft.

Es bleibt die Frage nach der Geschwindigkeit, mit der Strukturreformen vorangetrieben werden sollten. Dies erinnert mich an die Geschichte, als der berühmte französische Premierminister Mendes France sein Volk davon überzeugen wollte, mit dem Trinken aufzuhören: Er ließ in der Metro Schilder mit dem Slogan anbringen: „Trink keinen Alkohol. Er wird dich langsam umbringen!" Jemand schrieb darauf: „Das ist okay. Ich hab's nicht eilig." Dies soll darauf verweisen, dass strukturelle Reformen schnell umgesetzt werden müssen, weil sonst die Glaubwürdigkeit auf dem Spiel steht. Das einzige Gut, das die Regierung hat, wenn sie politische Reformen plant, ist ihre Glaubwürdigkeit. Wenn dieses Gut verspielt ist, wird niemand die Maßnahmen ernst nehmen. Wenn die Menschen nicht daran glauben, dass Reformen tatsächlich durchgeführt werden, äußern sich diese Zweifel in der Reaktion des Marktes auf die jeweiligen Maßnahmen. Daher muss man glaubwürdig sein. Besonders die Länder, deren Reformmaßnahmen in der vergangenen Zeit nur langsam vonstatten gingen, müssen dies bedenken und schneller handeln.

Ich glaube, das Wichtigste, was wir aus den verschiedenen Vorgängen – der Südostasienkrise, der Krise in Russland und der LTCM-Krise – lernen können, ist das immer wiederkehrende Problem der Robustheit der Finanzsysteme. Die Stabilität des Finanzsystems ist generell der Schlüssel. Denn um wirkungsvolle makroökonomische Maßnahmen durchführen zu können, wie wir das in Israel getan haben, ist ein solides Fi-

nanzsystem zwingend notwendig. Sonst besteht immer die
Gefahr in eine Krise zu schlittern. Und durch ein schwaches
Finanzsystem kann sich eine unbedeutende Krise in eine erns-
te verwandeln.

Struktureller Wandel: von traditionellen zu Hightech-Industrien – das Beispiel Israel

In einer auf Wissen basierenden kleinen offenen Volkswirtschaft können wir erwarten, dass die Globalisierung den strukturellen Wandel zugunsten von Hightech-Gütern und -Dienst-
leistungen beschleunigt.

Was in Israel im letzten Jahrzehnt passierte, war ein außerge-
wöhnlicher Strukturwandel – hervorgerufen durch drei Faktoren, von denen zwei besonders interessant sind: wirtschaftspolitische Rahmenbedingungen, geopolitische Entwicklungen und der Zustrom von Einwanderern nach Israel. Dies ist
insbesondere für Deutschland von Interesse. Wenn ich in Europa frage: „Was ist Ihr größtes **Problem?**", erhalte ich stets
die gleiche Antwort: „Die Immigration aus dem Osten." Wenn
Sie nach Israel kommen und fragen: „Was stellt heute Ihre
größte **Hoffnung** dar?", wird man Ihnen sagen: „Die Immigration aus dem Osten." Warum sind die Einstellungen zu einem ähnlichen Phänomen so unterschiedlich?

Aus ökonomischer Sicht werden die Wachstumsmöglichkei-
ten für ein Land eher von Human-Kapital und Wissen und weniger von natürlichen Ressourcen oder physischem Kapital
bestimmt. Die Fähigkeit, zusätzliche Arbeitsplätze in Israel zu
schaffen, lässt sich zum großen Teil damit erklären. Unsere

Wirtschaft hat, zum Teil im Zusammenhang mit der Landes-
verteidigung, massiv in Hightech investiert. Es war daher eine
logische Entwicklung, dass die weltweite Reduktion der Ver-
teidigungsausgaben zu einem starken Anstieg ziviler Unter-
nehmensgründungen geführt hat. Der Zufluss an Einwanderern – und damit einem hohen Anteil an Human-Kapital – hat
die Entwicklung entscheidend verstärkt. Weiterhin vollzogen
sich auf unserem ehemals rigiden Arbeitsmarkt aufgrund der
richtungsweisenden Entscheidung der Wirtschaftspolitik zu
Beginn der 90er Jahre, auf die Kräfte des Marktes zu setzen,
dramatische Veränderungen; daher konnte die Zunahme an
Arbeitskräften vom Unternehmenssektor absorbiert werden.
Als sich die Bevölkerungszahl rapide zwischen 15 und 20 Prozent erhöhte, erforderte dies auf vielen Ebenen eine erhöhte
Flexibilität auf dem Arbeitsmarkt: So wurden die Arbeitszeiten flexibler und die Arbeitsbeziehungen gewannen allgemein
an Flexibilität. Geopolitische Entwicklungen zu Beginn der

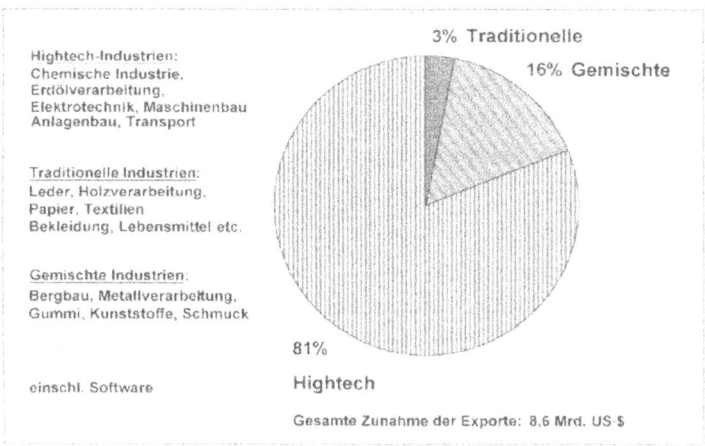

Abbildung 12: Veränderung der Industrieexporte (einschließlich
Software) nach Sektoren (1990 bis Oktober 1999)

90er Jahre trugen zusätzlich dazu bei, neue Exportmärkte zu erschließen. Diese Faktoren führten zu einer nachhaltigen Änderung in der Struktur der israelischen Industrieexporte.

Die Entwicklungen hatten zur Folge, dass die Hightech-Sektoren – wie zum Beispiel die Informationstechnologie –, die am stärksten von diesen Faktoren betroffen waren, vom zusätzlichen Humankapital profitieren konnten. Unser Hauptaugenmerk als Wirtschaftspolitiker gilt den grundsätzlichen Regeln, die das wirtschaftliche Handeln bestimmen. Israels grundlegender Ansatz war eine Öffnung der Wirtschaft und damit die Integration des Kapitalmarktes in den Weltkapitalmarkt. Auch der Erfolg kleiner Volkswirtschaften bei der Bewältigung von Wirtschaftskrisen wird am besten durch eine Strategie der Offenheit gewährleistet, die den Marktteilnehmern hilft Risiken adäquat einzuschätzen. Dies ist in der Tat kein trivialer Zusammenhang für die Emerging Markets, denn als dort die Krise begann, entschieden sich viele Länder für eine Kontrolle der Kapitalströme. In Israel entschieden wir uns für das Gegenteil: die kontinuierliche Öffnung der Devisenmärkte durch weitere Liberalisierung. Dadurch verschufen wir uns einen Wettbewerbsvorteil beim Werben um Investmentfonds. Es war der richtige Moment, um in den „Schönheitswettbewerb" für Investmentfonds einzutreten. Unsere Botschaft an die internationalen Kapitalmärkte war, dass wir Wirtschaftsstabilität, eine stabile Kommunikation und ein stabiles Finanzsystem gewährleisten wollten. Alle diese Faktoren tragen dazu bei, Tel Aviv zu einem potenziellen Finanzzentrum in dieser Region werden zu lassen.

In einer Zeit der geopolitischen Entwicklungen, in der das Finanzkapital nach einem sicheren „Parkplatz" sucht, spiegelt der Schönheitswettbewerb das Werben um dieses Kapitals wider – dabei geht es darum, ökonomisch attraktiver zu sein. Eine attraktivere Wirtschaft ist eine Wirtschaft mit weniger Kapitalverkehrskontrollen, einer stabileren Regierung, einem kleineren Staatsanteil an der Wirtschaft und einer geringen Inflation. In Israel wird eine Inflationsrate zwischen ein und zwei Prozent erwartet – die niedrigste Rate in der modernen Wirtschaftsgeschichte des Landes.

Lassen Sie mich nun mit einigen letzten Anmerkungen schließen:

Träume: Erfolgreiche Wirtschaftspolitiker brauchen eine Vision. Sie müssen wissen, wohin sie ihr Land führen wollen. Anders gesagt, es muss ihnen gestattet sein zu träumen. Doch sollten wir auch daran denken, dass man erst einmal aufwachen muss, um seinen Traum verwirklichen zu können. Also ist die Verbindung von Traum und Realität entscheidend für eine erfolgreiche Umsetzung einer jeden Politik.

Geduld: Es ist immer leichter, schlechte Nachrichten zu verbreiten. Es heißt, dass keine einzige Zeitung über einen Hund schreiben würde, der einen Mann beißt, aber alle über einen Mann, der einen Hund beißt. Die Frage ist also, wie die Realität gefiltert wird, ehe sie die Öffentlichkeit erreicht. Häufig wird die Situation entweder schlechter oder besser geschildert, als sie tatsächlich ist.

Krise: Meine letzte Anmerkung kommt aus dem Chinesischen. Man sagte mir, im Chinesischen bestünde das Wort „Krise" aus zwei Schriftzeichen, das eine Zeichen bedeutet „Gefahr" und das andere „Chance". Und ein Politiker, der ständig hört, dass eine Krise herannaht, sollte sich bewusst

machen, dass die Krise nicht nur ein Gefahrenpotenzial be-
reithält, sondern dass es seine Aufgabe darstellt, die Krise in
eine Chance zu verwandeln.

Aus manchen Dienstleistungsprodukten werden neuartige elektronische telekommunikativ benutzte Produkte, und bei anderen Produkten geht es darum, dass diese in anderer Form kommuniziert, vertrieben und gekauft werden.

Dr. Klaus Esser, geboren 1947, studierte Jura in Tübingen, Genf und München, und nach dem zweiten Staatsexamen 1974 Business Administration am MIT in Cambridge. Danach folgten zwei Jahre als Rechtsanwalt in New York und die Promotion an der Universität Regensburg. 1977 kam er zum Mannesmann-Konzern und wurde 1994 in den Vorstand der Mannesmann AG berufen, verantwortlich für das Ressort Finanzen. Seit Juni 1999 ist er Vorstandsvorsitzender der Mannesmann AG.

Mannesmann: Wachstum und Wertsteigerung durch Wandel zum Dienstleister

von Klaus Esser

Bei Mannesmann verfolgen wir das Konzept des dynamischen Portfolios. Das Konzept des dynamischen Portfolios glaubt an die Weisheit, dass kein Produkt ewig das beste sein wird. Die Welt wandelt sich und wir haben von Professor Frenkel und Jean-Marie Messier viel über Wandel erfahren. In dieser sich wandelnden Welt kann es nicht richtig sein, lebenslang auf gleichen Produkten sitzen zu bleiben. Gleiche Produkte müssen logischerweise in die Reifephase kommen, in der sie „at best" noch eine ordentliche Rentabilität erzielen, sicher keine sehr gute.

Wer für sein Unternehmen, wer für seine Anteilseigner dauerhaft hervorragende Rentabilitäten erzielen will, muss daher ständig auf dem Sprung bleiben, neue Dinge anzugehen. Dieses geht in der Tendenz vielleicht in Richtung Dienstleistung, aber das Auswahlkriterium ist es nicht. Das Auswahlkriterium muss sein: Ist etwas, das wir neu angehen wollen, ein attraktiver Markt und bringen wir Wettbewerbsstärke in diesen Markt mit. Weil das so schwer ist und immer wieder durcheinander gerät, vereinfache ich es mit der Wimbledon-Frage: Bevor Sie dort mitmachen, stellen Sie sich zwei Fragen. Erstens: Ist dies ein im Weltmaßstab wirklich attraktives Tennisturnier zum Mitmachen? Zweite Frage: Gehöre ich dahin, habe ich vernünftige Chancen, da mitzuspielen? Nur wenn beide Fragen mit „Ja" beantwortet werden können, empfiehlt es sich mitzumachen. Dies gilt auch in der Fortentwicklung des Portfolios eines Unternehmens.

Wo sind wir bei Mannesmann mit dieser Strategie hingekommen? Wir haben erkannt, dass wir uns unter Berücksichtigung dieser Fakten von einer Vielzahl von Geschäften verabschieden mussten. Es sind über 50 in 50 Monaten. Ein kontinuierlicher Prozess in den über vier Jahren, in denen wir ihn betreiben.

Wir haben unsere Traditionsbereiche Engineering und Automotive durch diesen Prozess in der Zusammensetzung deutlich verstärkt und wir sind heute zuversichtlich, dass Mannesmann Engineering und Automotive eine gute Chance haben, 20 Prozent Rentabilität am Markt zu erzielen.

Ebenfalls durch den Prozess des dynamischen Portfolios gesteuert, ist der Bereich Telecommunications innerhalb von Mannesmann dramatisch gewachsen. Wir machen dort zurzeit schon 40 Prozent unseres Umsatzes, und wir haben über 70 Prozent unserer Vermögensbasis in diesem Bereich investiert, dies alles weniger als zehn Jahre, nachdem es begonnen hat. Unser Traditionsbereich Tubes, Stammzelle von Mannesmann, wird die Rentabilität dagegen nicht erzielen können, sodass es unsere Aufgabe als Unternehmensleitung ist, eine gute, die bestmögliche Lösung, für die Fortführung dieses Bereichs bei uns oder anderswo zu finden.

Die Bereiche Engineering und Automotive sind auch deshalb in der Lage, eine gute Rentabilität zu erzielen, weil sie auf

technik-, produkt- und innovationsbestimmte Bereiche ausgerichtet worden sind. Priorität eins ist das Produkt und die In-
novationsgeschwindigkeit. Priorität zwei ist die globale Präsenz, wegen des Effektes der Kraft durch Größe. Und Priorität
drei ist Kundennähe, erstens um den Markt zu kennen, um nah
am Markt zu sein und zweitens, um die Serviceleistung zu
bringen. Denn auch in den industriellen Bereichen hängt der
Erfolg am Markt zunehmend von der im Zusammenhang mit
dem Produkt angebotenen Dienstleistung ab. Dies gilt auch im
Engineering: Maschinen, zum Beispiel Verdichter, haben einen Wert für den Kunden, nicht nur, wenn sie gut sind am Tag,
an dem sie geliefert werden, sondern wenn sie laufen, sich
durch Zuverlässigkeit auszeichnen. Im Extremfall verlangt
der Kunde nicht, dass er die Maschine hat, sondern, dass er die
Leistungsmenge oder die Leistungsqualität der Maschine er-
hält und danach bezahlt. Das ist eine gute Sache für den Kunden – er bekommt genau das, was er braucht, – und für den,
der Produkt und Leistung liefert, – ihm wird dafür etwas
bezahlt.

Die größte Entwicklung in unserem Unternehmen ist der Aufbau des Geschäftsfelds Telekommunikation. Zu Mannesmann
gehören heute Telekommunikationsgesellschaften in Italien,
Österreich, Deutschland und Frankreich. In Frankreich zusammen mit unseren Partnern Vivendi, unter deren Führung
betrieben. Diese Gesellschaften decken zusammen einen
großen Markt in Europa ab. Weshalb hat es dieses gewaltige
Wachstum in der Telekommunikation in den letzten Jahren gegeben? Es war eine Revolution in der Technik, nämlich in der
Informationstechnologie. Die Entwicklung in der Mobilkommunikation hat selbst die kühnsten Erwartungen übertroffen
und wir stehen jetzt am Anfang der mobilen Datenkommuni-

kation. Die mobile Datenkommunikation wird, ähnlich wie bisher die mobile Sprachkommunikation, – jederzeit – überall – und für jedermann – verfügbar sein, und diese Daten werden nicht nur Serien von Buchstaben und Zahlen sein, sondern auch Bilder und Videos, da wo dies zum Entertainment für Spiele oder für geschäftliche Beziehungen die beste Kommunikationsform ist.

Die privaten Betreiber in Europa haben die große Chance, diesem Markt eine weitere Revolution hinzuzufügen, nämlich ihn von nationalen Märkten zu übernationalen Märkten, in diesem Fall zu einem europäischen Markt, zu entwickeln. Denn, dass alle Märkte in der Welt immer internationaler werden, nur die Telekommunikationsmärkte nicht, das wird nur so lange gelingen, wie die Regierungen ihre Monopole national schützen. Da das in zügiger Geschwindigkeit – nicht immer ganz zu unserer Zufriedenheit, was die Geschwindigkeit betrifft, – aber voran in die richtige Richtung geht, wird der Markt auch eine deutliche Entwicklung zur Internationalisierung aufweisen, und dies wird für die Kunden außerordentlich nützlich sein.

Die Datenrevolution wird eine unglaubliche Fülle von Informationsdiensten, von Geschäftstransaktionsdiensten und auch von Unterhaltungsdiensten – jederzeit – überall – für jedermann – bringen. Überall heißt in den allermeisten Fällen: zum Handy, das ist am meisten vorhanden, wenngleich leider mit kleinem Bildschirm ausgestattet. Es wird auf größerem Bildschirm im Auto zu sehen sein. Die Botschaft könnte also hier heißen: Das ist nun endgültig der Durchbruch der Dienstleistungen, und das gehört dann natürlich in diesen Kongress ganz besonders herein.

Die Dienstleistungen gewinnen immer mehr, aber ich fürchte, ich muss hier den Dienstleistern einen kleinen Schrecken versetzen. Denn das, was hier substituiert wird, das sind schon Dienstleistungen. Hier werden nicht Industrieprodukte durch Dienstleistungen ersetzt, sondern hier ändern sich Dienstleistungen dramatisch. Aus manchen Dienstleistungsprodukten werden neuartige elektronische telekommunikativ benutzte Produkte, und bei anderen Produkten geht es darum, dass diese in anderer Form kommuniziert, vertrieben und gekauft werden. Es ist an dieser Stelle am wichtigsten, darauf hinzuweisen, dass die Dienstleistungen sich ändern werden. Aber eines ist ganz sicher: Die Größe der Wachstumschance, die Größe der Revolution, die wir in der Telekommunikation in den letzten zehn Jahren mit der Mobilkommunikation gesehen haben, wird dadurch mindestens noch einmal hergestellt werden. Allerdings dauert es diesmal weniger als zehn Jahre.

Es ist ein gewaltiges Wachstumsfeld, auf dem sich sehr, sehr viele Dienstleistungsunternehmen aus den verschiedensten Richtungen kommend und auf das neue Produkt setzen wollend treffen werden. Es wird ein ganz interessanter Wettbewerb werden. Wir bei Mannesmann freuen uns darauf.

3. Die Gestaltung der globalen Dienstleistungsgesellschaft

Der strukturelle Wandel zur Dienstleistungsgesellschaft lässt neue Arbeitsplätze mit neuen Qualifikationsprofilen entstehen, während andere Arbeitsplätze entfallen: Die zunehmende Verbreitung von modernen Informations- und Kommunikationsstrukturen zerlegt die Herstellungsprozesse und verteilt sie global. Daraus ergeben sich neue Impulse für die internationale Arbeitsteilung. Gleichzeitig entwickelt sich der allgemeine Trend zur Globalisierung weiter. Dies stellt neue Anforderungen an die Gestaltungsfähigkeit der Wirtschaftspolitik, an die internationale Zusammenarbeit und erfordert den Aufbau einer modernen und dienstleistungsorientierten Weltwirtschaftsarchitektur. Im Bereich der internationalen Handelspolitik müssen die Bedingungen für Dienstleistungsunternehmen weiter verbessert werden.

Wenn wir uns international vergleichen, müssen wir feststellen, dass Deutschland bei Dienstleistungsarbeitsplätzen einen Rückstand gegenüber anderen Ländern aufweist – einen Rückstand, den wir möglichst rasch aufholen müssen.

Gerhard Schröder, geboren
1944, studierte Jura in Göt-
tingen. 1976 ließ er sich als
Rechtsanwalt in Hannover
nieder. Schon 1963 war er in
die SPD eingetreten. Auf den
Bundesvorsitz bei den Jung-
sozialisten von 1978 bis 1980
folgten die Mitgliedschaft im
Deutschen Bundestag, der
Vorsitz der SPD-Fraktion im
Niedersächsischen Landtag
sowie das Amt des Minister-
präsidenten des Landes Nie-
dersachsen. Seit dem 27. Oktober 1998 ist er Bundes-
kanzler der Bundesrepublik
Deutschland.

Deutschland in der Dienst-leistungsgesellschaft des 21. Jahrhunderts

von Bundeskanzler Gerhard Schröder

Der Ort des Dritten debis Dienstleistungskongresses, das Ab-geordnetenhaus von Berlin, ist in doppelter Hinsicht sehr gut gewählt worden: Hier im Abgeordnetenhaus wird Politik ge-macht und entschieden. Politik ist eine ganz besondere und für die Zukunftsgestaltung der Menschen wichtige Dienstleis-tung. So begreifen wir das jedenfalls. Wir haben noch Mühe, das überall begreiflich zu machen. Aber das wird sich schon noch finden.

Hinzu kommt, dass diese Veranstaltung in Berlin stattfindet – der Stadt, die wie kein anderer Ort Symbol für die jahrzehnte-lange Trennung Deutschlands, aber auch Europas gewesen ist und die jetzt Symbol für das Zusammenwachsen Deutsch-lands, aber eben auch für das Zusammenwachsen unseres Kontinents ist.

Vor etwa zehn Jahren, am 9. November 1989, haben die Men-schen in Ostdeutschland in einer friedlichen Revolution die Mauer niedergerissen, hinter der sie über Jahrzehnte hinweg eingesperrt waren. Sie haben damit entscheidenden Anstoß für einen Prozess gegeben, der schließlich ganz Osteuropa er-fasst hat und an dessen Ende für die Menschen dort der dau-erhafte Gewinn von Freiheit und Demokratie gestanden hat.

Ein Prozess, mit dem sie sich aber auch Zutritt zu den Chancen der weltwirtschaftlichen Arbeitsteilung verschafft haben.

Der Zusammenbruch der kommunistischen Systeme in Osteuropa hat der Globalisierung der Wirtschaftsbeziehungen neue Dynamik verliehen. Damit untrennbar verbunden beobachten wir einen stetigen Bedeutungszuwachs der klassischen Dienstleistungsbereiche. Ich nenne die Beispiele Handel und Transport, auch Beratung, Finanzierung und Versicherung.

Umgekehrt ist zugleich richtig: Der rasante technische Fortschritt im zentralen Dienstleistungssektor Information und Kommunikation erhöht das Tempo der Globalisierung zusätzlich. Ich denke nur an das Knüpfen globaler Datennetze, die räumliche Distanzen überwinden und inzwischen den Bezug vieler Dienstleistungen aus fast jedem Winkel der Erde möglich machen.

Dienstleistungen als Ursache, aber eben auch als Folge der Globalisierung: Beides verleiht dem Generalthema des debis Dienstleistungskongresses besondere Aktualität.

Meine Damen und Herren, wenige Zahlen kennzeichnen den globalen Aufschwung der Dienstleistungswirtschaft. 1980 waren die Anteile des Dienstleistungs- und Industriesektors am Weltsozialprodukt noch gleich groß. Das ist nicht einmal 20 Jahre her. Mittlerweile machen Dienstleistungen rund zwei Drittel der Weltwirtschaftsleistung aus. Deutschland nimmt an dieser Entwicklung teil. Der Anteil der Dienstleistungen an der gesamten Wertschöpfung unseres Landes ist von knapp 54 Prozent 1980 mittlerweile auf rund 65 Prozent gestiegen. Insgesamt sind heute 21 Millionen Menschen bei uns in der Dienstleistungswirtschaft beschäftigt.

Gleichwohl: Wenn wir uns international vergleichen, müssen wir feststellen, dass Deutschland bei Dienstleistungsarbeitsplätzen einen Rückstand gegenüber anderen Ländern aufweist – einen Rückstand, den wir möglichst rasch aufholen müssen. Einer vor einiger Zeit veröffentlichten Untersuchung des Instituts der deutschen Wirtschaft zufolge wären bei einer ähnlichen Dienstleistungsdichte wie in den USA bei uns rechnerisch fünf Millionen zusätzliche Arbeitsplätze möglich. Dies würde bedeuten, dass wir das Problem der Arbeitslosigkeit beseitigt hätten.

Natürlich sind solche Vergleiche nur begrenzt aussagefähig. So werden in Deutschland viele Dienstleistungstätigkeiten – anders als zum Beispiel in den Vereinigten Staaten – in den Unternehmen selbst erbracht und daraus folgend dem industriellen Sektor zugerechnet. Und dennoch: Würde nur ein Fünftel des gekennzeichneten Potenzials ausgeschöpft, bedeutete dies neue Beschäftigungschancen für mehr als eine Million Menschen in unserem Land. Das ist der Grund, meine Damen und Herren, warum die Bundesregierung alles daran setzen wird, die Chancen für mehr Beschäftigung gerade in diesem Sektor zu verbessern, und dies national wie international.

Auf der internationalen Ebene haben der erfolgreiche Abschluss der Uruguay-Runde des GATT und die Gründung der Welthandelsorganisation WTO vor fünf Jahren der Weltwirtschaft – ganz speziell im Dienstleistungsbereich – einen neuen, kraftvollen Schub gegeben. Diesen Weg wollen wir in Seattle und über Seattle hinaus fortsetzen.

Die Bundesregierung wird sich deshalb bei der im Herbst 1999 in Seattle beginnenden Handelsministerkonferenz für

die Einleitung einer neuen und umfassenden WTO-Handels-
runde einsetzen. Unser besonderes Augenmerk wollen wir dabei auf die weitere Liberalisierung des Dienstleistungshandels
richten. Dazu gehört für uns auch eine wirksame Vereinbarung
zum Schutz des geistigen Eigentums. Wir wollen Ihre Vor-
stellungen in Seattle und anderswo stützen und unterstützen.

Vor allem aber gilt es, bei uns zu Hause die Weichen für eine
stärkere Ausnutzung der Beschäftigungspotenziale im Dienstleistungssektor zu stellen. Dabei denke ich exemplarisch an
die Informations- und Kommunikationswirtschaft. Die Voraussetzungen für einen weiteren Aufschwung dieser im
wahrsten Sinne des Wortes Boom-Branche mit inzwischen 1,7
Millionen Arbeitsplätzen in Deutschland sind – Herr
Dr. Mangold hat es in seinem Beitrag deutlich gemacht –
außerordentlich günstig.

Wir verfügen über eine ausgezeichnet ausgebaute Telekom-
munikationsinfrastruktur. Die Digitalisierung des Telefonnet-
zes in Deutschland ist weitgehend abgeschlossen. Bei den
ISDN-Anschlüssen nimmt Deutschland weltweit eine Spit-
zenstellung ein – ein Infrastrukturvorteil, den es nach meiner
Auffassung rasch und entschieden zu nutzen gilt. Mit dem
Multimediagesetz, das 1997 in Kraft getreten ist, hat Deutschland als erstes Land in Europa eine verlässliche Grundlage geschaffen, auf der sich die neuen Informations- und Kommuni-
kationsdienste dynamisch entwickeln können. Realistischen
Schätzungen zufolge könnten allein in der Multimediabran-
che bis zum Jahr 2005 rund 150 000 zusätzliche Arbeitsplätze
geschaffen werden.

Doch tatsächlich müssen wir feststellen, dass schon heute erhebliche Beschäftigungspotenziale nicht ausgeschöpft wer-

den. Herr Dr. Mangold hatte darauf hingewiesen: Die Zahl der
nicht besetzbaren Arbeitsplätze in diesem Bereich wird auf
rund 70 000 geschätzt. Das gemeinsame Ziel derjenigen, die
Verantwortung in Wirtschaft, in Politik, in der gesamten Gesellschaft tragen, muss es deshalb sein, diese Beschäftigungs-
lücke rasch zu schließen.

Die Partner des Bündnisses für Arbeit, Ausbildung und Wettbewerbsfähigkeit, das wir installiert haben, haben sich deshalb beim Spitzengespräch unter meinem Vorsitz im Juli dieses Jahres auf eine mehrjährige Offensive zum Abbau des
Fachkräftemangels in den Informations- und Kommunikati-
onsberufen verständigt. Dazu gehört unter anderem die
Selbstverpflichtung, binnen drei Jahren die Zahl der betrieblichen Ausbildungsplätze in diesen Berufen von derzeit 14 000
auf 40 000 zu steigern. Die notwendigen Rahmenbedingungen
– Herr Dr. Mangold hat die Installierung der Berufsbilder er-
wähnt – werden zu leisten sein.

Natürlich: Es ist nicht in erster Linie Sache der Bundesregierung hier zu handeln, sondern eine Angelegenheit der Sozial-
partner. Aber auch wir haben dafür gesorgt, dass die Zeiträu-
me, innerhalb derer neue Berufsbilder entwickelt werden und
nutzbar sind, dramatisch verkürzt werden konnten – und wir
werden uns weiter darum kümmern. Ich denke, das ist eine gemeinsame Anstrengung wirklich wert. Wir tun es im Interesse der Branche. Wir tun es aber vor allem im Interesse der
Zehntausenden jungen Leute, die hier eine wirkliche, eine
dauerhafte berufliche Chance erwerben können. Darüber hinaus wird die Bundesanstalt für Arbeit die Kapazität ihres
Weiterbildungsangebotes in diesem Bereich deutlich auf-
stocken. Es gibt wohl keinen Bereich, in dem Kenntnisse so

schnell wie in diesem Bereich veralten. Lebenslanges Lernen, Weiterbildung, ist deswegen angesagt.

Bei diesen kurzfristig angelegten Maßnahmen dürfen und werden wir es jedoch nicht bewenden lassen. Worauf es ankommt, ist langfristig die Voraussetzungen für mehr Beschäftigung in diesem zentralen Dienstleistungsbereich zu schaffen. Die Bundesregierung hat deshalb im Kabinett ihr Aktionsprogramm „Innovation und Arbeitsplätze in der Informationsgesellschaft des 21. Jahrhunderts" beschlossen. Es ist mit denen abgestimmt, die daran Interesse haben.

Ein wichtiger Schwerpunkt dieses Programms ist es, Kinder und Jugendliche in vernünftiger Weise frühzeitig an die Möglichkeiten der Kommunikations- und Informationstechnik heranzuführen. Wir wollen dabei von all den Ländern und Gesellschaften lernen, die es bisher besser als wir gemacht haben. Benchmarking darf auch in diesem Bereich kein Fremdwort bleiben.

Derzeit ist erst annähernd jede dritte Schule in Deutschland mit Computern und Internetzugang ausgerüstet. Unser Ziel ist es, bis zum Jahr 2001 allen Schulen den Zugang zum Internet zu eröffnen. Jede Schülerin und jeder Schüler wird dann die Nutzung von Computern und den Umgang mit dem Internet lernen können.

Dass wir bei dieser Aufgabe angesichts knapper öffentlicher Kassen auf eine enge Kooperation zwischen Staat und Wirtschaft setzen müssen, versteht sich von selbst. Denn die gewaltigen Mittel, die dazu zu mobilisieren sind, müssen Mittel sein, die aus der gesamten Gesellschaft aufgebracht werden. Wir haben entsprechende Vereinbarungen dazu getroffen.

Darüber hinaus wollen wir das Vertrauen von Anbietern und Nutzern neuer Medien, zum Beispiel beim elektronischen Handel, durch eine weitere Verbesserung der einschlägigen Rahmenbedingungen stärken. Wir wollen neue Anwendungen, zum Beispiel im Verkehr, fördern. Telematik ist ein inzwischen geläufiger Begriff. Aber es muss mehr Praxis daraus werden. Und wir wollen den Ausbau der Kommunikationsinfrastruktur vorantreiben.

All dies betrifft ein Thema, das mich nicht nur persönlich interessiert, sondern an dem ich auch selbst mitarbeiten möchte – in dem Beirat, über den Herr Dr. Mangold gesprochen hat, aber auch darüber hinaus. Ich denke, dass wir uns nicht nur auf Kongressen, sondern im Alltag – im wirtschaftlichen wie im politischen Alltag – immer wieder werbend dafür einsetzen müssen, dass die Akzeptanz dieses Bereiches in der Gesellschaft gestärkt und ausgebaut wird.

Aus diesem Grunde habe ich den Vorsitz in dem Beirat „Deutschland 21 – Aufbruch in das Informationszeitalter" übernommen – eine Initiative, die von mehr als 50 Unternehmen in dieser Branche gegründet worden ist. Es sind im Übrigen Unternehmen, die durchaus in Konkurrenz zueinander stehen, die aber allesamt das gemeinsame Ziel haben, den Aufschwung dieser Branche im Interesse der gesamten Gesellschaft, im Interesse der Stärkung der Wirtschaftskraft, aber auch im Interesse des Abbaus der Arbeitslosigkeit zu unterstützen.

Herrn Dr. Mangold ist dabei für sein persönliches Engagement zu danken, das er in diese Initiative einbringt, um Deutschland für das Informationszeitalter fit zu machen. Das zeigt, dass es in diesem Land durchaus Bereitschaft gibt, Gemeinsinn zu entwickeln und sich so für das Gemeinwohl einzusetzen, und zwar Bereitschaft weit über die Politik hinaus, die ja dafür gewählt worden ist. Vielleicht kann das auch ein Beispiel für andere Bereiche sein. Wir können es im Interesse des Wohlergehens der gesamten Gesellschaft allemal brauchen.

Meine Damen und Herren, die besondere Erwähnung der Informations- und Kommunikationswirtschaft darf uns keineswegs den Blick auf die Bedeutung und die Zukunftschancen gerade der klassischen Dienstleistungen verstellen. Handel und Verkehr, Finanzierung und Versicherungen, aber zum Beispiel ebenso Tourismus und das Gastgewerbe, Gesundheit und Pflege – auch in diesen Bereichen müssen die notwendigen Anstrengungen unternommen werden, um zusätzliche Arbeitsplätze zu generieren.

Dabei geht es mir vor allem um das Erschließen neuer Beschäftigungschancen auch und gerade für gering qualifizierte Menschen. Ich nenne nur zwei Zahlen, die die Dimension dieses Problems, vor dem wir stehen, deutlich machen. Von den 1,4 Millionen Langzeitarbeitslosen in Deutschland verfügen rund 600 000 nicht über eine abgeschlossene Berufsausbildung. Von den etwa 2,9 Millionen Sozialhilfeempfängern sind seriösen Schätzungen zufolge knapp eine Million erwerbsfähig, haben aber keine Arbeit. Ein Großteil von ihnen ist ohne Ausbildungsabschluss.

Diese Zahlen dürfen niemanden gleichgültig lassen. Wir brauchen ein Konzept, um gering Qualifizierten den Weg auf den Arbeitsmarkt zu ebnen. Wenn ich über den Arbeitsmarkt spreche, dann meine ich den „ersten Arbeitsmarkt". Denn alles andere sind Notlösungen, die nur das Ziel haben können, die Menschen über Weiterqualifizierung und über Ausbildung fit zu machen, im ersten Arbeitsmarkt konkurrenzfähig zu werden. Gerade im Dienstleistungsbereich – etwa im Handel, im Gastgewerbe und bei den persönlichen Dienstleistungen in den privaten Haushalten – sehe ich durchaus gute Möglichkeiten, Fortschritte zu erzielen.

Die Teilnehmer des Bündnisses für Arbeit, Ausbildung und Wettbewerbsfähigkeit in Deutschland haben sich deshalb ebenfalls im Juli 1999 darauf verständigt, diesem Thema in Zukunft verstärkte Aufmerksamkeit zu widmen. Unser gemeinsames Ziel ist es, insbesondere Langzeitarbeitslosen und erwerbsfähigen Beziehern von Sozialhilfe neue Einstiegsmöglichkeiten in das Arbeitsleben zu verschaffen. Dass dies auch dadurch geschehen muss, dass man ihnen materielle Anreize gibt – dass sie von dem, was sie über Erwerbsarbeit zusätzlich bekommen, mehr als in der Vergangenheit behalten dürfen, weil es sonst die Motivation dafür nicht geben wird –, das, meine Damen und Herren, liegt auf der Hand.

Ich komme auf einen Satz zurück, den ich zu Beginn formuliert habe: Die Politik ist eine für die Zukunft der Menschen ganz besonders wichtige Dienstleistung. Hinzu kommt, dass Dienstleistungen im Allgemeinen und die Wirtschafts- und Finanzpolitik der Bundesregierung im Speziellen eine nicht unwichtige Gemeinsamkeit aufweisen: Beide sind von eminenter Bedeutung für die Zukunftsfähigkeit unserer Volkswirtschaft. Doch wird diese Bedeutung – *leider*, muss ich sagen – derzeit nicht überall, jedenfalls nicht ausreichend erkannt.

Deshalb nutze ich die Gelegenheit, das auch an dieser Stelle sehr klar zu sagen: Eine an den Erfordernissen der Zeit orientierte innovative Wirtschafts- und Finanzpolitik ist der wichtigste Beitrag, den der Staat für eine neue Wachstums- und Beschäftigungsdynamik in Deutschland – und nicht nur in Deutschland – leisten kann.

Handlungsbedarf – um diesen schönen Begriff zu benutzen – besteht – das ist unbestritten – sowohl aus binnenwirtschaftlichen Gründen als auch aus Gründen der internationalen Wettbewerbsfähigkeit. Gerade dieser letztere Punkt ist nach meinem Eindruck in der innenpolitischen Diskussion bisher nicht zureichend erkannt. Denn mit der Entscheidung, eine gemeinsame Währung zu schaffen, mit der Entscheidung, die Geldpolitik einer europäischen Zentralbank zu überantworten, sind Fakten geschaffen worden, um die sich niemand herumdrücken kann.

Um nur ein Beispiel zu nennen: Wenn wir, um die Konjunktur zu beleben und eine neue Wachstumsdynamik anzustoßen, weiterhin ein niedriges Zinsniveau anstreben – und wir streben dies an –, dann muss man der Europäischen Zentralbank auch die Möglichkeit dafür verschaffen. Dazu gehört vor allem – jedenfalls nach meiner Auffassung –, dass im gesamten Bereich, für den die Europäische Zentralbank zuständig ist, eine Haushaltspolitik stattfindet, die wirklich diszipliniert ist. Denn es gibt eine enge Beziehung zwischen der objektiven Möglichkeit, ein niedriges Zinsniveau zu halten, und einer Haushaltspolitik, die dem folgt, was wir jetzt in die Tat umsetzen.

Dies, meine Damen und Herren, ist der Grund, warum wir – aufbauend auf dem Steuerentlastungsgesetz 1999 bis 2002 – das Zukunftprogramm 2000 beschlossen haben. Es ist ohne Zweifel ein Konsolidierungsprogramm – natürlich. Aber mir liegt daran, immer wieder klar zu machen, dass wir Sparen, Konsolidierung und Sanierung der öffentlichen Haushalte nicht als Selbstzweck verstehen, sondern dass die Konsolidierungspolitik, die wir eingeleitet haben und einleiten mussten – gleichgültig, wer in der Vergangenheit gesündigt hat; es haben nämlich alle gesündigt –, die Basis dafür ist, Sozialstaatlichkeit in Europa und in Deutschland unter neuen, unter veränderten Bedingungen aufrecht erhalten zu können.

Das, was wir vorgelegt haben und im Deutschen Bundestag und darüber hinaus durchsetzen werden, ist also nicht bereits das Ziel, sondern es ist die Voraussetzung dafür, dass man unter radikal veränderten ökonomischen Bedingungen Gerechtigkeit in Deutschland und anderswo walten lassen kann. Mein Eindruck ist, dass wir noch viel Arbeit haben werden, um das auch dem einen oder anderen unserer Freunde, die hier sind, zu vermitteln. Aber diese Arbeit wird geleistet werden.

Der Deutsche Bundestag hat sich in seiner Mehrheit unserem Zukunftsprogramm gegenüber zustimmend geäußert. Ich bin zuversichtlich, dass wir nach einem Beschluss des Deutschen Bundestages über dieses Programm auch im Deutschen Bundesrat eine Mehrheit der Vernunft zu bilden in der Lage sein werden. Dass dies notwendig ist, dafür gibt es nach meiner Auffassung gewichtige Gründe.

Erstens: Wir brauchen dieses Programm, um den Reformstau, den wir vorgefunden haben, aufzulösen, die Politik aus den Mühlsteinen einzelner Gruppeninteressen – und seien sie noch so wichtig und einleuchtend – zu befreien und die Handlungsfähigkeit des Staates wieder herzustellen.

Wir haben, meine Damen und Herren, im Moment einen Schuldenberg von annähernd 1,5 Billionen DM angehäuft. Dafür zahlen wir 82 Milliarden DM Zinsen im Jahr. Das sind in jeder Minute 150 000 DM. Man muss sich einmal vorstellen, was wir in diesem Sektor, über den wir gerade reden, und in anderen Sektoren tun könnten, ohne jemandem in die Tasche zu greifen, wenn wir diese Summen zur Verfügung hätten. Hinzu kommt die mit diesen Zinszahlungen verbundene negative Verteilungswirkung. Denn finanziert wird dieser inzwischen schon zweitgrößte Einzeletat des Bundeshaushalts vornehmlich aus Steuern und Abgaben, die von der Mehrheit der Bevölkerung entrichtet werden, und das Geld landet – ich sage es unumwunden – bei den nationalen und internationalen Kapitalanlegern.

Zweitens: Wir brauchen dieses Programm, weil wir die jetzt einsetzende Konjunkturbelebung in einen nachhaltigen Aufschwung überleiten wollen. Für 2000 ist ein Wachstum in Deutschland von 2,5 Prozent vorausgesagt. Ich bin zuversichtlich, dass wir das erreichen und dass wir dann auch bei der Beschäftigungssituation – mehr noch als in diesem Jahr, in dem wir die Arbeitslosigkeit um etwa 200 000 Personen reduzieren werden – zu einem wirklichen Durchbruch kommen können.

Im Übrigen: Mit den Konsolidierungsmaßnahmen, die wir durchführen, entlasten wir den Kapitalmarkt, tragen zu dauerhaft niedrigen Zinsen bei und stärken das Vertrauen nationaler und internationaler Anleger in den Standort Deutschland. Das wollen wir nicht zuletzt deswegen, weil dieses Vertrauen auch den Beschäftigungsaufbau sichert.

Drittens: Wir brauchen dieses Programm, um die Menschen aus dem Würgegriff eines immer komplizierter gewordenen Steuersystems zu befreien. Diese Politik haben wir bereits mit der Entlastung von Familien und Durchschnittsverdienern im

Rahmen des Steuerentlastungsgesetzes 1999 bis 2002 eingeleitet. Wir wollen für eine Steuerpolitik sorgen, die den Menschen von dem, was sie brutto verdienen, netto mehr lässt.
Eine Steuerpolitik, die die Motivation derer, die jeden Tag zur
Arbeit in die Fabriken und Verwaltungen gehen, deutlich
stärkt. Dies ist nicht zuletzt auch eine Frage der sozialen Gerechtigkeit.

Viertens: Wir brauchen dieses Programm, um unsere sozialen
Sicherungssysteme finanzierbar zu erhalten und damit zu-
kunftsfest zu machen. Unser Konzept zur Reform der Alterssicherung verfolgt das Ziel, die Renten für die jungen Leute
bezahlbar zu halten und für die Älteren sicher zu machen. Bei
der demographischen Entwicklung in Deutschland ist das
dringend notwendig. Die Alternative wäre eine enorme Steigerung der Beiträge zu den Systemen der Alterssicherung.
Beitragssteigerungen, die die jungen Leute, die heute ins Erwerbsleben eintreten oder die bereits mitten im Erwerbsleben
stehen, über die Maßen belasten und ihre Motivation einen
Beitrag zum Generationenvertrag zu leisten in Frage stellen
würden.

Hierin liegt der Grund, warum wir – und dies müssen wir besser als in der Vergangenheit vermitteln – mit den Vorstellun-
gen, die wir entwickelt haben, neben der klassischen beitrags-
finanzierten Rente, die bleiben soll, neben der Notwendigkeit,
Eigenvorsorge zu betreiben, gleichsam eine dritte Säule aufbauen wollen. Diese dritte Säule heißt: Beteiligung derjenigen, die älter werden, die später Renten beziehen, am Wachstum des Kapitalstocks unserer Volkswirtschaft.

Ich gehöre zu denjenigen, die nicht kritisieren, wenn die
Volkswirtschaft wächst und sich das etwa in den Aktien-Indi-

ces ausdrückt. Ganz im Gegenteil. Ich möchte aber, dass an diesem Wachstum des Kapitalstocks der Volkswirtschaft möglichst viele beteiligt sind.

Hier liegt der Grund, warum wir ergänzend zu dem bewährten System der Alterssicherung eine Kapitaldeckung der Altersversorgung aufbauen müssen – eine Notwendigkeit, die es in anderen europäischen Ländern auch gibt und der sich alle werden stellen müssen. Wir wollen und wir werden das tun – auch wenn wir uns damit zunächst einmal auf kurze Sicht politische Schwierigkeiten einhandeln. Das ist so, wenn man Ängsten entgegentreten will.

Ich will freimütig einräumen, dass einer entschiedenen Reformpolitik auch Widerstände gegenüberstehen. Das kann auch überhaupt nicht anders sein. Es sind Widerstände, die daraus resultieren, dass bei sehr vielen Menschen, die in ihrem Alltagsleben gewaltigem Veränderungsdruck ausgesetzt sind, Angst eintritt, wenn sie miterleben, dass sich die Gesellschaft, die Politik verändern muss.

Die Globalisierung erzeugt einen enormen Veränderungsdruck. Wenn auf diesen ökonomisch bedingten Veränderungsdruck die Gesellschaft insgesamt nicht angemessen – und das heißt auch rasch – reagiert, dann kommt es zu Brüchen, die vor allem von denen auszuhalten sind, die dazu über besonders wenig Möglichkeiten verfügen.

Das ist der Grund, warum rechtzeitige Veränderung ein Gebot auch der Fürsorge für die Menschen ist, die individuell nicht so flexibel auf diesen Veränderungsdruck reagieren können wie andere – zum Beispiel vor dem Hintergrund ihrer Bildungsvoraussetzungen oder ihrer persönlichen Verhältnisse.

Im Klartext: Wesensgehalt einer sozialen Politik ist es, angesichts der Veränderungen an der ökonomischen Basis auch im politisch-sozialen System Veränderungen einzuleiten – und nicht das Umgekehrte.

Wir wissen, dass wir dabei natürlich dem Widerstand von Interessen ausgesetzt sind. Ich habe versucht, deutlich zu machen, dass den Staat handlungsfähig zu halten für uns heißt, ihm die Kompetenz für das übergeordnete Ganze gegenüber noch so berechtigten Einzelinteressen zuzusprechen und ihm die Definitionshoheit darüber zurückzugeben, was unter dem allgemeinen Wohl zu verstehen ist. Und ich füge hinzu: Es sollte nicht nur definiert werden, sondern es sollte im politischen Alltag über das Parlament, aber auch über konsensuale Veranstaltungen durchgesetzt werden. Das ist der Hintergrund, auch der machtpolitische Hintergrund für die Schwierigkeiten, die sich bei der Durchsetzung solch einer Reformpolitik stellen. Wir wollen mit diesen Schwierigkeiten fertig werden.

Vielleicht kann man sich – ich bitte um Verständnis, wenn ich einen Einzelnen herausnehme – bei dieser Frage ein bisschen an Professor Küng orientieren, der vor dem Hintergrund seiner Lebensleistung bewiesen hat, dass das Vermögen in Schwierigkeiten durchaus auch einmal widerstehen zu können ein durchaus erfolgreiches Lebens- und Politikkonzept ist.

Das Internet erlangt dieselbe Bedeutung wie ehemals die Erfindung der Druckerpresse. Es wird Freiheit, Kommerz und Informationen fördern und eine der größten Tyranneien der Vergangenheit abschaffen – die Tyrannei des Standorts.

Mike Moore, geboren 1949, begann als Sozialarbeiter, Drucker und wissenschaftlicher Mitarbeiter einer Gewerkschaft. 1972 wurde er jüngster Abgeordneter im Neuseeländischen Parlament und diente ab 1984 als Minister für Überseehandel und Marketing, ab 1988 als stellvertretender Finanzminister. Nach kurzer Amtszeit als Außenminister und Ministerpräsident 1990 war er handelspolitischer Sprecher der Opposition. Seit dem 1. September 1999 ist Mike Moore Generaldirektor der WTO.

Die Zukunft des internationalen Dienstleistungshandels

von Mike Moore

Ich freue mich sehr über die Einladung zu dieser debis Konferenz, einmal, weil es ein Vergnügen und ein Privileg ist in Berlin, einer der großartigsten Hauptstädte der Welt, zu sein, und zum anderen, weil mich diese Einladung zwingt zu einem der entscheidenden Themen unserer heutigen Zeit Stellung zu nehmen. Ich habe mein Amt als Generaldirektor der WTO genau drei Wochen vor dem Tag dieses Kongresses angetreten. Vor einem Publikum über die Zukunft des internationalen Handels zu sprechen, dessen Erfahrung auf diesem Gebiet zusammengerechnet mehrere Jahrhunderte umfasst, stellt eine große Herausforderung für mich dar.

Bis in die jüngste Zeit haben sich nur wenige Politiker und Ökonomen mit dem Thema internationaler Handel mit Dienstleistungen befasst. Generationen von ihnen wuchsen mit der ihnen einleutenden Vorstellung auf, dass mit Dienstleistungen im Prinzip kein Handel getrieben werden kann, weil der persönliche Kontakt zwischen Dienstleistungs-Anbieter und seinem Kunden essenziell war. In gewisser Weise war diese Sicht immer schon falsch – Finanzdienste und Seetransporte sind zum Beispiel Dienstleistungen, die seit Jahrhunderten international gehandelt werden. Einige der ersten internationalen Abkommen der modernen Zeit, die auf das 17. Jahrhundert zurückgehen, betrafen den Schiffsverkehr. Es ist merkwürdig, dass Dienstleistungen so lange vom internationalen Handelssystem vernachlässigt wurden, insbesondere wenn man bedenkt, dass sie mehr als 70 Prozent der Arbeitsplätze und Produktion in den OECD Ländern und einen großen und wachsenden Anteil in praktisch allen Ländern der Welt stellen. Selbst in Korea und Singapur, Staaten, die sich als Warenhandelszentren einen Namen gemacht haben, nahm der Export von Dienstleistungen seit 1990 mit fünf beziehungsweise zwei Prozent jährlich schneller zu als der Warenexport.

Zum Teil begründet sich diese Wahrnehmung darauf, dass wir internationalen Handel mit grenzüberschreitendem Austausch gleichsetzen und der Anteil der Dienstleistungen hier noch immer bei nur etwa 20 Prozent liegt – wenn auch mit steigender Tendenz. Der auf den grenzüberschreitenden Handel verengte Blick unterschätzt jedoch bei weitem den Wert des internationalen Dienstleistungshandels, der wesentlich von der direkten Präsenz der Anbieter auf den Exportmärkten geprägt ist. Bei einem weiteren großen Teil des Handels mit Dienstleistungen, der Reise- und Tourismusindustrie – die größte Wachstumsbranche nicht nur für Arbeitsplätze, sondern für Frieden und gegenseitiges Verständnis, die Förderung lokaler Kulturen und selbst für den Umweltschutz, wenn man es richtig macht – bewegt sich der Verbraucher auf den Markt des Anbieters hin. Und doch sind wir noch immer überraschend ignorant, wenn es um den Handel mit Dienstleistungen geht. Vergleichen Sie einmal das über den Dienstleistungshandel publizierte Material mit der Fülle an Informationen über den Warenhandel! Es ist bestimmt einfacher, Daten über Schweinefilets auf den Interventionsmärkten der EU nach Jahr und Herkunft (und vielleicht auch mit dem Namen des Schweins) zu finden als über den internationalen Handel der Gemeinschaft mit Computer- oder Buchprüfungsdiensten – und das, obwohl die EU, was die Entwicklung von Statistiken über Dienstleistungen angeht, ziemlich weit fortgeschritten ist. Die Realität ist der Bürokratie immer ein Stück voraus. Andererseits nimmt der Dienstleistungshandel vielleicht auch deshalb zu, weil wir **keine** Minister und Ministerien für Dienstleistungen haben.

Ich wurde gebeten über die Zukunft des internationalen Handels mit Dienstleistungen zu sprechen und ich schlage vor, dies auf zwei Ebenen zu tun. Die erste Ebene ist relativ einfach – die mittel- und längerfristige Perspektive, für die sich leicht Voraussagen aufstellen lassen und für deren Nichteintreffen man kaum verantwortlich gemacht wird, vor allem dann nicht, wenn es sich, wie in meinem Fall, um einen Zeitraum von drei Jahren handelt. Die zweite, schwierigere und vielleicht interessantere Ebene ist die nahe Zukunft – die Verhandlungen über die weitere Liberalisierung des Dienstleistungshandels, die im Dezember 1999 beginnen, und was von diesen Verhandlungen zu erwarten ist.

Mittelfristig gibt es keinen Zweifel, dass der Dienstleistungshandel auch in Zukunft schneller wachsen wird als der Warenhandel. Die Liberalisierung wird hier leichter fallen, da ihre Notwendigkeit offensichtlicher ist und der protektionistische Instinkt, zumindest bei einer Vielzahl von Dienstleistungen, weniger tief verwurzelt und nicht institutionalisiert ist.

Warum es einfach ist, die Notwendigkeit der Liberalisierung von Dienstleistungen darzustellen? Weil ihre essenzielle Funktion als Infrastruktur für die gesamte Wirtschaft allgemein verstanden wird. Als wir 1997 bei der WTO das bahnbrechende Abkommen für die Telekommunikation verhandelten, waren wir überrascht und erfreut über die begeisterte Teilnahme der Entwicklungsländer, auch viele der sehr kleinen. Noch erfreulicher ist die Tatsache, dass seit Ende dieser Verhandlungen sechs weitere Entwicklungsländer mit einseitigen Verpflichtungen über die Basis-Telekommunikationsdienstleistungen hervorgetreten sind: Man sagte mir, dies sei etwas noch nie da Gewesenes – es sei das erste Mal, dass Entwicklungsländer auf diese Weise außerhalb einer größeren Verhandlungsrunde, sich zur Öffnung ihrer Märkte verpflichtet haben. Entscheidend ist dabei, dass sie das nicht tun, um ihren Handelspartnern zu gefallen oder als Reaktion auf Verhandlungsdruck. Sie tun es, weil sie den Wettbewerb und Auslandsinvestitionen in ihre Telekom-Märkte wünschen, um damit ihre gesamte Infrastruktur für die Wirtschaft zu modernisieren und zu verbessern. Wir liberalisieren für uns selbst und davon profitieren auch die anderen. Das ist die profunde Wahrheit und Lektion. Beide Seiten gewinnen.

Dies erklärt auch die massive Teilnahme der Entwicklungsländer an den Verhandlungen zur Liberalisierung des Finanzsektors, die ebenfalls 1997 abgeschlossen wurden. Ineffiziente Bank- und Telekomdienste können wir uns einfach nicht leisten; sie graben einer Wirtschaft das Wasser ab. Ein ineffizientes Telefonsystem in unserer Zeit ist wie ein ineffizienter Hafen oder Kanal in früheren Zeiten. Während meiner Amtsperiode als Minister für Tourismus in Neuseeland legte ich ein Studie auf, in der Unternehmen befragt wurden, welche Hindernisse ihnen bei ihrer Geschäftsexpansion oder bei der Schaffung zusätzlicher Arbeitsplätze im Weg standen. An der Spitze standen dabei das Telefonsystem, gefolgt vom Flugverkehr.

Ich erinnere mich an ein Treffen mit einem wunderbaren weisen alten Mann, traumhaft erfolgreich und vermögend, während meines Besuchs als Handelsminister in Saudi Arabien. Er wusste nur wenig über Neuseeland und stellte, wie alle großen Männer, einfache Fragen. Meistens wollen Menschen mit ihren Fragen ja hauptsächlich beweisen, wie viel sie wissen! Nachdem er mich über unser politisches System befragt hatte, erkundigte er sich nach unserem Telefon- und Kommunikationssystem. Noch neu in meinem Amt als Minister fand ich das einigermaßen seltsam. Warum?, fragte ich. Er erwiderte, er beurteile eine Nation nach ihrem Telefonsystem. Später, als wir den „Dritten Weg" als Labour-Regierung in den 80er Jahren einführten, verstand ich, wie klug diese Frage war.

Es gibt auch technische Gründe für die Beschleunigung des Dienstleistungshandels, insbesondere auf dem Gebiet der Informationstechnologie. Im Wesentlichen war es die Aussicht auf die elektronische Übertragung von Dienstleistungen in großem Maßstab, weshalb Politiker dachten, dass multilaterale Regeln aufgestellt werden müssten. Immer mehr essenziell lokale Dienstleistungen wurden in international handelbare Produkte verwandelt: Finanz- und Wirtschaftsdienste oder Ausbildungs- und Gesundheitsdienste sind Beispiele dafür.

Die Deregulierung im Telekommunikationssektor trug viel dazu bei, die Lücke zwischen dem technisch Möglichen und dem wirtschaftlich Lebensfähigen zu schließen – und ich bin nicht wenig stolz auf die Tatsache, dass in vielen Bereichen die Regierung Neuseelands unter den Ersten war, die das unglaubliche Potenzial für private Aktivitäten erkannte. Heute zahlen ehemalige staatliche Institutionen, die früher Steuergelder aus dem Gesundheits- und Bildungswesen bezogen, selber Steuern. Die trägen staatseigenen Unternehmen sind nun Steuerzahler anstatt Verbraucher von Steuergeldern.

Das tatsächliche Potenzial des E-Commerce ist bis heute noch gar nicht richtig erkannt. Bisher konzentrierte sich E-Commerce meist auf Aktivitäten innerhalb von oder zwischen Unternehmen. Und das Kunden-„Shopping" per Internet steckt noch in den Kinderschuhen. Wir werden hier jedoch einen explosionsartigen Zuwachs erleben und die Versorgung mit Dienstleistungen wird sich wie nie zuvor international abspielen. Praktisch alles – oder besser gesagt tatsächlich alles –, was in Form digitaler Information geliefert werden kann, ist eine Dienstleistung.

Das Internet erlangt dieselbe Bedeutung wie ehemals die Erfindung der Druckerpresse. Das Internet wird Freiheit, Kommerz und Informationen fördern. Es wird Chancen und Risiken eröffnen. Die Regierungen werden es künftig mit ihren Steuersystemen schwerer haben, und das ist vielleicht ganz gut so. Das Internet wird eine der größten Tyranneien der Vergangenheit abschaffen – die Tyrannei des Standorts. Ihr Buchprüfer kann heute irgendwo auf der Welt zu Hause sein; schon heute spart die WTO eine Menge Geld, indem sie ihre Übersetzungen auslagert – dank der elektronischen Datenübertragung können wir Übersetzer beschäftigen, die zu Hause arbeiten – irgendwo auf der Welt.

Lassen Sie mich kurz erklären, wie ich mir das Arbeitsprogramm bei der WTO zum Thema E-Commerce vorstelle. Es existiert kein Vorschlag, wonach die WTO E-Commerce oder gar das Internet regulieren sollte: keiner unserer Mitgliedsstaaten möchte das. Die Aufgabe der WTO besteht nicht darin den Handel zu regulieren, sondern die Spielregeln zu verhandeln und umzusetzen, denen sich die Regierungen freiwillig unterwerfen, um ihre Macht, in den Handel einzugreifen, zu begrenzen. Es muss sichergestellt werden, dass der Markt funktioniert. Das Ziel des Arbeitsprogramms ist zunächst eindeutig herauszufinden, wie die heutigen WTO Vereinbarungen sich auf den E-Commerce auswirken. Zweitens ist festzustellen, ob es Schwächen im bestehenden Recht gibt, denen abgeholfen werden muss. Und drittens müssen wir entscheiden, ob es Themen im Hinblick auf neue Spielregeln in der WTO gibt, die Gegenstand von Regierungsverhandlungen sein sollten.

Für die nahe Zukunft muss sich unsere Aufmerksamkeit auf die neue Runde der Liberalisierung im Dienstleistungssektor richten, die auf der Ministerkonferenz in Seattle Anfang Dezember 1999 beginnt. Die Dienstleistungen werden nur ein Teil einer sehr viel umfassenderen Agenda sein, da die Minister sich die gesamte Palette der WTO-Aktivitäten ansehen werden; doch sie sind ein kritisch wichtiger Teil. Es gibt nur zwei Themen, Dienstleistungen und Landwirtschaft, über die Regierungen bereits Verpflichtungen zu Verhandlungen über weitere Liberalisierungsmaßnahmen eingegangen sind.

Mit der Verhandlung der Dienstleistungsvereinbarung im Rahmen der Uruguay-Runde wurde bereits viel erreicht, aber es war tatsächlich nur der Anfang. Die Bedeutung liegt hier in der Schaffung der Architektur für eine vollkommen neue Vereinbarung. Die Verpflichtungen zum Marktzugang, die die Regierungen 1995 eingegangen sind, waren wichtig, weil sie für Handel und Investoren Sicherheit schufen, aber sie waren wenig aussagekräftig, was die tatsächliche Liberalisierung anbelangt. Seit damals wurde die Liberalisierung in den beiden großen Verhandlungen über Telekommunikation und Finanz-dienstleistungen, die 1997 abgeschlossen wurden, themati-siert. Dabei waren die Basis-Telekommunikationsdienstleis-tungen wohl der wichtigste Punkt, weil die Vereinbarung völ-lig neuen Spielregeln auf dem Gebiet Wettbewerbspolitik und Kontrolle der dominierenden Anbieter enthielt. In gewisser Weise jedoch war das Thema Finanzdienstleistungen noch in-teressanter. In der Uruguay-Runde und dann wieder 1995 hat-te es intensive Verhandlungen über Finanzdienstleistungen gegeben; die letzte Verhandlung war die dritte innerhalb eines Zeitraums von fünf Jahren. Jedes Mal ging es mit der Libera-lisierung ein Stück weiter voran. Die Verhandlungen entgleis-ten auch nicht, obwohl ihr Abschluss 1997 zeitlich mit der Wirtschaftskrise in Asien zusammenfiel, und auch die Ver-handlungsergebnisse wurden davon nicht gemindert. Und wieder liberalisierten die beteiligten Regierungen, insbeson-dere die der Entwicklungsländer nicht, um irgendjemandem zu gefallen, sondern um Investitionen und Wettbewerb in ihren Heimatmärkten anzukurbeln.

Das Ziel aller neuen Verhandlungen bei jedem einzelnen die-ser Ereignisse war stets darauf gerichtet, den Liberalisie-rungsprozess weiter voranzutreiben, durch nationale Ver-pflichtungen über eine breite Palette von Dienstleistungssek-toren und durch die Eliminierung von bestehenden Ein-schränkungen bei bereits eingegangenen Verpflichtungen. Zurzeit sind die nationalen Verpflichtungen sehr unausgewo-gen: Es ist nur natürlich, dass die Industriestaaten weitaus mehr Dienstleistungssektoren in ihre Verpflichtungen einbe-ziehen als die meisten Entwicklungsländer und dass die ärms-ten Länder oftmals nur begrenzt solche Verpflichtungen ein-gehen. Dafür sorgt das GATS-Prinzip der „progressiven Liberalisierung", die im Einklang mit dem jeweiligen Entwicklungsstand vorangehen soll. Allerdings scheint mir, dass die Formulierungen teilweise unglücklich gewählt sind, weil sie scheinbar implizieren, dass es sich bei der Liberalisierung des Handels um einen Luxus handelt, den sich die ärmeren Nationen nicht leisten können. Die Wahrheit ist, dass arme Staaten sich teure und ineffiziente Serviceanbieter nicht leisten können und dass eine Dienstleistungsgesellschaft vielleicht am schnellsten mit einer Dosis ausländischen Wettbewerbs stabilisiert werden kann, die Regierung und Steuerzahler von den hohen Kosten entlastet.

Die Industrienationen werden auch ihre eigenen Dienstleistungssysteme kritisch beleuchten müssen. Ich habe zwar optimistisch von Dienstleistungen als einem Sektor gesprochen, bei dem die Vorteile der Liberalisierung am evidentesten sind, und ich glaube auch, dass dies auf viele Dienstleistungen zutrifft. Es gibt jedoch auch eine ganze Reihe von Dienstleistungen, deren Ineffizienz und hohe Kosten durch Regulierungen aufrecht erhalten werden – nicht unbedingt mit dem Ziel, ausländische Anbieter zu diskriminieren –, die den Zugang unnötig erschweren. Beispiele hierfür gibt es bei den selbstständigen Berufen in Ländern unterschiedlichen Entwicklungsgrads. Aus diesem Grund haben die WTO-Mitglieder in den vergangenen vier Jahren in ihren Ländern an den Vorschriften für selbstständige Dienstleistungen gearbeitet. Natürlich sind viele Märkte in hohem Maße reguliert und das sollte auch so sein: Wir können keine unqualifizierten Ärzte und Schein-Buchprüfer gebrauchen. Aber Regulierungen können unnötige Hürden schaffen, sie können diskriminierend sein, auch ohne es zu wollen, und sie können unglaublich kompliziert sein. Da die explizite Diskriminierung von Aus-

ländern nicht die Regel ist, wird ein großer Teil der Schubkraft
in Richtung Liberalisierung von Dienstleistungen für die
Durchforstung der heimischen Regulierung verwendet werden müssen. Ich denke, dass dies auf die Verhandlungsagenda
gesetzt werden muss, zusammen mit den Bemühungen, of-
fensichtliche Diskriminierung zu vermeiden.

Die WTO-Mitglieder sind sich einig, dass die Verhandlungen
alle Dienstleistungssektoren betreffen, wenn auch mit spezifischen Prioritäten der einzelnen Länder. Zwei interessante Sektoren gibt es jedoch, für die wir bereits eine feste Verpflichtung zur Verhandlung eingegangen sind: der Luft- und der
Seetransport.

Nur die Luftfahrt ist vom Prinzip, wonach GATS alle Dienstleistungssektoren abdeckt, ausgenommen. Die gesamte Branche mit Ausnahme von drei vergleichsweise unwichtigen
Dienstleistungen wurde bewusst vom Anwendungsbereich
der Vereinbarung ausgeschlossen, da die meisten Regierungen
es vorzogen, die derzeitigen bilateralen Abkommen beizube-
halten. Sie stimmten jedoch zu, ihre Position nach fünf Jahren
zu überprüfen, um dann zu entscheiden, ob zusätzliche Flug-
dienstleistungen in den Anwendungsbereich des GATS auf-
genommen werden sollten. Diese Frage wird in der neuen Verhandlungsrunde wichtig, zumal es eine wachsende Nachfrage
nach billigeren Dienstleistungen im Unternehmensbereich
gibt, insbesondere bei der Luftfracht. Dies wird den Wettbewerbsdruck intensivieren. Schätzungen zufolge werden in Europa nur sechs Prozent aller Kontinentalflüge von mehr als
zwei Fluggesellschaften bedient. Der Rest wird noch immer
von den nationalen Airlines kontrolliert. Aus diesem Grunde
sind Transatlantikflüge so viel billiger als Flüge innerhalb Eu-

ropas, müssen Unternehmen wie Privatleute so hohe Kosten aufbringen. Ich hoffe, dass die Regierungen sich ernsthaft mit der Möglichkeit auseinander setzen, die stark kontrollierte Welt der zivilen Luftfahrt zu liberalisieren, so dass Familien billiger zusammenkommen und Unternehmen produktiver arbeiten können.

Auch auf dem maritimen Sektor ist die Situation unbefriedigend, hauptsächlich weil in der Uruguay-Runde weder die EU noch die USA Verpflichtungen eingegangen sind, im Gegensatz zu 30 anderen Ländern. 1996 scheiterte ein weiterer Versuch, über Seetransporte zu verhandeln. Es wurde vereinbart, die Verhandlungen in der nächsten Runde wieder aufzunehmen. Auch hier brauchen wir Fortschritte. Obwohl die Liberalisierung im maritimen Sektor weitaus fortgeschrittener ist als in der Luftfahrt, ist es schwierig, andere zu handfesten Verpflichtungen zu drängen, solange ein so wichtiger Bereich von den großen Nationen, die hier doch eigentlich die Führung übernehmen sollten, ausgeschlossen wird. Wenn damit argumentiert wird, es sei zu schwer, sollte man sich die schreckliche Schuldenlast einiger Länder vor Augen führen, die einem UNCTAD-Bericht zufolge bis zu neunmal mehr für den Schuldendienst zahlen müssen als sie für ihr Gesundheitssystem ausgeben können, und was ihnen damit aufgebürdet wird.

Wie Sie wissen, blieb das Dienstleistungsabkommen in der Uruguay-Runde in mancher Hinsicht unvollständig. Es enthält keine Vorschriften für Subventionen oder das öffentliche Auftragswesen für Dienstleistungen und keine Bestimmung über Konfliktlösungsmechanismen. Die Verhandlungen über alle drei Themen ziehen sich bereits einige Zeit hin, ohne dass wirkliche Fortschritte erzielt wurden. Es scheint mir, dass auch diese Arbeit erst im Rahmen einer größeren Runde Bedeutung erlangt. Beim Thema öffentliches Auftragswesen hoffe ich, dass wir bald in der Lage sind, größere Transparenz zu erreichen, denn damit gewinnen alle.

In den nächsten beiden Monaten müssen wir uns über die Erklärung, die von den Ministern in Seattle verabschiedet wird, einigen. Dies wird dann die Agenda für die neue Runde sein. Zurzeit scheint es keine unüberwindbaren Schwierigkeiten für die richtigen Formulierungen zu geben. Es herrscht eine erstaunliche Gemeinsamkeit in der Grundauffassung der Mitglieder über die in der Verhandlung über Dienstleistungen angewandten Richtlinien und Verfahren. Das ist in sich schon bemerkenswert, wenn Sie sich so wie ich an die Schwierigkeiten erinnern, Dienstleistungen überhaupt auf die Agenda der Uruguay-Runde zu bekommen. Zu dieser Zeit wurde das Thema so kontrovers diskutiert, dass es ohne weiteres zum Scheitern der Uruguay-Runde und einer Lähmung des GATT hätte kommen können. Heute ist es eine Selbstverständlichkeit – niemand hat das GATS in Frage gestellt oder die Notwendigkeit, die Liberalisierung voranzutreiben, bestritten. Das marktwirtschaftliche Verständnis hat seit 1986 eine große Verbreitung erfahren.

Natürlich sind die Verhandlungen über den Dienstleistungssektor nur Teil der größeren Runde und ihr Erfolg hängt von den in anderen Bereichen erzielten Fortschritten ab. Nicht für jeden haben Dienstleistungen Priorität. Es ist völlig normal, wenn Entwicklungsländer darauf bestehen, dass ihre Exportinteressen – in der Landwirtschaft, bei Textilien und wo immer sonst – denselben Status erhalten sollen wie ihr Interesse an Dienstleistungen (obwohl sie diese Dienste ebenfalls brauchen). Wir alle sind uns unserer eigenen politischen Probleme zu Hause sehr bewusst: Es wird leicht vergessen, dass es ebenso ausgeprägte Interessen gibt, die Liberalisierung von Telekom- oder Finanzdiensten in einem afrikanischen Land zu verhindern, wie es bestimmte Interessen gibt, die eine Liberalisierung der Landwirtschaft, Kohle oder Textilien in Europa oder den USA verhindert wollen. Es ist einfach nicht glaubwürdig, das Wasser der Liberalisierung in den Dienstleistungen zu predigen und dabei zu Hause subventionierten Wein (oder vielleicht Milch) zu trinken. Zu viele der am wenigsten entwickelten Länder der Welt halten die WTO für einen Club des Weißen Reichen Mannes, aber das stimmt nicht. Würde es aber tatsächlich schmerzhaft für die Mächtigen sein, wenn wir sagten, dass für **alle** anstatt nur für die Mehrzahl der Handelsprodukte der am wenigsten entwickelten Länder keine Hindernisse bestehen? Sie würden nur etwa 0,5 Prozent des Welthandels ausmachen.

Die Argumente für die Liberalisierung der Dienstleistungen und für die Liberalisierung von Waren sind im Wesentlichen identisch. Wir dürfen allerdings nicht vergessen, dass Verhandlungen zum internationalen Handel kein Selbstzweck sind und auch nicht für diejenigen geführt werden, die Waren und Dienstleistungen produzieren und handeln. Ihr Wert muss am Wohlergehen der Menschen gemessen werden, an der Verbesserung der Lebensbedingungen. In dieser Hinsicht haben die WTO, und zuvor das GATT einen bemerkenswerten Beitrag geleistet. Wir müssen bei der zentralen Aussage bleiben, dass die Liberalisierung des Handels das wirtschaftliche Wachstum gefördert und daher der Bevölkerung weltweit immensen Nutzen gebracht hat, insbesondere den Armen. Zu behaupten, dass den in Armut lebenden Menschen und den armen Ländern mit weniger Handel mehr geholfen wäre, ist eine bösartige Unterstellung. Ein multilaterales, auf Regeln basierendes Handelssystem wird nicht ernsthaft in Frage gestellt – wenigstens nicht von Ökonomen und Politikern. Die lange Liste der Länder, die über den Zugang zur WTO verhandeln, bestätigt dies. Aus welchem Grund wollen alle Mitglied im WTO-Club werden, über den so viele Fehlinformationen und Schmähungen verbreitet werden, wenn nicht im eigenen Interesse?

In der breiten Öffentlichkeit fehlt es allerdings noch am Verständnis und an Unterstützung in der Sache. Tatsächlich wird der Wert multilateraler Handelsregeln und von Handelsliberalisierungen zum ersten Mal seit Beginn des GATT in Frage gestellt. Für die Ministerkonferenz in Seattle wird mit großen Demonstrationen und Auseinandersetzungen gerechnet. Zwar beruhen diese im Wesentlichen auf einem völligem Missverständnis dessen, was die WTO ist und was sie tut; doch wir dürfen auch nicht die Tatsache ignorieren, dass die Auswirkungen der Globalisierung vielen gutmeinenden und ehrlichen Menschen echte Sorgen bereiten. Unsere Kritiker haben nicht in allen Punkten Unrecht. Und dort, wo sie Unrecht haben, kann die WTO sich nicht im Alleingang als Befürworterin eines Wirtschafts- und Handelssystem darstellen, das die Welt in einem noch vor 50 Jahren unvorstellbaren Maß bereichert hat. Die Regierungen und die Wirtschaftskräfte, die an das System glauben, müssen es auch nach außen verteidigen. Die debis AG leistet ihren Beitrag, indem sie regelmäßig Dienstleistungskongresse organisiert, und die deutsche Regierung war und ist ein zuverlässiger Partner der Liberalisierung, international, in der Gemeinschaft und im eigenen Land.

4. Dienstleistungen auf globalen Märkten

International erfolgreiche Dienstleistungsunternehmen zeichnen sich dadurch aus, dass sie jederzeit bereit und in der Lage sind, auf die individuellen Wünsche ihrer Kunden einzugehen und eine qualitativ hochwertige Leistung termingerecht und mit großer Zuverlässigkeit zu erbringen. Gerade bei den anspruchsvollen und wissensintensiven Dienstleistungen ist eine hohe fachliche und soziale Problemlösungskompetenz in Verbindung mit größtmöglicher Flexibilität und Kreativität des Dienstleisters der entscheidende Erfolgsfaktor. Neben unternehmensspezifischen Faktoren beeinflussen die wirtschaftspolitischen Rahmenbedingungen ebenfalls die Wettbewerbsfähigkeit von Anbietern unternehmensbezogener Dienstleistungen.

Erfolgsfaktoren für globale Dienstleistungsunternehmen

Daten, Fakten und Perspektiven

von Hagen Krämer*

Unternehmensnahe Dienstleistungsunternehmen haben sich in den vergangenen Jahren immer stärker international orientiert, da die zunehmende Globalisierung der Weltwirtschaft auch ihnen zahlreiche neue Geschäftsmöglichkeiten eröffnet hat. Dies hat sich beispielsweise in einer starken Zunahme des Welthandels mit Dienstleistungen niedergeschlagen. Von 1985 bis 1998 sind die weltweiten Dienstleistungsexporte von 382 Milliarden US-Dollar auf 1 320 Milliarden US-Dollar, also um rund 250 Prozent gestiegen (WTO 1999). Insbesondere die Volumina des grenzüberschreitenden Handels mit unternehmensbezogenen Dienstleistungen haben sich seit Mitte der 80er Jahre äußerst dynamisch entwickelt und die Wachstumsraten des Warenhandels und des übrigen Dienstleistungshandels teilweise weit übertroffen. Heute beträgt das jährliche Handelsvolumen mit unternehmensbezogenen Dienstleistungen zwischen den drei großen Wirtschaftsräumen EU, NAFTA und Japan über 100 Milliarden Euro.

Parallel dazu haben sich Unternehmensdienstleister mit dem Aufbau von Repräsentanzen, Niederlassungen und Unterneh-

---

* Dr. Hagen Krämer, geboren 1963, studierte Wirtschaftswissenschaften in Bremen und New York. Nach einer Tätigkeit an einem Forschungsinstitut arbeitete er mehrere Jahre im DaimlerChrysler-Konzern. Seit Ende 1999 ist er Professor für Economics an der Fachhochschule Karlsruhe.

menskooperationen auch stärker als bisher direkt im Ausland engagiert, was zu einem kräftigen Zuwachs von Direktinvestitionen dieser Unternehmen geführt hat. Im Jahr 1997 betrug der Direktinvestitionsbestand der deutschen unternehmensbezogenen Dienstleistungsunternehmen aus den Bereichen Leasing, Datenverarbeitung und -banken, Forschung und Entwicklung sowie sonstige unternehmensbezogene Dienstleistungen rund acht Milliarden DM. Diese Branchen haben damit innerhalb von nur zwei Jahren ihren Direktinvestitionsbestand um fast 75 Prozent erhöht (Deutsche Bundesbank 1999).

Die Expansion globaler Dienstleistungsmärkte

Für die zahlreichen neuen Chancen, die sich für Anbieter von unternehmensbezogenen Dienstleistungen auf internationalen Märkten auftun, sind mehrere Faktoren verantwortlich. So eröffnen die Erschließung neuer Märkte und die wachsende Nutzung kostengünstiger Produktionsmöglichkeiten im Ausland durch global agierende Industrieunternehmen auch den Dienstleistungsanbietern zusätzliche Potenziale als Zulieferer und Kooperationspartner. Denn zur Sicherstellung eines erfolgreichen Engagements auf den globalen Märkten benötigen Industrieunternehmen Dienstleister, die Auslandsmärkte sondieren, Verträge vorbereiten, Finanzierungs- und Versicherungslösungen entwickeln, Beratungen durchführen, Kommunikationsstrukturen schaffen und den Service vor Ort gewährleisten.

Die enorm gestiegene Mobilität des Kapitals ermöglicht heute die schnelle Verlagerung von Produktionskapazitäten, das Aufbrechen und die kostenminimierende regionale Reorganisation und Verteilung fast der gesamten Wertschöpfungskette, was zahlreiche logistische und kommunikationsbasierte Dienstleistungen erfordert. Dabei wird der Trend zur Globalisierung vor allem von den enormen Fortschritten in den Informations- und Kommunikationstechnologien sowie den gesunkenen Transportpreisen forciert. Beide Faktoren ziehen zahlreiche weitere Dienstleistungen nach sich.

Auch das vor allem in den entwickelten Ländern weiter steigende Pro-Kopf-Einkommen löst entsprechend der Einkommenshypothese der Dienstleistungsnachfrage zusätzliche Impulse für die Dienstleistungswirtschaft aus. Zwar richtet sich dieses nachfrageinduzierte Wachstum vorwiegend auf personenbezogene Dienstleistungen – im internationalen Rahmen etwa Tourismus, Mobilitätsdienstleistungen, Medien und Entertainment –, aber durch die untereinander bestehenden Vorleistungsverflechtungen profitieren auch unternehmensbezogene Dienstleister von der wachsenden Nachfrage in den personenbezogenen Bereichen. Vor allem aber ist diese Entwicklung Ausdruck eines grundlegenden Strukturwandels zur Dienstleistungsgesellschaft, die dem tertiären Sektor insgesamt ein weiterhin kräftiges Wachstum bescheren wird.

Nicht zuletzt haben auch eine Reihe von politischen Faktoren die Globalisierung von Dienstleistungen beschleunigt. Zu nennen sind insbesondere die Deregulierung von Dienstleistungsmärkten wie zum Beispiel die der EU-Telekommunikationsmärkte, die Vollendung des EU-Binnenmarktes und die Einführung des Euro sowie die Fortschritte bei der Liberalisierung des internationalen Dienstleistungshandels im Rahmen von WTO und GATS.

Internationalisierungsformen von Dienstleistungen

Dienstleistungsunternehmen, die die Chancen der Globalisierung nutzen, sehen sich allerdings vor etliche neue Herausforderungen gestellt. Für die Anbieter von Dienstleistungen trifft in besonderem Maße zu, dass bei ihren Aktivitäten auf globalen Märkten in der Regel andere Bedingungen als auf dem heimischen Markt berücksichtigt werden müssen. Im Rahmen einer Internationalisierungsstrategie von Dienstleistungen sind daher einige zusätzliche Faktoren zu berücksichtigen, die sich aus den speziellen Eigenschaften von Dienstleistungen im Vergleich zu Sachgütern ergeben. Bei den so genannten personengebundenen Dienstleistungen gilt zum Beispiel, dass die Dienstleistung in der Regel im direkten Kontakt, häufig sogar in einem interaktiven Prozess, mit dem Abnehmer der Dienstleistung erbracht wird. Bei der Erstellung für einen ausländischen Kunden können Sprach- und Kulturunterschiede sowie andere rechtliche und institutionelle Rahmenbedingungen möglicherweise eine umfangreiche Anpassung der Dienstleistung an die jeweiligen nationalen und regionalen Gegebenheiten erforderlich machen.

Managementtheorien und -strategien befassen sich erst in jüngerer Zeit vermehrt mit den Besonderheiten von Dienstleistungen im Zuge der Internationalisierung (vgl. Mößlang 1995). Viele Konzepte, die für die Globalisierung von Industrieunternehmen entwickelt wurde, lassen sich aufgrund des spezifischen Charakters von Dienstleistungen nicht ohne weiteres auf Dienstleistungsunternehmen übertragen. Daher stellt sich die Frage, wie sich Dienstleister angesichts der zunehmenden Globalisierung der Märkte erfolgreich im internationalen Wettbewerb behaupten können. Eine Beantwortung dieser Frage setzt voraus, dass dem spezifischen Charakter von Dienstleistungen im Prozess der Internationalisierung Rechnung getragen wird.

Im Unterschied zur Globalisierung der industriellen Produktion ist die Internationalisierung der immateriellen Dienstleistungen sowohl definitorisch als auch statistisch weitaus schwieriger zu erfassen. Beim Grenzübertritt einer materiellen Ware geht das Eigentumsrecht vom Verkäufer an den Käufer über. Beim grenzüberschreitenden Handel mit Dienstleistungen ist ein solcher Übergang häufig nicht eindeutig feststellbar. Dies trifft zum Beispiel auf Dienstleistungen zu, die in einem gemeinsamen Prozess mit dem ausländischen Kunden entstehen oder die als Komplementärprodukt zu einer Industrieware exportiert werden.

Für den Erfolg im internationalen Geschäft ist die Art und Weise, wie Dienstleistungsunternehmen ihre Leistungen an ausländische Kunden bringen, von großer Bedeutung für den geschäftlichen Erfolg. Für Dienstleistungen gibt es jedoch eine Reihe von verschiedenen Möglichkeiten der Internationalisierung. Grundsätzlich lassen sich Internationalisierungsformen, bei denen Dienstleistungen eng mit den internationalen Aktivitäten von Industrieunternehmen zusammenhängen, von Formen unterscheiden, bei denen Dienstleistungen weitgehend unabhängig hiervon international erbracht werden (vgl. Abbildung 13).

Der rechte Teil des Schaubilds zeigt drei verschiedene Fälle, bei denen jeweils Dienstleistungen im Verbund mit Industriegütern auf ausländische Märkte kommen. Die jeweilige

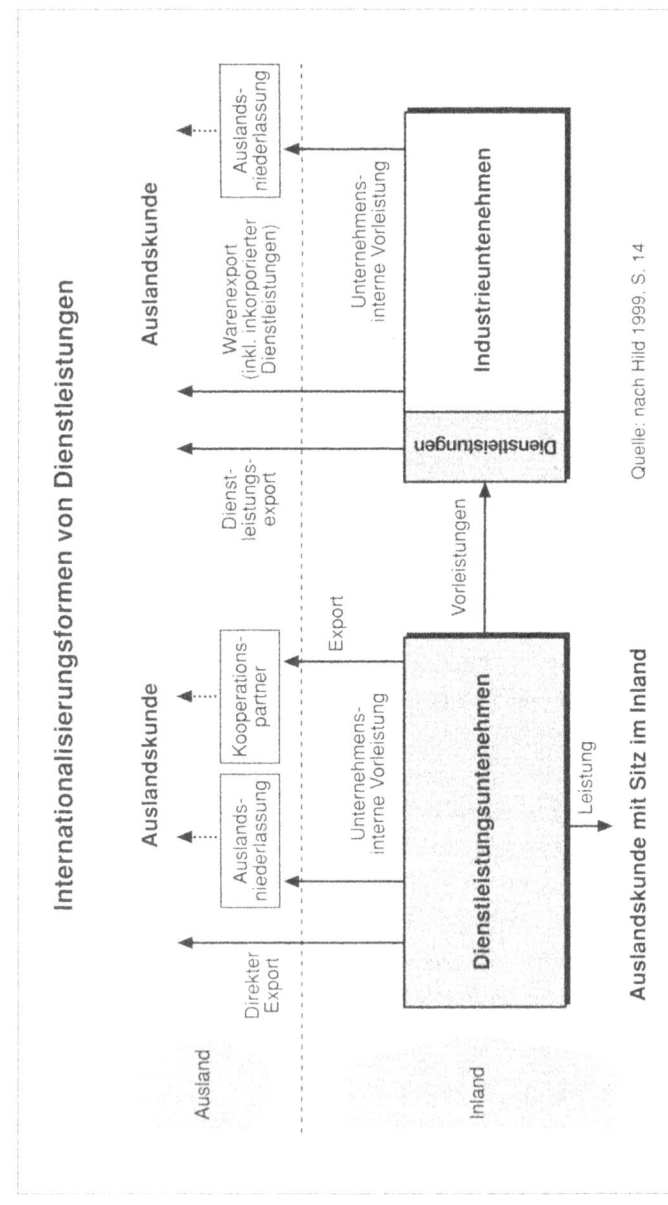

Abb. 13: Internationalisierungsformen von Dienstleistungen

Komplementarität von Dienstleistungen mit Industrieexporten war in der Vergangenheit die wesentliche Triebfeder für die Internationalisierung von Dienstleistungen. Der zunehmende Einsatz der Unternehmen des Verarbeitenden Gewerbes von Diensten zur Produktions- und Absatzunterstützung wie Logistik-, Planungs-, Finanzierungsdienstleistungen oder Werbung hat bereits zu einer weitgehenden „Tertiarisierung der Sachgüterproduktion" geführt. Dieser Trend hat sich im Zuge der Globalisierung weiter verstärkt, da nun die Industrie zunehmend Dienstleistungen zur Befriedigung ihres globalen Kommunikations-, Transport- und Beratungsbedarfs oder zur Bereitstellung von Marktinformationen nachfragt. Solche produktbegleitenden Dienstleistungen können von den Industrieunternehmen selbst erbracht oder als Vorleistung von anderen Dienstleistern bezogen werden. Wenn ein Sachgut, zu dessen Herstellung Dienstleistungen notwendig waren, ins Ausland exportiert wird, werden zugleich auch all die Dienstleistungen ausgeführt, die bei Produktion und Absatz dieser Ware zum Einsatz kamen. Zahlreiche Dienstleistungen sind also in exportierten Industriewaren gleichsam inkorporiert und werden indirekt mit diesen Waren exportiert. Dieser Weg von Dienstleistungen ins Ausland stellt die erste mögliche Internationalisierungsform von Dienstleistungen dar.

Der Wert der indirekt exportierten Dienstleistungen ist durchaus beachtlich. 1999 betrug das Volumen der direkten Dienstleistungsexporte in Deutschland etwa 150 Milliarden DM (vgl. Lichtblau 2000). Für dasselbe Jahr wird vom Kölner Institut der deutschen Wirtschaft auf Basis von Input-Output-Rechnungen geschätzt, dass die indirekten Exporte, das heißt die in den deutschen Industriewaren inkorporierten Dienstleistungen, einen Wert von rund 160 Milliarden DM hatten. Be-

rechnet man den Anteil, den Dienstleistungen direkt und indirekt an der von der gesamten deutschen Ausfuhr erzeugten
Wertschöpfung haben, kommt man sogar zu einem Wert von
über 40 Prozent (Schultz, Weise 1999, Seite 90). Die Bedeutung des indirekten Dienstleistungsexports hat aufgrund der
immer wichtiger werdenden Funktion von Dienstleistern als
Zulieferer für die Industrie in der Vergangenheit deutlich zugenommen. Von 1991 bis 1999 sind die in exportierten Industriewaren inkorporierten Dienstleistungen um 150 Prozent
und damit deutlich schneller gewachsen als die direkten
Dienstleistungsexporte, die auch ein Plus von immerhin
74 Prozent verzeichnen konnten (vgl. Lichtblau 2000).

Deutsche Industrieunternehmen erbringen im internationalen
Vergleich einen besonders großen Teil der von ihnen benötig-
ten Dienstleistungen intern anstatt diese von außen zuzukau-
fen (vgl. Elfring 1993). Auch wenn das eigentliche Ziel eines
Industrieunternehmens die Herstellung eines Sachguts ist,
nutzen einige Unternehmen des sekundären Sektors die Möglichkeit, die wie eine Art Beiprodukt entstehenden Dienstleistungen auch an Dritte zu veräußern. Wenn dabei auch ausländische Märkte bedient werden, stellt dies ein zweites mögli-
ches Internationalisierungsmuster von Dienstleistungen dar.
Ist ein solches Geschäft hinreichend stabil und profitabel,
kann zu einem späteren Zeitpunkt ein weiterer Entwicklungs-
schritt die Auslagerung und unternehmerische Verselbststän-
digung solcher Dienstleistungsbereiche sein. So sind schon
häufiger neue Geschäftsfelder von Industrieunternehmen entstanden, wie zahlreiche erfolgreiche Beispiele aus der unternehmerischen Praxis zeigen. Im Zuge des vermehrten Outsourcing von Dienstleistungsfunktionen aus Industriebetrie-
ben eröffnen sich zugleich aber auch neue Möglichkeiten für

die schon existierenden Dienstleistungsunternehmen, die sich nun um die zum ersten Mal über den Markt abgewickelten Dienstleistungen bemühen können. Dies eröffnet zwar neue Chancen für bereits existierende Unternehmensdienstleister; von diesen wird aber in verstärktem Maße erwartet, dass sie ihre Leistungen auch im globalen Rahmen abgeben können.

Eine weitere Möglichkeit Dienstleistungen zu internationalisieren hängt ebenfalls unmittelbar mit der industriellen Produktion zusammen. Sie tritt dann auf, wenn eine ausländische Niederlassung eines Produktionsunternehmens von der inländischen Muttergesellschaft Dienste als Vorleistungen bezieht. Dies können beispielsweise Schulungen, Planungs- und Finanzierungsleistungen oder andere Back-Office-Funktionen sein. Häufig sind solche Dienstleistungsbezüge nur Teil eines Service-Pakets, das von der Niederlassung vor Ort mit einem eigenen Wertschöpfungsanteil ergänzt und auf den jeweiligen Kunden zugeschnitten wird. Die von der Muttergesellschaft importierten Dienstleistungen haben somit lediglich eine unterstützende Funktion für die eigentliche Dienstleistungserstellung, die letztlich im Ausland erfolgt.

Ein grundsätzlich anderes Internationalisierungsmuster von Dienstleistungen liegt vor, wenn Dienstleistungsunternehmen nicht ihrer industriellen Klientel ins Ausland folgen, sondern eigenständig auf ausländische Märkte gehen, um damit neue Potenziale zu erschließen. Die Internationalisierung ist in einem solchen Fall häufig auch Folge eines sich intensivierenden Wettbewerbs auf dem heimischen Markt für Dienstleistungen. Aufgrund des Abbaus von Handelsschranken und der Erleichterung von Faktorwanderungen treten zum Beispiel vermehrt auch Unternehmen aus dem Ausland auf den inländischen Markt. Hinzu kommen zahlreiche Netto-Neugründungen im Dienstleistungssektor, die die Konkurrenzsituation weiter verschärfen. Auch traditionelle Industrieunternehmen, die die Wachstumschancen des tertiären Sektors erkannt haben und verstärkt in Dienstleistungsbranchen expandieren, erhöhen mit ihren Aktivitäten den Wettbewerbsdruck. Dies veranlasst Dienstleistungsunternehmen in zunehmendem Maße die Chancen der sich globalisierenden Märkte zu suchen.

Auch bei einer so motivierten Internationalisierung lassen sich wieder verschiedene Formen unterscheiden, wie die linke Seite der Abbildung 13 verdeutlicht. Erstens können Dienstleistungen originär und direkt ins Ausland exportiert werden. Die klassische Form des direkten Dienstleistungsexports besteht in der so genannten Dienstleistungserbringung durch Präsenz, das heißt, dass sich Mitarbeiter eines Dienstleistungsunternehmens vorübergehend ins Ausland begeben und dort tätig werden. Die Vergabe einer Lizenz oder eines Copyrights an einen ausländischen Rechteempfänger stellt ebenfalls eine Form des direkten Dienstleistungsexports dar.

Zweitens ist in bestimmten Fällen auch die dauerhafte Anwesenheit der Firma im Ausland sinnvoll oder notwendig. Dafür kann entweder eine Kooperation (zum Beispiel in Form eines Jointventures) mit einem ausländischen Partner eingegangen werden, der die Dienstleistungen importiert und in eigener Verantwortung weiterverkauft. Oder der Dienstleister zeigt selber Präsenz vor Ort und gründet eine eigene ausländische Niederlassung, wobei häufig eine Reihe von Dienstleistungen als Vorleistungen von der Muttergesellschaft bezogen werden.

Drittens besteht eine weitere Möglichkeit der Dienstleistungsinternationalisierung darin, dass ausländische Kunden zu einem inländischen Dienstleistungserbringer reisen. Diese Art des grenzüberschreitenden Dienstleistungshandels stellt beispielsweise der volumenmäßig bedeutende internationale Tourismus dar. Aber auch der Besuch inländischer Bildungseinrichtungen, seien es Hochschulen oder firmeneigene Bildungs- und Schulungszentren, durch Ausländer oder die Beratung oder Behandlung eines Ausländers durch einen im Inland ansässigen Experten ist ein Dienstleistungsexport.

Neben diesen personengebundenen Formen des Dienstleistungshandels gibt es schließlich viertens grenzüberschreitende Dienstleistungen wie zum Beispiel Gütertransporte, Finanzdienstleistungen, Software- und Medienexporte, bei denen nur die Dienstleistung beziehungsweise das sie aufnehmende Speichermedium die Grenze überschreitet, nicht jedoch eine Person. Mit der zunehmenden Verbreitung und größeren Leistungsfähigkeit der modernen Informations- und Kommunikationstechnologien hat gerade diese Art des Exports, bei der Dienstleistungen an physische Informationsträger gebunden sind (klassische Form: Papier, moderne Form: CD) oder online übermittelt werden (zum Beispiel via Internet), stark an Bedeutung gewonnen. Vor allem diese modernen Formen der Datenübertragung haben in der jüngeren Vergangenheit den Boom der unternehmensbezogenen Dienstleistungsexporte ausgelöst. Sie werden auch in der Zukunft die Internationalisierung der Dienstleistungen prägen und noch weiter beschleunigen.

Grundsätzlich gilt es jedoch zu beachten, dass trotz der neuen Informations- und Kommunikationstechnologien in den meisten Dienstleistungsbranchen der Vorteil einer Präsenz in unmittelbarer Nähe zum Kunden kaum zu kompensieren ist.

Noch mehr als Industrieunternehmen müssen Dienstleister individuell auf die Bedürfnisse ihrer Kunden eingehen können. Daher kann die Anwesenheit vor Ort bei einer Vielzahl von Geschäften höchstens durch andere Formen ergänzt werden; sie ist jedoch sicher nicht vollständig zu ersetzen. Das gilt ohne Einschränkung dort, wo die Dienstleistungsproduktion das unmittelbare Mitwirken des Kunden erfordert. In Branchen, bei denen die Dienstleistung gemeinsam mit dem Kunden entsteht, ist ein kompletter Dienstleistungsexport sogar ausgeschlossen. Dies ist beispielsweise bei allen beratungsintensiven Dienstleistungen wie zum Beispiel bei der Unternehmens- und Rechtsberatung oder bei der Entwicklung von individuellen Finanzierungslösungen der Fall. Diese Grundvoraussetzung ist zumindest von den größeren Anbietern unternehmensbezogener Dienstleistungen erkannt worden und hat dazu geführt, dass sie seit geraumer Zeit durch die Gründung von Tochtergesellschaften vermehrt ins Ausland expandieren.

Dagegen bevorzugen kleine und mittelständische Dienstleistungsunternehmen bei ihrer Internationalisierung überwiegend den direkten Export von Deutschland aus, wie eine jüngst durchgeführte Befragung des Rheinisch-Westfälischen Instituts für Wirtschaftsforschung (RWI) ergeben hat (vgl. O'Farell et al. 1999). Die Vorteile werden dabei in der geringen Kapitalbindung, der Minimierung von Risiken und der größtmöglichen Kontrolle der Geschäftsprozesse gesehen. Erst an zweiter Stelle ihrer Internationalisierungsstrategie steht bei den Mittelständlern die Gründung von Tochterunternehmen und Vertretungen, gefolgt von Exporten über Dritte und Partnerschaften mit ausländischen Unternehmen. Dies offenbart, dass Geschäftschancen, bei denen die Präsenz vor Ort notwendig ist, vom Mittelstand noch nicht umfassend genutzt

werden. Die vom RWI befragten Unternehmen gaben als wesentlichen Grund für ihr unterentwickeltes Auslandsengagement an, dass sie vorwiegend dann internationalisiert hatten,
wenn bereits persönliche Kontakte ins Ausland bestanden
oder der Wunsch eines inländischen Kunden ihm auf einen
ausländischen Markt zu folgen vorlag (ebd., Seite 137). Den
eigenständigen Gang der Unternehmen ins Ausland wagte nur
eine kleine Minderheit der kleinen und mittelständischen
Dienstleistungsunternehmen.

Dies kann auch als Ausdruck der Tatsache gewertet werden,
dass die Internationalisierung der deutschen Dienstleistungsunternehmen – von einigen mittelständischen Vorreitern und
den „Global Players" abgesehen – eher noch am Anfang steht.
Obwohl die deutschen Dienstleister im Allgemeinen anerkannt gut qualifiziert sind und auch fachlich einen guten Ruf
haben, kommen verschiedene Untersuchungen zu dem Ergebnis, dass insbesondere kleinere und mittlere Unternehmen
große Schwierigkeiten haben international tätig zu werden.
Dies wird darauf zurückgeführt, dass viele deutsche Unternehmen aufgrund einer vermeintlich oder tatsächlich bestehenden mangelnden Wettbewerbsfähigkeit beziehungsweise
durch vorhandene Markteintrittshürden an ihrem Auslandsengagement gehindert werden.

Determinanten der Wettbewerbsfähigkeit von Dienstleistungsunternehmen

Für den Erfolg auf globalen Dienstleistungsmärkten sind sowohl unternehmensspezifische Faktoren als auch die wirtschaftspolitischen Rahmenbedingungen auf dem Heimat- und

dem Zielmarkt relevant. Zu den wichtigsten unternehmensbezogenen Determinanten der internationalen Wettbewerbsfähigkeit von Dienstleistungsunternehmen gehört neben der
möglichst umfassenden Kenntnis der jeweiligen Besonderheiten eines ausländischen Marktes vor allem die Fähigkeit, sich
auch außerhalb des Heimatmarktes voll und ganz auf den jeweiligen Kunden und dessen spezifische Situation einzustel-
len, die sich von dem eines inländischen Kunden stark unterscheiden kann. International erfolgreiche Dienstleistungsunternehmen zeichnen sich dadurch aus, dass sie jederzeit bereit
und in der Lage sind, auf die individuellen Wünsche ihrer
Kunden einzugehen und eine qualitativ hochwertige Leistung
termingerecht und mit großer Zuverlässigkeit zu erbringen.
Gerade bei den anspruchsvollen und wissensintensiven
Dienstleistungen sind eine hohe fachliche und soziale Problemlösungskompetenz in Verbindung mit größtmöglicher
Flexibilität und Kreativität des Dienstleisters die entscheidenden Erfolgsfaktoren. Denn in der Welt der Dienstleistung ist
fast jede Problemstellung einzigartig, was die Möglichkeiten
zur Standardisierung weitgehend einschränkt. Deshalb ist die
fachliche, soziale und kulturelle Kompetenz der Mitarbeiter
eines Dienstleistungsunternehmens die entscheidende Größe
für Erlangung und Erhalt der unternehmerischen Wettbewerbsfähigkeit im globalen Kontext. So gewährleistet insbesondere bei den sich schnell wandelnden technologiebasierten
Dienstleistungen nur die fortwährende Weiterqualifizierung
die unabdingbar notwendigen Investitionen in das Humankapital, ohne die über kurz oder lang auch die Innovationsfähig-
keit eines Unternehmens verloren geht. Darüber hinaus sind
die Entwicklung von dienstleistungsspezifischen Manage-
mentkompetenzen, der Erwerb von fundierten Sprachkennt-

Erfolgsfaktoren für globale Dienstleistungsunternehmen

- Qualifiziertes Personal
- Dienstleistungsspezifische internationale Managementfähigkeiten
- Auslandserfahrung der Mitarbeiter
- Betriebliche Aus- und Weiterbildung, Training
- Serviceorientierung der Fachkräfte
- Reputation, Image, Markenname
- Qualität, Qualitätskonstanz, Qualitätsgarantie
- Termintreue
- Kostenniveau, Preis der Leistung
- Kreative Problemlösungsfähigkeiten
- Fähigkeit, neue Geschäftsfelder zu erschließen
- Erfahrung und Präsenz auf Auslandsmärkten
- Information über Auslandsmärkte

- Breite an Serviceleistung, Skalenerträge
- Spezialisierung und Angebotstiefe
- Alter und Erfahrung des Unternehmens
- Erfolg auf dem angestammten Markt
- Existenz spezifischer Internationalisierungsvorteile
- Art der Dienstleistung
- Unternehmensstrategie
- Eigenkapitalausstattung, Finanzierungs-Know-how
- Innovationspotenzial
- Service Engineering
- Art der Kundenbeziehungen
- Kooperationsfähigkeit, Netzwerkbildung

Quelle: modifiziert und erweitert nach Hild et al. 1999 und O'Farrell et al. 1999

Abbildung 14: Determinanten firmenspezifischer Wettbewerbsvorteile von unternehmensbezogenen Dienstleistungsunternehmen

nissen sowie die Aneignung von multikulturellen Kompetenzen eine zentrale Determinante für die Leistungsfähigkeit von
Dienstleistungsunternehmen im globalen Wettbewerb. All
dies stellt besondere Herausforderungen an das Personalma-
nagement in Dienstleistungsunternehmen.

Angesichts des fortschreitenden weltwirtschaftlichen Strukturwandels und des raschen technischen Fortschritts ist Inno-
vationsfähigkeit ein besonders wichtiges Erfolgskriterium für
moderne Unternehmensdienstleister. Innovationen bedeuten
dabei nicht nur den Einsatz neuester technologischer Kompo-
nenten. Mindestens ebenso wichtig für Dienstleistungsunternehmen ist die Fähigkeit zu permanenten Prozessinnovatio-
nen, deren Zielsetzung die Adaption innovativer Methoden
zur Verbesserung bestehender und Kreierung neuer Dienstleistungen sein muss. Die systematische Suche nach innovativen Dienstleistungskonzeptionen im Rahmen eines Service
Engineering sowie die Erschließung und Bündelung bislang
ungenutzter unternehmensinterner Potenziale durch moderne
Formen des Wissensmanagements sind wichtige Bestandteile
einer Modernisierungsstrategie, mit der eine führende internationale Wettbewerbsposition erreicht beziehungsweise ge-
sichert werden kann. Dies trägt nicht nur dazu bei bestehende
Prozesse zu optimieren, sondern schafft auch die Voraussetzung, um national und international neue Geschäftsfelder zu
erschließen.

Des Weiteren kommt bei Dienstleistungen der Reputation und
dem einem Markennamen inhärenten Qualitätsversprechen
eine einzigartige Bedeutung zu, da Dienstleistungen anders
als Sachgüter nicht vor dem Kauf auf ihre Qualität hin über-
prüft werden können. Ein etablierter Markenname stellt daher

einen hohen Eigentumswert für ein Dienstleistungsunternehmen dar, wenn er vom Markt als Ausdruck einer zu erwartenden qualitativ hochwertigen Leistung verstanden wird. Gerade der Aufbau eines „Brand Names" im Ausland stellt Newcomer vor eine besondere Herausforderung und verlangt hohe Investitionen in die Etablierung einer Marke.

Neben unternehmensspezifischen Faktoren beeinflussen die wirtschaftspolitischen Rahmenbedingungen ebenfalls die Wettbewerbsfähigkeit von Anbietern unternehmensbezogener Dienstleistungen. Zu einer zentralen Standortbedingung, die gerade für die wissensintensiven Dienstleistungsunternehmen relevant ist, gehört die Verfügbarkeit hoch qualifizierter Arbeitskräfte. Diese müssen im Bereich der auslandsorientierten unternehmensbezogenen Dienste vor allem über kaufmännische und EDV-Kenntnisse, Kompetenzen im Umgang mit modernen Informations- und Kommunikationstechnologien und fundierte Sprachkenntnisse verfügen sowie kulturelles Einfühlungsvermögen besitzen. In Branchen, die besonders personalintensiv und einem harten Preiswettbewerb ausgesetzt sind, spielt auch das Lohnniveau eine wichtige Rolle für die Wettbewerbsfähigkeit.

Während im Allgemeinen die technischen Fachkompetenzen der Arbeitskräfte einen Wettbewerbsvorteil für deutsche Dienstleistungsunternehmen darstellen, bemängeln viele Firmenvertreter die zu geringe Dienstleistungs- und Serviceorientierung ihrer Fachkräfte (vgl. Hild et al. 1999, Seite 108). Dieses Charakteristikum deutscher Unternehmen hat stellenweise zu einem entsprechend negativen Dienstleistungsimage im Ausland geführt, das teilweise nur mit erheblichem Aufwand überwunden werden kann.

Schließlich stärken generell wirtschaftliche Rahmenbedingungen, die Dienstleistungen auch im Inland fördern und nicht behindern, die Performance von Dienstleistungsunternehmen im internationalen Wettbewerb. Dazu gehören zum Beispiel eine leistungsfähige und kostengünstige Verkehrs-, Informations- und Kommunikationsinfrastruktur sowie eine im internationalen Maßstab angemessene Ausgestaltung der Steuer- und Abgabensysteme.

Wettbewerbsposition deutscher Dienstleistungsunternehmen

Auch wenn die quantitative Bedeutung von unternehmensbezogenen Dienstleistungen für die außenwirtschaftlichen Beziehungen auf den ersten Blick nicht besonders groß zu sein scheint, ist eine Untersuchung der Frage, wie es um die Wettbewerbsfähigkeit der deutschen Anbieter von unternehmensbezogenen Dienstleistungen bestellt ist, durchaus von übergeordneter Bedeutung für die zukünftige globale Positionierung der deutschen Volkswirtschaft.

Tatsächlich tragen Dienstleistungen in Deutschland zwar rund zwei Drittel zur Entstehung des Bruttoinlandprodukts, aber nur rund 13 Prozent zum gesamten Exportvolumen der deutschen Wirtschaft bei, so dass der Umfang der direkt exportierten Dienstleistungen vergleichsweise gering ist. Und insbesondere die wissensintensiven Dienstleistungen, die sogar nur einen Anteil von rund 15 Prozent am gesamten deutschen Dienstleistungshandel mit dem Ausland haben, scheinen auf den ersten Blick noch unbedeutender zu sein. Allerdings holt der grenzüberschreitende Dienstleistungshandel von und nach

Deutschland auf. Und das gilt ganz besonders für den Handel
mit wissensintensiven und technologiebasierten unternehmensbezogenen Dienstleistungen (EDV-Leistungen, Patente
und Lizenzen, Ingenieur- und sonstige technische Dienstleistungen, Kommunikationsdienstleistungen sowie Forschung
und Entwicklung), bei dem es in den letzten Jahren zu einem
stark beschleunigten Anstieg gekommen ist. Das Exportvolumen dieser unternehmensbezogenen Dienstleistungen legte in
Deutschland zwischen 1990 und 1998 um 70 Prozent zu; die
Importe dieser Dienstleistungen stiegen um 73 Prozent (Deutsche Bundesbank 2000). Damit lagen die Zuwachsraten bei
den unternehmensbezogenen Dienstleistungsexporten und
-importen deutlich über denen des Warenhandels und etwas
über denen des gesamten Dienstleistungshandels: Beim Warenhandel nahmen im gleichen Zeitraum die Ausfuhren um 44
Prozent und die Einfuhren um 49 Prozent zu, während die gesamten Dienstleistungsexporte um 42 Prozent und die
Dienstleistungsimporte sogar um 72 Prozent anstiegen (ebd.).

Dass die unternehmensbezogenen Dienstleistungen vom Volumen her nicht sehr bedeutsam sind, sollte allerdings nicht
den Blick dafür verstellen, dass es sich gleichwohl um ökonomisch relevante Aktivitäten handelt. Unternehmensbezogene Dienstleistungen spielen eine qualitativ bedeutsame Rolle
für die zukünftige Entwicklung der deutschen Volkswirtschaft. Sie erfordern ein hohes Maß an Qualifikation bei den
Beschäftigten und tragen dadurch zur Erzielung einer größeren gesamtwirtschaftlichen Produktivität bei, was die alles
entscheidende Voraussetzung für die Aufrechterhaltung und
weitere Steigerung des hohen Einkommensniveaus in
Deutschland ist. Wissensintensive und technologiebasierte
Dienstleistungen sind außerdem für die künftige Arbeitstei-

lung zwischen industriellem und Dienstleistungssektor bedeutsam.

Ferner handelt es sich hierbei um Dienstleistungen, denen wegen der immer größer werdenden Bedeutung des Faktors Information im sich global verschärfenden Wettbewerb zwischen Unternehmen und Ländern eine zentrale Funktion zu-
kommt. Nicht zuletzt ihre Verbreitung und ihre Leistungsfähigkeit im internationalen Vergleich schaffen die Voraussetzungen, um einen raschen und erfolgreichen Wandel hin zu
der so genannten „New Economy" zu realisieren (vgl. Kelly
1998). Daher ist es besonders bedenklich, dass sich der deutsche Handel mit dem Ausland bei wissensintensiven und technologischen Dienstleistungen seit geraumer Zeit im Defizit
befindet. Seit 1991 weist der deutsche Außenhandel nicht nur
dort, sondern auch bei allen unternehmensbezogenen Dienstleistungen zusammengerechnet einen negativen Saldo auf. Im
Jahr davor wurde noch ein Überschuss von 560 Millionen DM
erzielt. Mittlerweile besteht ein Defizit von deutlich mehr als
drei Milliarden Mark im internationalen Handel mit unternehmensbezogenen Dienstleistungen. Neuere Studien ziehen unter anderem aus dieser Tatsache den Schluss, dass die deutschen unternehmensnahen Dienstleistungsanbieter im globalen Wettbewerb einen starken Nachholbedarf gegenüber vergleichbar entwickelten Volkswirtschaften und insbesondere
gegenüber Dienstleistungsunternehmen aus den angelsächsischen Ländern haben (vgl. O'Farrell et al. 1999, Hild et al.
1999, Schultz und Weise 1999).

Auch die negative Direktinvestitionsbilanz wird gelegentlich
als Indiz für eine mangelhafte Wettbewerbsfähigkeit des deutschen Dienstleistungssektors angesehen. So betrug der Be-

stand an Direktinvestitionen ausländischer Unternehmen aus den Bereichen der unternehmensbezogenen Dienstleistungen 1997 in Deutschland rund 11,5 Milliarden DM. Verglichen mit den Direktinvestitionen deutscher Unternehmen im Ausland in Höhe von acht Milliarden DM ergab sich 1997 demnach aus deutscher Sicht ein negativer Saldo in Höhe von 3,5 Milliarden DM. Folgt man der Auffassung, dass Direktinvestitionen im Ausland vor allem dann vorgenommen werden, wenn der Investor über Wettbewerbsvorteile gegenüber den Unternehmen des Ziellandes verfügt, wird man den negativen Saldo Deutschlands als Indikator für die Wettbewerbsschwäche deutscher unternehmensnaher Dienstleister interpretieren. Für diese Sichtweise spricht auch, dass die deutschen Dienstleistungsbranchen lediglich gegenüber Entwicklungsländern Überschüsse in der Direktinvestitionsbilanz aufweisen. Dagegen sind in der Saldierung mit den entwickelten Ländern fast ausnahmslos Defizite zu verzeichnen.

Gegen die Interpretation, die aus den negativen Direktinvestitionssalden eine Wettbewerbsschwäche der deutschen Unternehmensdienstleister ableitet, spricht allerdings die Tatsache, dass eines der Hauptmotive für das Auslandsengagement der Dienstleister darin besteht, ihren Kunden aus der Industrie ins Ausland zu folgen. Insofern muss der Negativsaldo bei den Direktinvestitionen der unternehmensbezogenen Dienstleistungen spiegelbildlich zur negativen Direktinvestitionsbilanz des deutschen Verarbeitenden Gewerbes gesehen werden.

Zur Beurteilung der Wettbewerbsfähigkeit der deutschen Unternehmensdienstleister kann ein Vergleich mit ihren Konkurrenten aus den Vereinigten Staaten einige interessante Ergebnisse bieten. Die langjährige erfolgreiche ausländische Prä-

Renditen von amerikanischen Tochterunternehmen im Ausland und von Töchtern ausländischer Unternehmen in den USA Durchschnitt 1992 – 1996, in Prozent

Branche	Rendite von U.S.-Töchtern im Ausland	Rendite ausländischer Töchter in den USA
Computer und Datenverarbeitung	16,8	1,9
Werbung	11,7	4,2
Leasing von Ausrüstungen	6,8	2,2
Ingenieurdienstleistungen, Architekten, Projektbeaufsichtigung	15,6	10,3
Buchführung, Wirtschaftsführung	7,9	n.v.
Managementdienstleistungen, Unternehmensberatung, Public Relations	7,3	n.v.
Rechtsberatung	25,4	–13,4
Insgesamt	**13,5**	**– 0,1**

Rendite = Einnahmen aus ausländischen Direktinvestitionen · 100 / Bestand an ausländischen Direktinvestitionen
n.v. = nicht verfügbar

Quelle: Bureau of Economic Analysis (entnommen aus Hild et al. 1999, S. 91)

Abbildung 15: Renditen ausländischer Tochterunternehmen

senz amerikanischer Unternehmen in fast allen unternehmensbezogenen Dienstleistungsbranchen legt bereits die Ver-
mutung nahe, dass dies etwas mit ihrer starken Wettbewerbsfähigkeit und Profitabilität zu tun haben könnte. Tatsächlich
konnten die amerikanischen Unternehmensdienstleister, die
1996 über einen Direktinvestitionsbestand im Ausland von
22,4 Milliarden US-Dollar verfügten, auf den ausländischen
Märkten mit Abstand höhere Renditen erwirtschaften, als dies
den Tochtergesellschaften ausländischer Unternehmen in den
USA gelang. Dies offenbart ein Renditevergleich von Auslandsniederlassungen amerikanischer multinationaler Dienstleistungsunternehmen mit Tochtergesellschaften von ausländischen Unternehmen in den USA (vgl. Abbildung 15).

Die Tochtergesellschaften ausländischer Dienstleistungsunternehmen in den USA konnten im Durchschnitt der Jahre
1992 bis 1996 und im Durchschnitt aller Branchen keine positive Rendite erzielen. Lediglich Werbeagenturen, Leasingunternehmen und Computer- und DV-Firmen gelang es, eine
geringe Verzinsung ihres eingesetzten Kapitals zu erwirtschaften. Im Unterschied dazu agierten die Niederlassungen
amerikanischer Dienstleistungsunternehmen äußerst profitabel. Besonders in den Branchen Rechtsberatung (25 Prozent
Rendite), Computer und Datenverarbeitung (17 Prozent), In-
genieurdienstleistungen (16 Prozent) und Werbung (12 Prozent) erreichten die Renditen zweistellige Werte. Die hohe
Profitabilität macht unmittelbar erklärlich, warum viele amerikanische Dienstleistungsunternehmen einen im Vergleich
zum Rest der US-Wirtschaft überdurchschnittlich großen Anteil ihrer Geschäfte im Ausland tätigen. So konnten beispielsweise allein die Tochtergesellschaften amerikanischer EDV-
Dienstleister 1995 im Ausland mit einem Umsatz von mehr

als 22 Milliarden US-Dollar einen deutlich höheren Wert ver-
buchen als die ausländischen Tochtergesellschaften aller amerikanischen Industrieunternehmen zusammen, die im Vergleich dazu nur auf einen Auslandsumsatz von 18,6 Milliarden US-Dollar kamen (vgl. Hild et al. 1999, Seite 90).

Gründe für Wettbewerbsschwächen deutscher Unternehmensdienstleister

Für den in aktuellen Studien festgestellten Rückstand der
deutschen unternehmensbezogenen Dienstleistungsunternehmen auf den internationalen Märkten lassen sich einige Ursachen identifizieren. Zunächst ist festzustellen, dass der Boom
bei den Dienstleistern in Deutschland im Unterschied zu den
angelsächsischen Ländern erst vor wenigen Jahren eingesetzt
hat. Positiv betrachtet hat dies viel mit der Stärke der deutschen Industrie und ihren wirtschaftlichen Erfolgen auf den
Auslandsmärkten zu tun, die in weiten Teilen auf ihren technologisch weit entwickelten und qualitativ hochwertigen Produkten beruht. In steigendem Maße suchen jedoch nicht nur
immer mehr deutsche Dienstleistungsunternehmen ihre Er-
folgschancen auf den globalen Märkten, auch viele Unternehmen des Verarbeitenden Gewerbes erkennen mittlerweile die
Bedeutung von Dienstleistungen für ihren Absatzerfolg im internationalen Wettbewerb. Denn in Märkten mit weitgehend
standardisierten oder leicht vergleichbaren Waren stellt der
Produktservice oft das wesentliche Differenzierungsmerkmal
zwischen den Herstellern dar und ist für den Kunden somit ein
wichtiges und häufig ausschlaggebendes Kaufargument.

Ein weiterer Grund für die „Dienstleistungsverspätung" in Deutschland ist darin zu sehen, dass der Trend zum Outsourcing von Dienstleistungen in Ländern wie den USA und Großbritannien deutlich früher begonnen hat. Die Auslagerung von bisher im Industrieunternehmen erbrachten Dienstleistungen bietet den Dienstleistungsunternehmen neue Geschäftsperspektiven. Die damit gemachten Erfahrungen und entstehenden Referenzmodelle erhöhen die Chancen, solche Dienstleistungen auch auf internationalen Märkten erfolgreich anzubieten. Auch die bereits früh einsetzende Globalisierung der angelsächsischen Industrieunternehmen, die in ihrer internationalen Expansion von einheimischen Unternehmensdienstleistern begleitet wurden, führte zu entsprechenden Erfahrungsvorsprüngen im internationalen Geschäft. Hinzu kommen einige branchenspezifische Gründe, die die deutschen Dienstleistungsunternehmen im internationalen Wettbewerb in eine nachteilige Ausgangsposition versetzt haben und die umgekehrt dafür verantwortlich sind, dass insbesondere die US-amerikanischen und teilweise auch britischen Unternehmen auf vielen Dienstleistungsmärkten weltweit führend sind. Dies soll im Folgenden an zwei Branchen exemplarisch verdeutlicht werden.

Im Bereich der Finanzdienstleistungen resultiert ein wichtiger Wettbewerbsvorsprung für amerikanische und britische Unternehmen aus der Tatsache, dass mit New York und London die beiden führenden Finanzplätze der Welt in den angelsächsischen Ländern liegen. Die Konzentration von Humankapital an diesen Standorten schafft die Möglichkeit, Ressourcen produktivitätssteigernd zu bündeln. Erst in jüngster Vergangenheit konnte – auch begünstigt durch die Ansiedlung der Europäischen Zentralbank – mit Frankfurt ein kontinentaleuropäischer Finanzplatz zu den beiden führenden Standorten tendenziell aufschließen. Doch nicht nur beim Handel mit Wertpapieren, Devisen und anderen Finanzprodukten besitzen die angelsächsischen Länder Standortvorteile aufgrund institutioneller, rechtlicher, steuerlicher und gesellschaftlicher Gegebenheiten. Auch Leasingunternehmen fanden bislang in diesen Ländern günstigere Rahmenbedingungen für ihre geschäftlichen Aktivitäten vor. Während sich das Leasing von Anlagegütern in den USA bereits seit Beginn der zweiten Hälfte des 20. Jahrhunderts stark verbreitete, hat sich das Leasing in Deutschland erst mit einiger Verspätung durchgesetzt. So lag die gesamtwirtschaftliche Leasingquote in den 60er Jahren in Deutschland bei unter einem Prozent. Seitdem hat diese Finanzierungsalternative kontinuierlich am Bedeutung gewonnen. Heute werden bereits rund 20 Prozent der Anlagegüter in Deutschland geleast. Es ist davon auszugehen, dass sich dieser Wert in Zukunft noch weiter erhöhen wird. Auch das Leasing von mobilen Gütern verbreitet sich zunehmend, wie die Zuwachsraten bei den herstellergebundenen und -ungebundenen Fahrzeugfinanzierern zeigen.

Bei der Datenverarbeitung und den modernen Informations- und Kommunikationstechnologien sowie den dazugehörigen Dienstleistungen waren und sind die USA auf etlichen Feldern ebenfalls das weltweit führende Land. Zahlreiche innovative Hard- und Softwareentwicklungen stammen von US-amerikanischen Unternehmen, denen es dadurch auch gelingt, de facto einige weltweit gültige Standards zu setzen. Dies verschafft auch den amerikanischen IT-Dienstleistern immer wieder entscheidende Vorsprünge vor der internationalen Konkurrenz, die erst auf einigen Gebieten wieder aufgeholt werden konnten.

Schließlich besitzt gerade die amerikanische Wirtschaft noch einige allgemeine Wettbewerbsvorteile. Dazu zählen die englische Sprache als moderne lingua franca, die weit gehende internationale Verbreitung von amerikanischen Rechnungslegungsvorschriften und von Bestandteilen des Rechtssystems, die sich quasi zu eigenen Exportschlagern entwickelt haben.

Strategien zur Verbesserung der Wettbewerbsfähigkeit von Dienstleistungsunternehmen

Trotz der wachsenden Möglichkeiten, Dienstleistungen im Inland zu erstellen und mittels der modernen Informations- und Kommunikationstechnologien über Grenzen zu transferieren, ist der Aufbau von Präsenzen vor Ort nach wie vor die erfolgversprechendste Internationalisierungsstrategie für die meisten Dienstleistungsunternehmen. Nur durch Direktinvestitionen lassen sich ausländische Märkte vollständig und effektiv erschließen. Zu einer erfolgreichen Globalisierungsstrategie gehört daher, dass die Entsendung von Mitarbeitern ins Ausland oder die Dienstleistungserbringung mit ausländischen Kooperationspartnern langfristig durch die Gründung von Repräsentanzen, Auslandsniederlassungen und andere Investitionen in die lokale Infrastruktur ergänzt wird.

Als einen weiteren Grund für Wettbewerbsschwächen des deutschen Dienstleistungssektors haben Befragungen und Untersuchungen identifiziert, dass eine größere Zahl der deutschen Unternehmensdienstleister im internationalen Vergleich Größennachteile aufweisen. Auf globalen Märkten ist ein erfolgreiches Engagement jedoch häufig erst nach Überschreiten einer kritischen Größe möglich, um Kundenwünschen nach größtmöglicher Flexibilität und einem umfassenden Leistungsangebot entsprechen zu können. Um diesen Anforderungen gerecht werden und um Synergieeffekte nutzen zu können, sollten vor allem die deutschen kleinen und mittelständischen Dienstleister verstärkt Netzwerke bilden oder sich um ortsansässige Kooperationspartner bemühen. Die Bandbreite solcher Kooperationsformen erstreckt sich dabei von einer engen Zusammenarbeit zwischen den Kunden und Lieferanten über regionale Netze bis hin zu strategischen Allianzen zwischen globalen Dienstleistern. Die Bereitschaft und Fähigkeit zur Einbindung in regionale und globale Netzwerke spielt für den Ausbau der Wettbewerbsfähigkeit des Dienstleistungsstandorts Deutschlands eine zentrale Rolle (vgl. Bullinger 1997).

Hierbei bieten sich auch der staatlichen Außenwirtschaftsförderung noch zahlreiche Möglichkeiten, um den Internationalisierungsprozess gerade der kleinen und mittelständischen Dienstleistungsunternehmen zu unterstützen. Dazu gehört etwa die Verbesserung der Informationen über ausländische Dienstleistungsmärkte, die Unterstützung von Auftritten auf Dienstleistungsmessen im Ausland oder die Weiterentwicklung von speziellen Förderprogrammen, die der finanziellen Absicherung im Dienstleistungsgeschäft (zum Beispiel bei Betreibermodellen) dienen (vgl. O'Farrel 1999, Seite 116 ff.). Erste Ansätze in dieser Richtung weist das vom Bundeswirtschaftsministerium vorgelegte „Aktionsprogramm Dienstleistungswirtschaft 2000" auf (vgl. BMWi 1997).

Darüber hinaus sind noch immer etliche Dienstleistungsmärkte abgeschottet und verhindern so den freien Wettbewerb für nationale und internationale Anbieter. Uneinheitliche technische Normen und berufsrechtliche Sondervorschriften erschweren teilweise selbst den aus Ländern der Europäischen Union stammenden Unternehmensdienstleistern den Gang in ihre Nachbarländer. Ebenso förderlich für die Internationalisierung der Dienstleistungsmärkte wäre die Schaffung eines einheitlichen Urheberrechts, die Abschaffung von Zöllen bei den Informationstechnologien und bei der Besteuerung von Lizenzen (vgl. O'Farrell et al. 1999, Seite 142). Für entsprechende Vereinbarungen existiert mit der Welthandelsorganisation WTO eine geeignete Institution, auch wenn die weitere Liberalisierung im Dienstleistungsbereich durch das Scheitern der Ministerrunde in Seattle Ende 1999 einen empfindlichen Rückschlag erlitten hat. Handlungsbedarf besteht aber durchaus auch im Rahmen der Europäischen Union, da der Europäische Binnenmarkt in zahlreichen Bereichen der unternehmensbezogenen Dienstleistungen in der Praxis noch nicht als vollendet angesehen werden kann.

Gerade für wissensintensive Dienstleistungen gilt, dass ohne eine ausreichende Zahl qualifizierter und international orientierter Arbeitskräfte keine Erfolge im Auslandsgeschäft möglich sind. Daher kommt sowohl der staatlich verantworteten Ausbildung an Schulen und Hochschulen als auch der betrieblichen Ausbildung und Weiterqualifizierung eine entscheidende Bedeutung zu. Vor dem Hintergrund des Wandels von der Industrie- zur Dienstleistungsgesellschaft und des Globalisierungstrends ist die Flexibilisierung der Bildungssysteme und die Orientierung an den zukünftigen fachlichen, sozialen und kulturellen Anforderungen der globalen Wirtschaft eine der zentralen Gestaltungsaufgaben unserer Gesellschaft, was nicht nur der Sicherung der zukünftigen Wettbewerbsfähigkeit der deutschen Wirtschaft dient.

Dringend überwunden werden muss weiterhin auch das Problem der zu geringen öffentlichen Wahrnehmung und mangelnden Aufmerksamkeit, die der Dienstleistungssektor in Politik und Gesellschaft findet. Dazu gehört auch die Verbesserung der statistischen Erfassung des tertiären Sektors, die das mangelhafte Bewusstsein über den Bedeutungszuwachs von Dienstleistungen geradezu versinnbildlicht.

Die Förderung von hoch entwickelten unternehmensbezogenen Dienstleistungen ist jedoch nicht nur um ihrer selbst willen sinnvoll und notwendig. Sie spielt auch für die zukünftigen Exporterfolge der deutschen Industrie eine Schlüsselrolle. Denn die Wettbewerbsvorteile der deutschen Industrie liegen bei technologisch entwickelten und humankapitalintensiven Gütern. Für deren Produktion und Vermarktung bedarf es in Zukunft vermehrt hochwertiger und moderner Dienstleistungen.

Dies ist umso mehr notwendig, als die deutsche Volkswirtschaft im Zuge der Intensivierung der internationalen Arbeitsteilung weitere Wertschöpfungsbestandteile mit geringerer Technologie- und Humankapitalintensität an andere, sich entwickelnde Länder verlieren wird. Um das Einkommensniveau in Deutschland zu halten, ist es daher auch zukünftig notwendig, hochwertige Produkte mit hoch produktivem Arbeitseinsatz zu erstellen. Deutschland muss daher seine Anstrengungen verstärken, um neue komparative Vorteile mit der Verknüpfung von hoch entwickelten Industrieprodukten und wissensintensiven Dienstleistungen zu entwickeln.

Perspektiven der globalen Dienstleistungs-wirtschaft

War das bisher gültige Muster der Internationalisierung von Dienstleistungen aus Deutschland heraus die Begleitung der Industrieunternehmen im Rahmen ihrer Globalisierung, so entwickelt sich seit einiger Zeit ein eigenständiger globaler Markt für Dienstleistungen. Dies ist einerseits Ausdruck der Globalisierung der Weltwirtschaft und andererseits des generellen Bedeutungsgewinns von Dienstleistungen im Wirtschaftsgeschehen. Für beide Entwicklungen haben die modernen Informations- und Kommunikationstechnologien wesentliche Voraussetzungen geschaffen. In der nächsten Entwicklungsstufe der globalen Dienstleistungswirtschaft werden vermehrt Dienstleistungen selber die Systemführerschaft beim Gang auf die globalen Märkte übernehmen. Dann werden – in Umkehrung des traditionellen Musters – zumindest auf Teilmärkten die Industrie- den Dienstleistungsunternehmen folgen. Dies wird die Globalisierung von Dienstleistungen in eine neue Dimension führen.

Neue und umwälzende Perspektiven verspricht auch der Bedeutungszuwachs, den unternehmensbezogene und alle übrigen wissensintensiven Dienstleistungen durch die rapide Verbreitung von Internet und Electronic Commerce erhalten werden. Der elektronische Geschäftsverkehr könnte in wenigen Jahren bis zu einem Drittel der Wertschöpfung in den entwickelten Volkswirtschaften beeinflussen (vgl. Schuknecht, Pérez-Esteve 1999). Seine Auswirkungen werden etliche Dienstleistungsbranchen stark betreffen. Traditionelle Kommunikationsleistungen werden durch internetbasierte Formen des Telefonierens oder von Video-Konferenzen und durch E-Mail ergänzt beziehungsweise verdrängt. Neue Herausforderungen und Möglichkeiten ergeben sich insbesondere auch für den Groß- und Einzelhandel, für Finanzdienstleistungen, IT-Services sowie zahlreiche andere unternehmensbezogene Dienstleistungen. Das Internet ist dabei, sich zu einer weltumspannenden Infrastruktur für neue konsumenten- und unternehmensorientierte Dienstleistungen zu entwickeln (vgl. Bullinger 1997). Als „Economic Web" bildet es den Fokus, um den herum sich eine neuartige globale Dienstleistungswirtschaft gruppieren wird.

Internationalisierung der Dienstleistungen

Ein grafisches Portrait*

---

* Erstellt von IW Consult (Bearbeiter: Dr. Karl Lichtblau)

I. Megatrends
im Strukturwandel

1. Tertiarisierung – der erste Megatrend

Die fortschreitende Tertiarisierung der Weltwirtschaft ist ein Megatrend im Strukturwandel. Der Anteil der Dienstleistungen am Weltsozialprodukt ist von 56 Prozent (1980) auf heute etwa 67 Prozent gestiegen. Diese Entwicklung kann sowohl in den Industrie- als auch in den Entwicklungsländern beobachtet werden. Trotz einer leichten Annäherung dieser beiden Ländergruppen bleiben immer noch erhebliche Unterschiede im Niveau der Tertiarisierung. In den OECD-Ländern entfallen auf die Dienstleister etwa 69 Prozent des Sozialproduktes – in den anderen Regionen sind es nur 53 Prozent. Dies lässt sich auf die immer noch erheblichen Unterschiede im Pro-Kopf-Einkommen und Entwicklungsstand zurückführen.

Zurückgefallen im Strukturwandel sind die Landwirtschaft (Rückgang von 7 auf 4 Prozent) und die Industrie (– 7 Prozentpunkte). Vor allem das Verarbeitende Gewerbe hat an Bedeutung verloren. 1980 war die Branche noch für ein Viertel des weltweiten Sozialprodukts verantwortlich – heute ist es nur noch ein Fünftel. Diese De-Industrialisierung betrifft hauptsächlich die OECD-Länder. Kaum verändert hat sich die Bedeutung der Branche hingegen in den Entwicklungsländern, wo sie heute mit 25 Prozent in etwa das gleiche Gewicht wie 1980 hat. Als ein Grund dafür kann sicher angeführt werden, dass die Globalisierung gerade diesen Ländern das Eindringen in neue lukrative Märkte für Industriewaren erleichtert hat.

Dieser weltweite Dienstleistungs-Boom kommt keineswegs überraschend. Er steht im Einklang mit der Entwicklungstheorie, wonach sich Volkswirtschaften mit steigenden Pro-Kopf-Einkommen von Agrar- über Industrie- zu Dienstleistungsgesellschaften entwickeln.

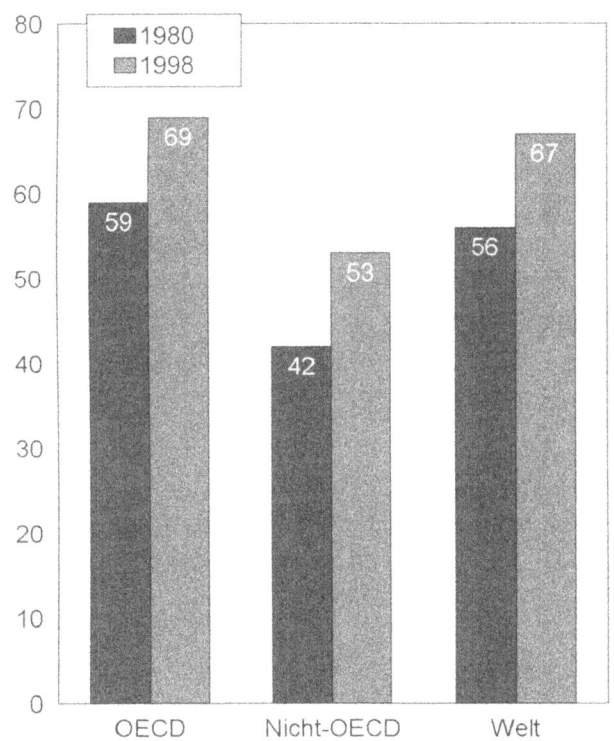

**Dienstleister weltweit
auf dem Vormarsch**

Anteil der Dienstleistungen am nominalen Sozialprodukt

Quellen: World Bank, IW-Köln

2. Globalisierung – der zweite Megatrend

Der zweite maßgebliche Trend im Strukturwandel ist die Globalisierung der Weltwirtschaft. Mehr als früher ist heute der Weltmarkt der relevante Markt für Unternehmen, wenn es um die Auswahl von Produktionsstandorten, Beschaffungsquellen, Absatzgebieten oder Standorten für Forschung und Entwicklung geht. Dies eröffnet den Unternehmen neue Chancen, schafft aber gleichzeitig Druck durch neue Konkurrenten.

Die Globalisierung lässt sich durch einen Vergleich der außen- und binnenwirtschaftlichen Entwicklung veranschaulichen. Die grenzüberschreitenden Aktivitäten wuchsen dynamischer als die inländische Wertschöpfung. Das (nominale) Sozialprodukt der Industrieländer hat sich von 1985 bis 1998 verdoppelt. Die Exporte haben sich in dieser Zeit verdreifacht, die auf internationalen Märkten aufgelegten Anleihen sowie aufgenommenen Kredite mehr als versechsfacht, und die Direktinvestitionen haben sich sogar verzehnfacht.

Gerade Direktinvestitionen sind in den letzten Jahren geradezu explodiert. Die Abflüsse aus den OECD-Ländern stiegen von 400 Mrd. US-$ (1997) auf 566 Mrd. US-$ (1998). Angetrieben wurde dies vor allem durch grenzüberschreitende Merger & Aquisition. 60 Prozent aller Direktinvestitionen entfallen alleine darauf; in den USA sind es sogar 80 Prozent. Auch die Finanzmärkte sind auf Wachstumskurs. Das Volumen im globalen Derivate-Handel stieg von 13,5 Mrd. US-$ (1993) auf etwa 65 Mrd. US-$ (1998). Jeden Tag werden Devisengeschäfte in Höhe von 1 500 Mrd. US-$ getätigt. Das entspricht etwa fünf Prozent des in einem Jahr erwirtschafteten Weltsozialproduktes.

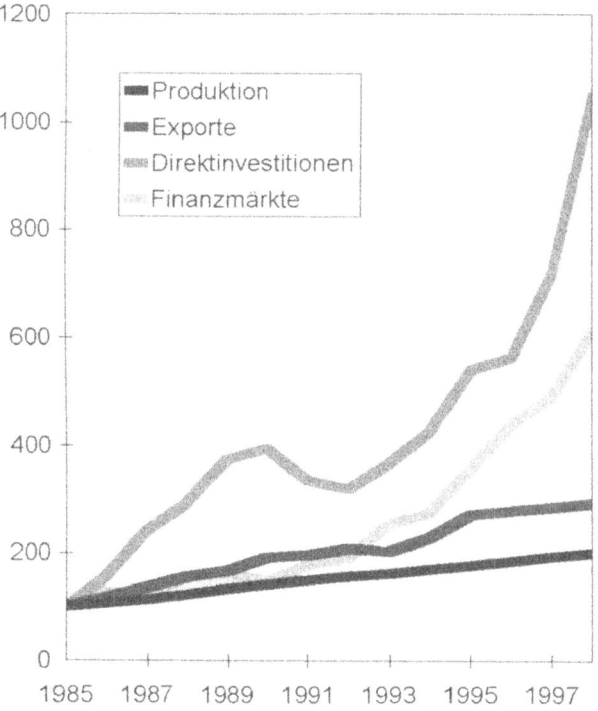

Die Globalisierungs-Schrittmacher

Index Industrieländer 1985 bis 1998 (1985 = 100)

Angaben in jeweiligen Preisen; Finanzmärkte: auf internationalen Märkten aufgelegte Anleihen und Kredite
Quellen: IWF, OECD, UN, IW-Köln

3. Die Megatrends in Deutschland

Die beiden Megatrends – Tertiarisierung und Globalisierung – prägen auch den Strukturwandel in Deutschland.

Der Anteil der Dienstleistungsbranchen an der nominalen Wertschöpfung stieg von 62 (1991) auf gut 68 Prozent (1999). Zwei von drei Beschäftigten finden heute dort ihren Arbeitsplatz – 1991 waren es erst 59 Prozent. In einigen Ländern ist dieser Tertiarisierungsgrad noch höher. So werden in den USA heute drei von vier Arbeitsplätzen von Dienstleistungsunternehmen angeboten. Blickt man aber auf das Tätigkeitsprofil, gibt es keine großen Unterschiede mehr zwischen Deutschland und den USA. Fast 80 Prozent der Erwerbstätigen in der Gesamtwirtschaft sind mit Dienstleistungstätigkeiten befasst.

Auch die deutsche Wirtschaft wird immer globaler. Das Sozialprodukt ist zwischen 1991 und 1998 etwa um ein Drittel gewachsen. Etwa mit gleicher Rate legten die Dienstleistungsausfuhren zu. Bei den Warenexporten ist sogar ein Plus von 43 Prozent zu verzeichnen. Noch dynamischer haben sich die Direktinvestitionen entwickelt, die trendmäßig mehr als um den Faktor 5 schneller wuchsen als das Sozialprodukt.

Die Globalisierung der Märkte zeigen auch die steigenden Marktanteile ausländischer Anbieter an der Inlandsnachfrage (definiert als Produktionswert plus Importe minus Exporte einer Branche) eines Landes. Diese „Importpenetration" hat in jedem OECD-Land seit 1980 erheblich zugenommen. Dies verdeutlicht die gewachsene wechselseitige Verflechtung der Volkswirtschaften im Zeitalter der Globalisierung. In Deutschland nahmen im Verarbeitenden Gewerbe die ausländischen Marktanteile von 20 (1980) auf 32 Prozent (1998) zu.

Strukturwandel in Deutschland

Tertiarisierung

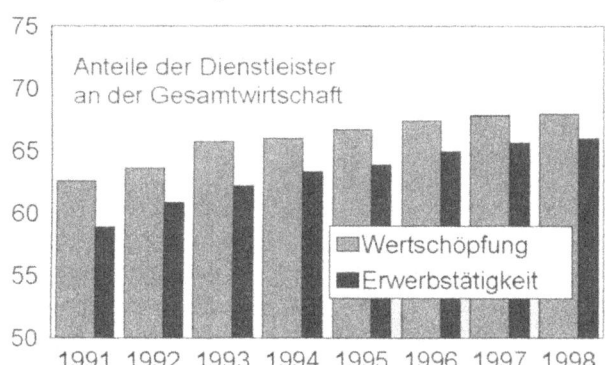

Globalisierung

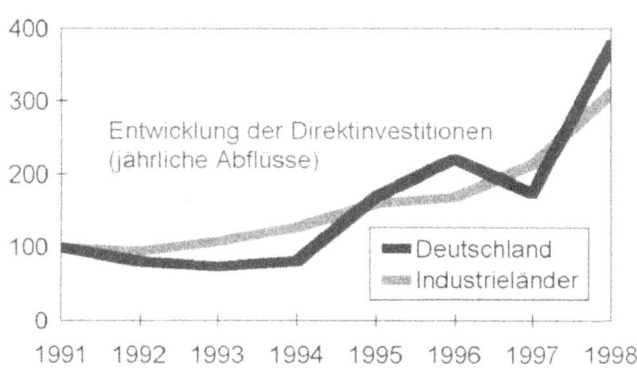

Quellen: Statistisches Bundesamt, UN, OECD, IW-Köln

II. Der Zusammenhang zwischen den Megatrends

4. Technologische Revolution

Die Globalisierung und der weltweite Dienstleistungs-Boom
wären ohne den rasanten technischen Fortschritt vor allem im
Bereich der modernen Informations- und Kommunikationstechnologien nicht denkbar. Sie erleichtern immer mehr die
Zerlegbarkeit von Wertschöpfungsketten und die weltweite
zentrale Koordination hochkomplexer Systeme. Informationen – und damit auch alle auf Informationen basierenden
Dienstleistungen, angefangen von Beratungen bis hin zu Kon-
struktionszeichnungen oder Software – sind heute „round the
world and round the clock" per Mausklick verfügbar. Waren
früher einzelne Teile der Wertschöpfungskette vor dem Wettbewerb geschützt, weil das gesamte komplexe Unternehmen
nur schwer verlagert werden konnte, ist heute nahezu jede einzelne Einheit regional mobil und damit globaler Konkurrenz
ausgesetzt. Erleichtert wird dies zudem noch durch den rapi-
den Preisverfall der IuK-Technik, wie etwa ein Blick auf die
Computerpreise verschiedener Prozessor-Generationen zeigt.

Dies begünstigt Dienstleistungen doppelt:

- **Exporting Services**: Die auf IuK-Technologien beruhen-
den neuen Produkte (DV-Dienste, Telekommunikation,
Software, E-Commerce) sind oft international handelbare
Dienstleistungen.

- **Servicing Exports**: Mit steigenden Warenexporten oder
Direktinvestitionen geht eine erhöhte internationale Nachfrage nach Diensten Hand in Hand. Exporte von Industriegütern ohne Finanzierung, Marktforschung, Beratung,
Wartung, Montageleistungen, Schulung oder Versicherungen sind kaum noch möglich.

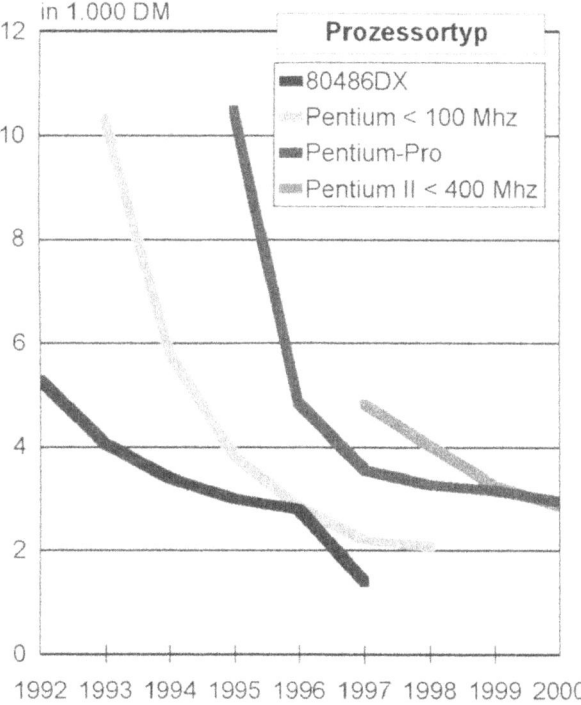

**Verkaufspreise von PCs
verschiedener Generationen**

Durchschnittspreise in Europa

Quellen: VDMA/ZVEI; EITO

5. Politische Reformen

- Ähnlich hohe Bedeutung wie die Technologie haben auch politische Faktoren zur Erklärung der zunehmenden Globalisierung und Tertiarisierung der Weltwirtschaft. Die Rahmenbedingungen haben sich entscheidend verbessert:

- Die EU hat beginnend mit dem Binnenmarktprogramm von 1985 für die Deregulierung der wichtigen Dienstleistungsmärkte Verkehr, Energie, Telekommunikation, Banken und Versicherungen gesorgt. Diese Bereiche umfassen immerhin rund 10 Prozent der gesamten Wertschöpfung der Europäischen Union. Ohne diesen Anstoß der EU, der in einzelnen Mitgliedstaaten in unterschiedlichen Nuancen und Geschwindigkeiten umgesetzt wurde, wäre beispielsweise der Boom im Telekommunikationssektor nicht möglich gewesen.

- Fortschritte bei der Handelsliberalisierung im Rahmen der so genannten Uruguay-Runde haben die Globalisierung erleichtert. Erstmals wurden in diesem Rahmen ab 1994 umfassende Regelungen zur Liberalisierung des Dienstleistungshandels und zum Schutz von geistigem Eigentum erreicht.

- Die Staaten in Mittel- und Osteuropa sowie viele Entwicklungsländer haben Marktwirtschaften eingeführt bzw. marktwirtschaftliche Grundsätze gestärkt. Rückschläge vor allem in Südostasien zeigen aber, dass dieser Prozess noch lange nicht abgeschlossen ist. Eine Ursache der Asienkrise war sicher die fehlende Transparenz im Finanzsektor dieser Länder, die von den Märkten – vielleicht zu spät und überzogen – durch massive Kapitalabflüsse sanktioniert wurde.

Impulse durch politische Reformen

6. Kausale Wechselwirkungen

Globalisierung und Tertiarisierung verbindet mehr als eine nur zufällige zeitliche Koinzidenz – es gibt kausale Wechselwirkungen. Globalisierung heißt zunächst Integration vieler Schwellen- und Entwicklungsländer in die Weltwirtschaft. Von dieser Markterweiterung profitieren Letztere durch die Intensivierung des Handels selbst. So ist mit Importen und Direktinvestitionen aus Industrieländern immer ein Technologie- und Produktivitätstransfer verbunden, der Wachstum begünstigt. Einer empirischen Untersuchung zufolge hat ein Anstieg des F&E-Kapitalstocks in den Industrieländern um ein Prozent den Output der Entwicklungsländer um 0,06 Prozent gesteigert. Ärmere Länder mit offenen Märkten können den Abstand zu den Reicheren deshalb schneller abbauen als die, die nicht in die Weltwirtschaft integriert sind. Die unmittelbare Konsequenz höherer Wirtschaftskraft ist eine steigende Dienstleistungsnachfrage, denn Dienste werden weltweit mit steigenden Einkommen überproportional nachgefragt. Die Schwellenländer haben zudem Marktanteile vor allem bei arbeitsintensiven Waren gewonnen und so weiter für steigende Einkommen gesorgt. Die etablierten Unternehmen aus den Industrieländern wurden verdrängt. Sie haben mit einem Strukturwandel hin zu Dienstleistungen oder dienstleistungsintensiveren Industriewaren reagiert und so die Tertiarisierung weiter beschleunigt. Ein Impuls kam auch durch die Intensivierung des Handels zwischen den Industrieländern. Diese haben vor allem durch Produktdifferenzierung neue lukrative Märkte erschlossen. Dienstleistungen waren oft der Schlüssel für die Kreation dieser Produkte. Dienste rund um die Industrieware (Finanzierung, Wartung, Design, Schulung, Kundendienst) wurden wichtiger und haben die Spirale angetrieben.

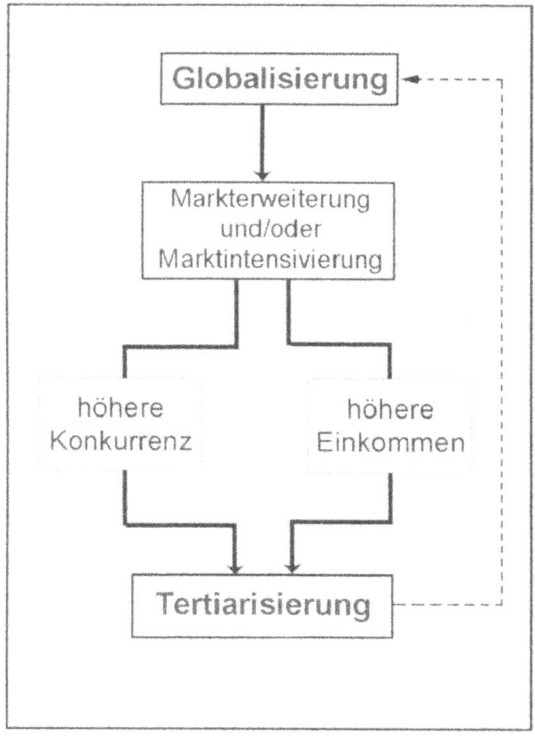

Globalisierung und Tertiarisierung
– kausale Wechselwirkungen –

III. Dienstleistungen für den Weltmarkt

7. Dienstleistungshandel

Ein unmittelbarer Beleg für die These der wachsenden Internationalisierung der Dienstleistungen liefert ein Blick auf den Dienstleistungshandel.

1998 wurden weltweit Dienstleistungen im Wert von 1 320 Mrd. US-$ exportiert – 1985 waren es erst 382 Mrd. US-$. Die Dienste sind damit seit 1985 um 245 Prozent gewachsen. Das ist deutlich mehr, als die Warenausfuhren zulegen konnten. Sie stehen mit einem Plus von nur 120 Prozent zu Buche.

Vor allem im ersten Abschnitt des Beobachtungszeitraums – von 1985 bis 1990 – sind die Dienstleistungsausfuhren mit durchschnittlich 15,6 Prozent p. a. deutlich schneller gewachsen als die Warenexporte (zwölf Prozent). In den Jahren 1990 bis 1995 hat sich die Wachstumsdifferenz auf einen halben Prozentpunkt verringert. Es wird aber erwartet, dass dieser Abstand sich im Zeitraum 1995 bis 2000 wieder auf einen Prozentpunkt erhöhen wird.

Diese Wachstumsraten dürfen nicht darüber hinwegtäuschen, dass der Welthandel auch heute vom Handel mit Industriewaren dominiert wird. Der Anteil der Dienstleistungen steigt aber: von gut 16,4 (1985) auf knapp 20 Prozent im Jahr 2000.

Diese höhere Dynamik der Dienste-Exporte gegenüber den Warenausfuhren beruht vor allem auf Preiseffekten. Die Außenhandelspreise für Dienstleistungen sind von 1990 bis 1998 um fast zwölf Prozent gestiegen; die für Industriewaren um gut sechs Prozent gefallen. Preisbereinigt – also real – sind die Warenausfuhren in den 90er Jahren schneller gestiegen als die Exporte von Dienstleistungen.

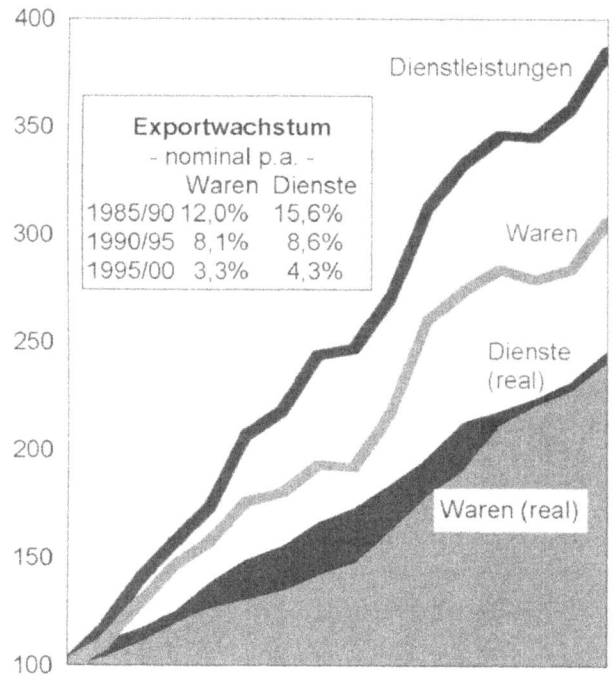

Dynamischer Welthandel mit Dienstleistungen

Index der weltweiten Waren- und Dienstleistungsausfuhren 1985 bis 2000 (1985 = 100)

Quellen: WTO, IW-Köln

8. Unternehmensnahe Dienste

Das Geschäft vieler klassischer Dienstleistungen wie Transport, Reise und Tourismus war schon immer internationalisiert. Die wachsenden Warenexporte mussten schließlich vom Produktionsort zu den Kunden im Ausland geliefert werden. So verwundert es nicht, dass in Deutschland Exportüberschüsse bei Industriewaren mit Einnahmeüberschüssen im Bereich Transport – vor allem Fracht – einhergehen. Auch wachsende Handelsvolumina bei Auslandsreisen und -tourismus können nicht überraschen. Beides sind einkommenssuperiore Güter – je wohlhabender die Menschen, umso höher der Anteil ihrer Einkommen, den sie dafür ausgeben.

Die Dynamik des internationalen Dienstleistungshandels wird aber vor allem von den unternehmensnahen Diensten angetrieben. Die Ausfuhren haben sich weltweit von 1990 bis 1998 fast verdoppelt (95 Prozent). Sie legten damit deutlich mehr zu als die internationalen Transportleistungen (40 Prozent), der Bereich Reise und Tourismus (63 Prozent), aber auch als der Warenhandel (58 Prozent). Der Anteil der unternehmensnahen Dienste an den gesamten Dienstleistungsausfuhren hat sich deshalb auch von 38 (1990) auf 44 Prozent (1998) erhöht.

Dieser Bedeutungsgewinn der unternehmensnahen Dienste zeigt, dass der Strukturwandel zu mehr Dienstleistungen auch im Außenhandel vor allem ein Phänomen der Angebotsseite ist. Auch für die Dienstleister, die oft Zulieferer für andere Branchen sind, wird der Weltmarkt immer relevanter. Aber: Die Internationalisierung der Dienstleistungen ist noch längst nicht so weit wie die der Industrie. Beispiel Deutschland: Das Verarbeitende Gewerbe exportierte 1999 rund 37 Prozent des Produktionswertes – die Dienstleister nur 3,5 Prozent.

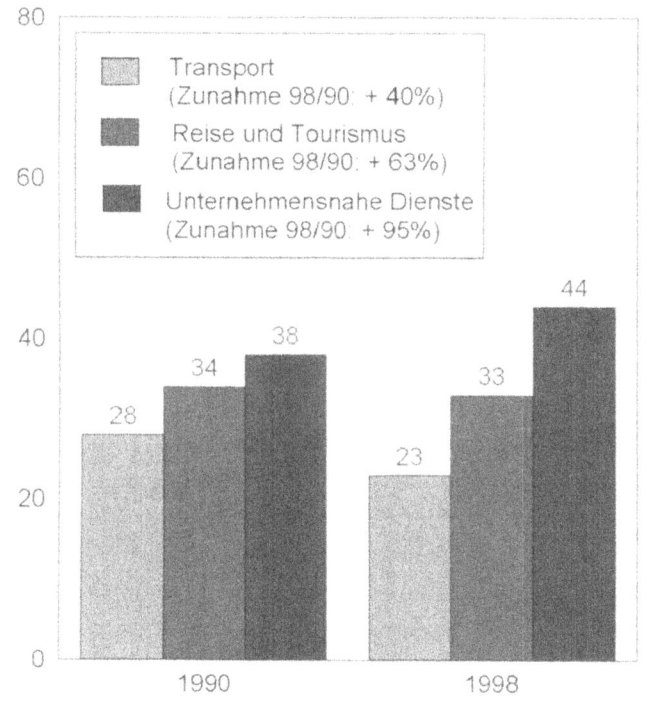

**Antrieb durch
unternehmensnahe Dienste**

Anteil der weltweiten Ausfuhren nach
Dienstleistungsbereichen in Prozent

Transport
(Zunahme 98/90: + 40%)

Reise und Tourismus
(Zunahme 98/90: + 63%)

Unternehmensnahe Dienste
(Zunahme 98/90: + 95%)

Quellen: WTO, IW-Köln

9. Direktinvestitionen der Dienstleister

Ein weiterer Indikator zum Beleg der These einer wachsenden Internationalisierung der Dienstleistungen ist die Entwicklung der sektoralen Struktur der Direktinvestitionen der Industrieländer.

Der Anteil der Dienstleistungsunternehmen an den Direktinvestitionsbeständen der Industrieländer im Ausland stieg deutlich an – und zwar von 46 (1988) auf 56 Prozent (1997). Diesen Strukturwandel begleitete gleichzeitig eine stark steigenden Kapitalakkumulation, denn die Direktinvestitionsbestände haben sich in diesen neun Jahren verdreifacht. Innerhalb des Dienstleistungssektors dominieren die Finanzinstitute, deren Anteil an den Direktinvestitionen aller Dienstleister von 51 (1988) auf 56 Prozent (1997) gestiegen ist. Da diese Kapitalsammelstellen oft auch in andere Bereiche investieren, ist letztendlich nicht klar, in welchem Ausmaß die Dienstleistungsbranchen im Ausland das Ziel der Investitionen sind.

Für diese Entwicklung gibt es mehrere Gründe: Viele Dienstleistungen sind exportbegleitend (zum Beispiel After-Sale-Service); sie folgen den Warenexporten und Produktionsstätten ins Ausland. Zum Teil sind Dienstleistungen immer noch standortgebunden. Nur wer lokal vor Ort agiert, kann die Fühlungsvorteile nutzen und die Marktpotenziale ausschöpfen. Für Dienstleistungen gilt – wahrscheinlich – noch mehr als für Industriewaren, dass ein Know-how-Transfer etwa über Lizenzvergaben nur unvollständig möglich ist. Die Theorie der unvollständigen Verträge empfiehlt dann, anstatt einer Koordination über den Markt eine Abwicklung (Export, Lizenzen) der Geschäfte innerhalb des Unternehmens (Direktinvestitionen) vorzunehmen.

Direktinvestitionen der Industrieländer

Anteil der Dienstleistungssektoren an den
Direktinvestitionsbeständen in Prozent

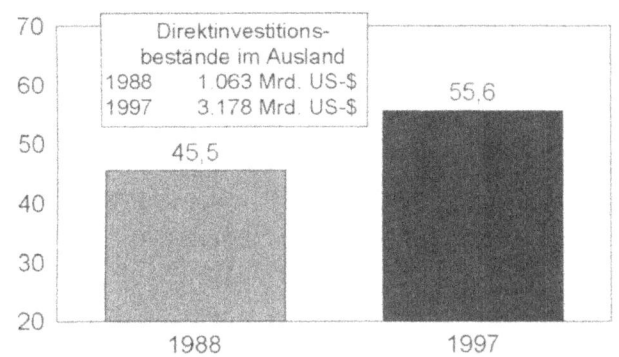

Direktinvestitionen der Dienstleister

Anteil einzelner Dienstleistungsbranchen an den
Direktinvestitionen aller Dienstleister in Prozent

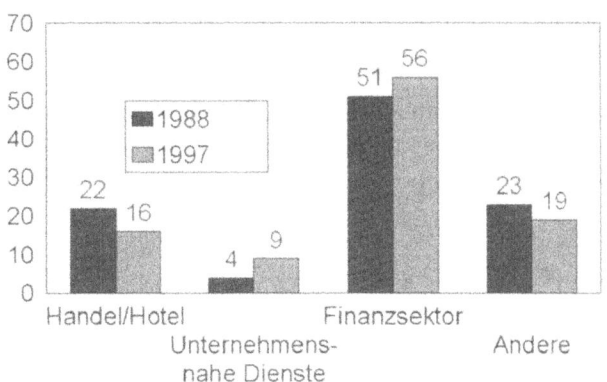

Quellen: UN, IW-Köln

10. Tochtergesellschaften im Ausland

Exporte und Direktinvestitionen können alleine kein vollständiges Bild über die Internationalisierung der Dienstleistungen zeichnen. Mit in das Blickfeld gerückt werden muss auch die Geschäftsentwicklung der ausländischen Niederlassungen. Dazu liegt für die USA auswertbares statistisches Material vor.

1997 hat die USA Dienstleistungen im Wert von 240 Mrd. US-$ ausgeführt. Die Auslandstochtergesellschaften haben Umsätze mit Dienstleistungen in Höhe von 258 Mrd. US-$ erzielt. Das Auslandsgeschäft der multinationalen Dienstleistungsunternehmen hat sich seit Mitte der 80er Jahre mehr als vervierfacht – die Dienstleistungsexporte nur etwa verdreifacht. Die Internationalisierung der Dienstleistungen läuft heute in den USA stärker über ausländische Tochtergesellschaften als über klassische Exportstrategien.

Trotz dieser Entwicklung darf nicht übersehen werden, dass selbst in den USA der Dienstleistungssektor deutlich geringer internationalisiert ist als die Industrie:

- **Exporte:** Auf Dienstleistungen entfallen 28 Prozent aller Ausfuhren, obwohl mehr als drei Viertel der Wertschöpfung im tertiären Sektor erwirtschaftet werden.

- **Auslandsumsätze:** Die US-Tochtergesellschaften erwirtschaften im Ausland eine Wertschöpfung in Höhe von 8,5 Prozent der inländischen Wertschöpfung. Im Dienste-Sektor (ohne Transport, Nachrichten und Einzelhandel) sind es nur 4,4 Prozent. Vor zehn Jahren allerdings betrugen die Quote der Dienste nur drei und die der Gesamtwirtschaft 7,9 Prozent.

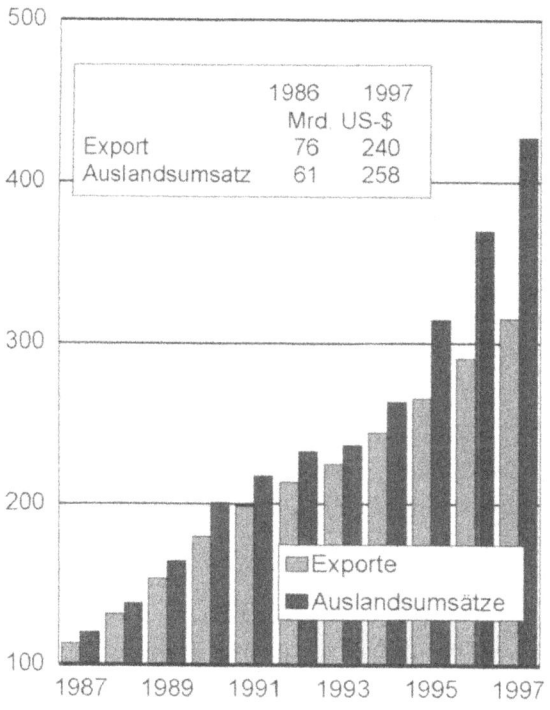

Dienstleistungen: Exporte und Umsätze von Tochtergesellschaften im Ausland

Beispiel USA (1986 = 100)

	1986	1997
	Mrd. US-$	
Export	76	240
Auslandsumsatz	61	258

Exporte
Auslandsumsätze

Quelle: US Department of Commerce

11. Indirekte Internationalisierung beachten

Der Internationalisierungsgrad der Dienstleistungen wird unterschätzt, wenn der Blick ausschließlich auf die direkten Exporte dieser Branche gerichtet wird. Berücksichtigt werden müssen auch die Dienstleistungen, die als Bestandteil von Industriewaren mit diesen indirekt exportiert werden.

Diese indirekten Exporte können für 1999 in Deutschland auf rund 157 Mrd. DM geschätzt werden – die direkten Exporte addieren sich hingegen nur zu etwa 146 Mrd. DM. So gerechnet gehen schon heute etwa sieben Prozent des Produktionswerts der Dienstleister in den Export. 1991 war das Verhältnis zwischen direkten und indirekten Dienstleistungsexporten noch in etwa ausgeglichen – indirekte Exporte sind danach bis 1999 mit einem Plus von 158 Prozent deutlich schneller gewachsen als die direkten (74 Prozent).

Der Grund dafür ist, dass die Bedeutung der Dienstleister als Zulieferer für die Industrie steigt. 1991 steckten im Umsatz der Industrie (Produzierendes Gewerbe einschließlich Landwirtschaft) nur 13 Prozent Vorleistungslieferungen aus dem Dienstleistungssektor – heute sind es fast 20 Prozent. Prognosen sehen diesen Wert in zehn Jahren sogar bei fast einem Viertel. Dahinter stecken nicht nur Outsourcing-Strategien, sondern auch die Erkenntnis, dass ohne moderne Dienstleistungen Industriewaren nicht mehr verkauft werden können. Ohne wettbewerbsfähige Dienste gibt es keine international erfolgreichen Industrieprodukte und umgekehrt. Gerade unternehmensnahe Dienstleister stehen damit zusammen mit der Industrie im internationalen Wettbewerb.

Indirekte und direkte Dienstleistungs-
exporte in Deutschland

in Milliarden DM

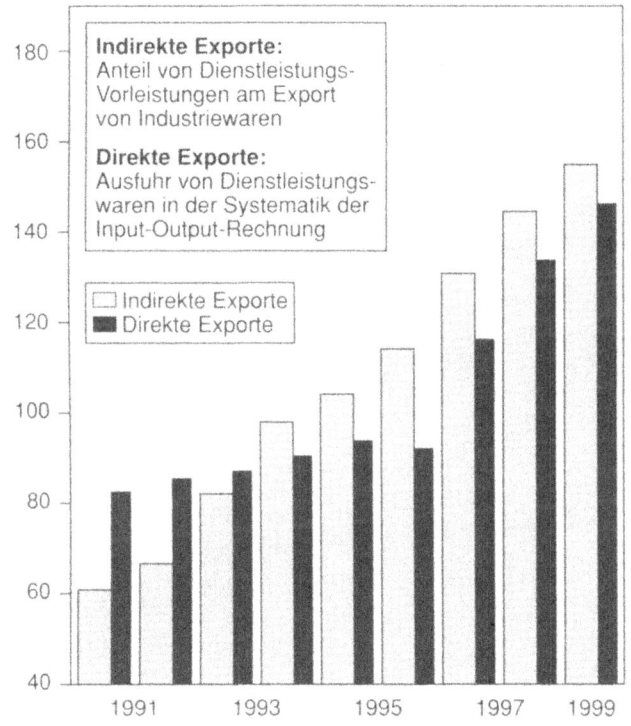

Die Daten sind mithilfe des INFORGE-Modells auf Basis von
Input-Output-Tabellen berechnet; die Werte weichen deshalb
von denen der offiziellen Außenhandelsstatistik ab.
Ab 1996 geschätzt mit INFORGE-Modell
Quellen: INFORGE, IW-Köln

IV. Ausgewählte globale Dienstleistungsmärkte

12. DV-Dienstleistungen

Der Weltmarkt für DV-Dienstleistungen kann für 1997 laut ifo-Institut auf über 660 Mrd. DM geschätzt werden – 1993 waren es erst 383 Mrd. DM. Fast die Hälfte davon entfällt auf die USA und knapp 30 Prozent auf Westeuropa. Je Einwohner gerechnet werden in den USA mit fast 1 200 DM doppelt so viele DV-Dienstleistungen nachgefragt wie in Deutschland. In diesem Markt haben amerikanische Unternehmen eine starke Stellung. Von den 30 größten DV-Dienstleistern stammen 20 aus den USA und fünf aus Europa. Deshalb ist ein Blick in die USA besonders wichtig:

- Der Markt soll dort von 1998 bis 2008 real um 10 Prozent p. a. wachsen und damit das bisherige Tempo beibehalten.

- Die Internationalisierung läuft weniger über Importe als viel mehr über Auslandstochtergesellschaften. Exporten von 3,2 Mrd. US-$ standen 1995 Umsätze der Auslandstöchter von 22,6 Mrd. US-$ gegenüber.

- Direktinvestitionen treiben die Internationalisierung weiter voran – die Bestände im Ausland haben sich alleine seit 1994 verdoppelt (USA gesamt: 60 Prozent)

Auch hier gewinnt die Branche an Bedeutung. Der Produktionswert lag 1998 bei etwa 60 Mrd. DM. Die DV-Dienstleister wuchsen zwischen 1991 und 1998 doppelt so schnell wie der Dienstleistungsbereich insgesamt. Die Beschäftigung stieg um 50 Prozent. Die Exporte haben sich von 600 Mio. DM auf fast fünf Mrd. DM mehr als versiebenfacht. Der Außenhandelssaldo bleibt aber negativ. Im laufenden Jahr wird mit einem Umsatzplus von acht Prozent gerechnet. Größte Sorge ist der seit Mitte der 90er Jahre anhaltende Fachkräftemangel.

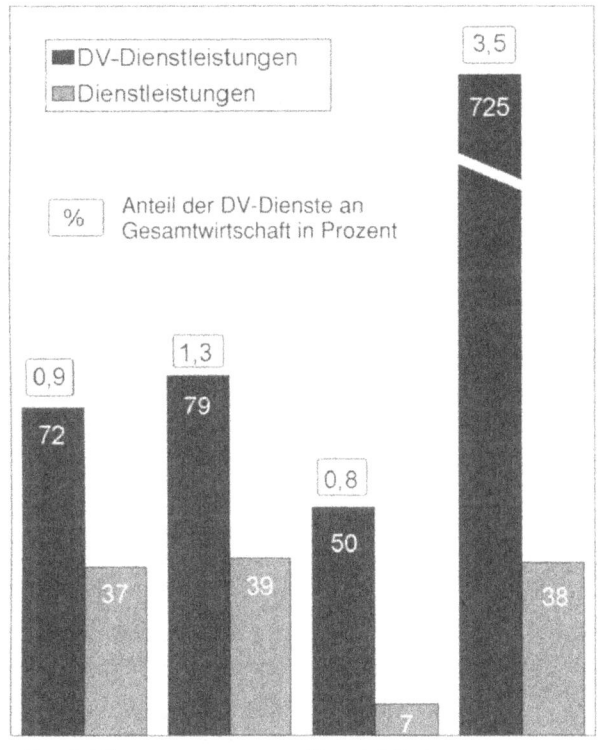

DV-Dienste auf dem Vormarsch

Wachstum 1991 bis 1998 in Prozent in Deutschland

Quellen: Statistisches Bundesamt, IW-Köln, Deutsche Bundesbank

13. Unternehmensberatung

Unternehmensberatung ist ein Markt, der von der Globalisierung besonders profitiert und den Prozess selbst als Katalysator beschleunigt. Management-Beratungsleistungen werden mit steigender Internationalisierung der Wirtschaft verstärkt nachgefragt (servicing exports and investment). Aber sie werden auch selbst immer stärker international erbracht. Dabei steht nicht – ähnlich wie bei den DV-Dienstleistern – der klassische Export im Vordergrund, sondern die Bearbeitung der Märkte durch Tochtergesellschaften oder regionale Niederlassungen großer multinationaler Beratungsunternehmen. Der überwiegende Teil dieser großen Gesellschaften hat seine Wurzeln in den USA. Bis auf wenige Ausnahmen konnten deutsche Unternehmen bisher keine ähnlichen Positionen im Ausland aufbauen.

Das Weltmarktvolumen für Unternehmensberatung wird 1999 auf 159 Mrd. DM geschätzt. Das sind 60 Prozent mehr als 1992. Für das laufende Jahr prognostiziert der Bund der Unternehmensberater (BDU) ein weiteres Wachstum auf 176 Mrd. DM (10,7 Prozent).

In Deutschland hat sich das Umsatzvolumen von 1992 bis 1999 verdoppelt. Es wird heute auf rund 21 Mrd. DM geschätzt. Für das Jahr 2000 werden Umsätze von 24 Mrd. DM erwartet. Auf die TOP-40 der Branche entfällt ein Umsatzanteil von 40 Prozent. Damit ist der Markt mittelständischer strukturiert als weltweit, denn auf dem Weltmarkt entfallen 60 Prozent des Umsatzes auf die TOP-40. Aber auch in Deutschland ist ein Trend zur Größe unverkennbar. Die Top-40 werden dieses Jahr um 19 Prozent wachsen, die mittleren schaffen nur zehn und die kleinen Unternehmen nur drei Prozent.

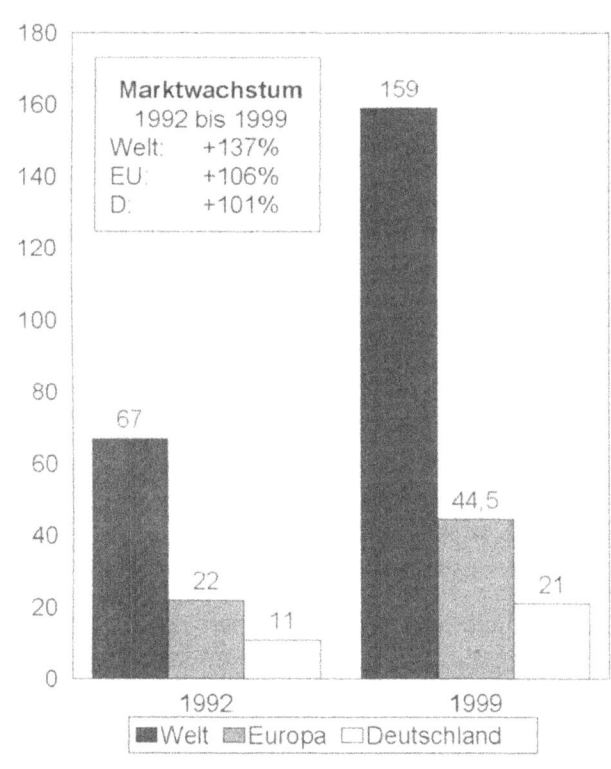

Markt für Unternehmensberatung

Umsatz in Milliarden DM

Marktwachstum
1992 bis 1999
Welt: +137%
EU: +106%
D: +101%

Quelle: BDU

14. Financial Services

Kaum eine Branche wird so von den Trends im Strukturwandel begünstigt wie die Finanzdienstleister. Drei Beispiele:

- **Tertiarisierung der Industriewaren:** Hersteller von Industriewaren bedienen heute fast die gesamte Wertschöpfungskette. Dazu gehört auch die Finanzierung in Form von Kredit- oder Leasingverträgen. Ein gutes Beispiel dafür sind die Autobanken. 1998 wurde mehr als jede dritte Neuzulassung über ein Herstellerinstitut finanziert. Die Bilanzsumme der Autobanken stieg von 58 Mrd. DM (1992) auf über 100 Mrd. DM (1998).

- **Mergers and Acquistions:** Globalisierung, Deregulierung und geänderte Corporate-Governance-Strukturen haben eine Fusionswelle ausgelöst. 1999 wird das Transaktionsvolumen der Firmenübernahmen auf 3 400 Mrd. US-$ geschätzt. Das ist ein lukrativer Markt für Investmentbanker. Marktführer war 1999 die Goldman Sachs Inc., die an Übernahmen und Fusionen im Wert von 1 279 Mrd. US-$ beteiligt war. Beim Investmentbanking sind amerikanische Firmen führend. An der New Yorker Börse ist der Marktwert dieser Branche (US-SIC Branche 61) seit 1990 viermal stärker gestiegen als der Durchschnitt.

- **Leasing:** Ende der 60er Jahre wurden etwa 0,6 Prozent der Anlagegüter in Deutschland geleast – heute 20 Prozent. Der Markt wächst rapide und profitiert, weil die Unternehmen schneller neueste Anlagegüter einsetzen müssen, weniger Kapital binden und bei der Finanzierung einen Full-Service inklusive aller kaufmännischen und technischen Dienste wollen.

Moderne Finanzdienstleister

Bilanzsummen deutscher Autobanken (in Mrd. DM)

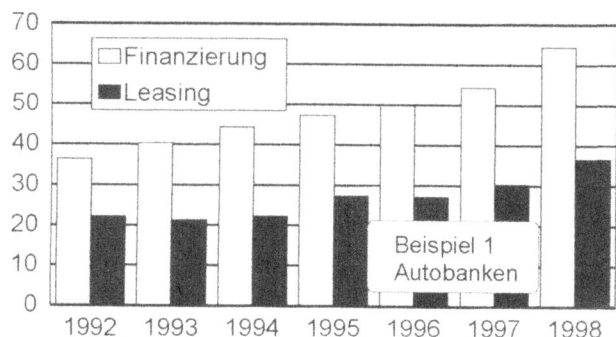

Mergers & Acquisitions:
Transaktionsvolumen der marktführenden
Investmentbanker (1999; in Mrd. US-$)

Goldman Sachs	1279
M. Stanley Dean Witter	1131
Merrill Lynch	1026
Credit Suisse First Boston	530
J.P. Morgan	515
Warburg Dillion	489
Salomon Smith Barney	456
Lazard House	375
Lehman Brothers	311
Deutsche Bank	291

Quellen: Arbeitskreis Autobanken, Thomson Financial Data

15. Telekommunikation

Die weltweite Deregulierung und die technologische Revolution im Bereich der IuK-Techniken haben die Telekommunikationsmärkte trotz fallender Preise rasant wachsen lassen. Die Internationalisierung der Branche findet weniger über den klassischen Außenhandel, sondern über grenzüberschreitende Unternehmenskäufe, Zusammenschlüsse oder den Aufbau von Tochtergesellschaften statt.

Für 1998 kann der Weltmarkt für Telekommunikationsdienstleistungen auf etwa 650 Mrd. DM geschätzt werden. Der Markt wuchs in den 90er Jahren mit einer Rate von 7,6 Prozent. Entscheidend hat dazu das Mobiltelefon beigetragen. Der Anteil der Telekommunikation an der gesamten Wertschöpfung der OECD stieg von 2,1 (1990) auf heute 2,7 Prozent an. Der Markt wird von einigen großen Unternehmen dominiert. Auf die 25 größten Anbieter entfallen über 80 Prozent des Weltumsatzes. Die Netto-Umsatzrenditen haben sich in der OECD in den letzten Jahren deutlich erhöht – von 4,0 (1996), 4,8 (1997) auf gut sechs Prozent im Jahr 1998. Dieses Wachstum und die hohen Rentabilitäten wurden vor dem Hintergrund stark fallender Preise erwirtschaftet. Diese fielen im OECD-Durchschnitt zwischen 1991 und 1998 um gut ein Drittel.

Auch in Deutschland entwickelt sich der Markt dynamisch. Derzeit sind rund 1 700 Telekommunikationsdienstleister am Markt; die Zahl der Anbieter hat sich damit seit 1991 verzehnfacht. Das Marktvolumen lag 1999 bei rund 88 Mrd. DM und damit auf dem Vorjahresniveau. Preissenkungen von über elf Prozent in diesem Zeitraum haben ein Umsatzwachstum verhindert.

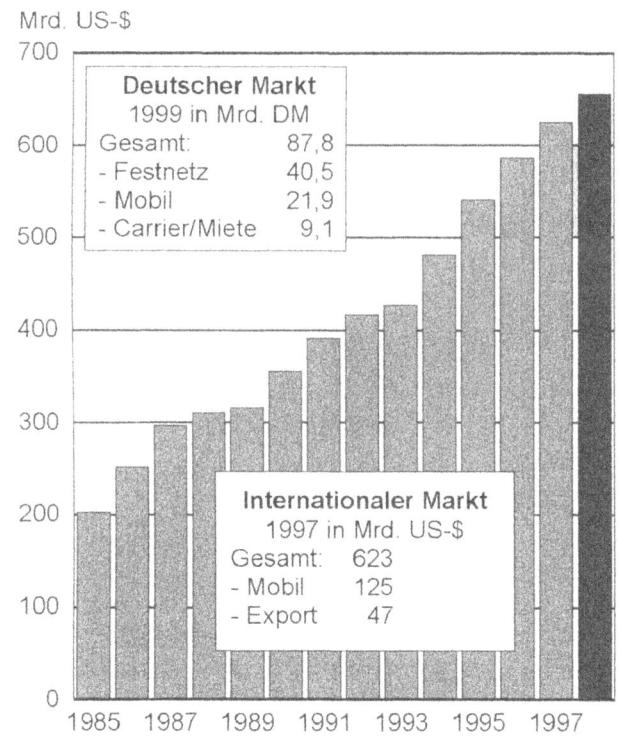

Weltweites Marktvolumen bei Telekommunikationsdiensten

Umsätze

Mrd. US-$

Deutscher Markt
1999 in Mrd. DM
Gesamt: 87,8
- Festnetz 40,5
- Mobil 21,9
- Carrier/Miete 9,1

Internationaler Markt
1997 in Mrd. US-$
Gesamt: 623
- Mobil 125
- Export 47

1998 geschätzt
Quellen: OECD, RPT

16. Electronic Commerce

Die wachsende Möglichkeit der Abwicklung von Geschäften über elektronische Netze wird die gesamte Dienstleistungsbranche verändern. Landesgrenzen spielen im Internet nur noch eine geringe Rolle, es wird ein Markt entstehen, der von Anfang an international ist.

Nach Angaben der OECD hat das E-Commerce-Geschäft derzeit in den führenden G7-Staaten ein Volumen von 0,5 Prozent der Einzelhandelsumsätze – dies soll bis Ende 2002 auf fünf, bis 2005 auf 15 Prozent wachsen. Derzeit wird das Marktvolumen des E-Commerce in diesen Ländern auf 42 Mrd. DM geschätzt; dies soll nach Expertenmeinung bis zum Jahr 2002 auf 680 Mrd. DM ansteigen. Mit 400 Mrd. DM wird der weitaus größte Markt in den USA entstehen. Auch in Deutschland wird explodierendes Wachstum vorausgesagt: das Marktvolumen soll von heute 2,6 Mrd. DM auf 94 Mrd. DM ansteigen.

Vor allem der Handel und der Finanzsektor werden von der Expansion des E-Commerce betroffen sein. Nach Schätzungen der OECD sollen beispielsweise die Vertriebskosten beim Verkauf von Flugtickets und bei Banken um fast 90 Prozent je Transaktion fallen; bei dem Vertrieb von Versicherungspolicen sollen Einsparungen um 50 Prozent möglich werden.

Ob sich diese – relativ neue – Technologie wirklich mit diesem Tempo und dieser Intensität durchsetzt, bleibt offen. Noch hat die Branche mit Problemen zu kämpfen. Genannt werden vor allem ein immer noch unzureichender Zugang zu Internet-/Online-Diensten, Sicherheitsprobleme im Zahlungsverkehr und die mangelnde Kenntnis der potenziellen Kunden über die Möglichkeiten des neuen Mediums.

Zukunftsmarkt E-Commerce

Marktvolumen in Milliarden DM

V. Erfolgsbilanz der Dienstleistungen

17. Erfolgreiche Dienstleistungsländer

Die erfolgreichste Volkswirtschaft im Dienstleistungshandel sind zweifellos die USA:

- Sie erwirtschafteten seit den 80er Jahren kontinuierlich steigende Überschüsse im Außenhandel mit Dienstleistungen. 1998 waren es 74 Mrd. US-$ und damit in etwa so viel wie die vier nachfolgenden Länder zusammen.

- Die USA bauten in den letzten Jahren ihre Führungsrolle weiter aus – der Anteil am weltweiten Dienste-Export stieg von 16,9 (1990) auf 18,2 Prozent (1998).

- Die Ausfuhrstruktur der USA ist weniger industrielastig als anderswo. 26 Prozent der US-Exporte sind Dienstleistungen; die Industrieländer erreichen 21 Prozent; Deutschland nur 13 Prozent.

Traditionell erwirtschaften die Industrieländer Überschüsse im Dienstleistungshandel und die Entwicklungsländer Defizite. Dieses über Jahre hinweg klare Bild zeigt sich trotz des großen Defizites der zweit- und drittgrößten Industrienationen – Japan und Deutschland.

Deutschland hat einen Weltmarktanteil bei Ausfuhren von sechs Prozent und liegt damit nach den USA, Großbritannien und Frankreich auf Platz 4. Die deutschen Exporte haben sich seit 1990 mit einem Plus von 52 Prozent schlechter entwickelt als der Weltmarkt (68 Prozent). Zum Teil ist hier der Wechselkurs verantwortlich. In Landeswährung gemessen steht ein Plus von 66 Prozent zu Buche. Als Importeur ist Deutschland noch wichtiger und belegt mit einem Weltmarktanteil von 9,6 Prozent hinter den USA (12,7 Prozent) den Platz 2.

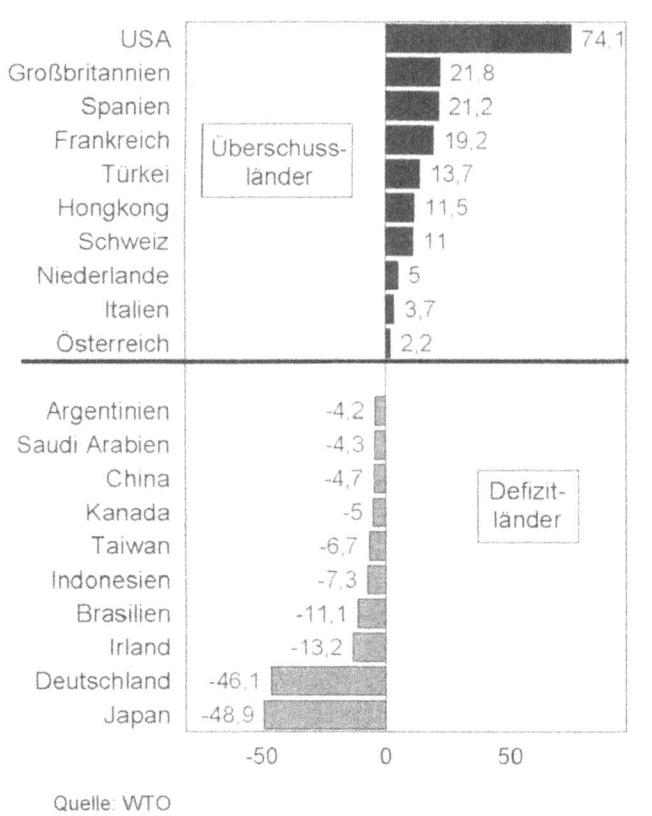

Überschüsse und Defizite aus dem Dienstleistungshandel 1998

die zehn größten Überschussländer –
die zehn größten Defizitländer in Milliarden US-$

Quelle: WTO

18. Moderne Dienste: USA im Plus – D im Minus

Gerade im Zukunftsfeld der unternehmensnahen und wissensintensiven Dienste erwirtschaften die USA zunehmend Exportüberschüsse – Deutschland hingegen kämpft mit wachsenden Defiziten. Einige Beispiele:

- Die größten Verkaufserfolge erzielen die USA mit Patenten und Lizenzen. Dieser „Blaupausenverkauf" brachte 1998 einen Exportüberschuss von 25,5 Mrd. US-$. Deutschland hingegen gab für diesen Wissenserwerb 2,9 Mrd. US-$ aus.

- Amerikanische Universitäten und Bildungseinrichtungen sind Devisenbringer (Überschuss 1998: 7,4 Mrd. US-$). Wer weiß, wie wichtig Humankapital im Strukturwandel ist, der erahnt, welchen Vorteil die USA sich in diesem Markt geschaffen haben.

- Broker und Fondsmanager spülten den USA per saldo 1998 zwölf Mrd. US-$ in die Kassen. Das ist fast eine Verfünffachung zu 1990. Auch deutsche Finanzdienstleister erzielen Exportüberschüsse – 1998 immerhin 3,1 Mrd. US-$.

- Auch die Hollywood-Industrie bringt den USA Gewinne. Im Bereich Film und Video steht ein Plus von 6,2 Mrd.-$ zu Buche. Deutschland hat ein Defizit von vier Mrd.-$.

- In den Bereichen Unternehmensberatung, EDV und F&E liegt der Überschuss der USA bei neun Mrd. US-$ – dem steht ein deutsches Defizit von fünf Mrd. US-$ entgegen.

Der wachsende Vorsprung der USA im Handel mit modernen Dienstleistungen gegenüber Deutschland sollte hier als Warnzeichen verstanden werden, diese Märkte nicht zu vernachlässigen.

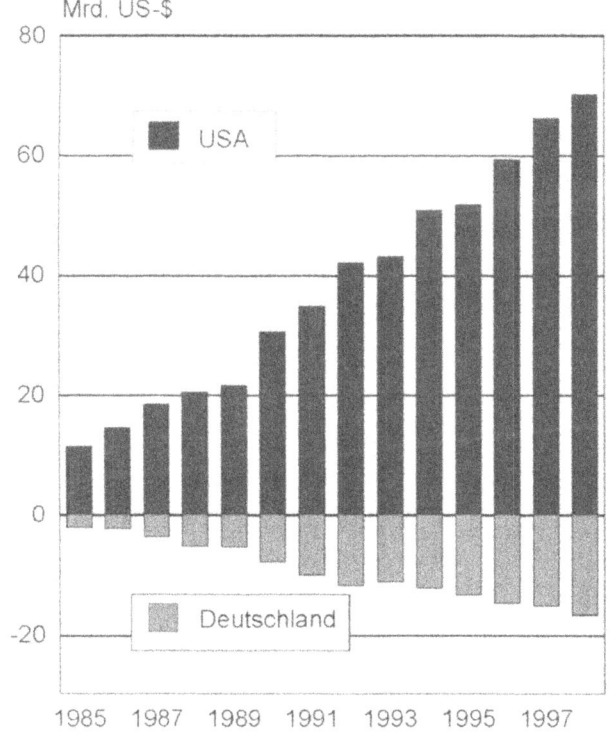

Handelsüberschüsse und -defizite bei unternehmensnahen Diensten

USA und Deutschland im Vergleich 1985 bis 1998

Quellen: US-Dep. of Commerce, Deutsche Bundesbank, IW-Köln

19. Die Erfolgsstory auf dem Börsenparkett

Wer noch an dem Siegeszug der Dienstleistungen zweifelt, den sollte ein Blick auf die Börsen überzeugen. Fast überall steigen die Unternehmenswerte von Dienstleistern schneller als Industriewerte:

- **Beispiel Frankfurt:** 1990 erreichten die Marktwerte der an der Frankfurter Börse emittierten deutschen Dienstleistungsunternehmen 91 Prozent des Werts der deutschen Industrieaktien. Setzt man ihren Marktwert von 1990 gleich 100, erreichen sie Ende 1999 den Indexwert 369 – die Industriewerte nur 249. Obwohl die Dienstleistungen mit geringerem Marktwert als die Industrie starteten, bewertet die Börse diese Unternehmen heute deutlich höher.

- **Beispiel New York:** Die weltweit größte Börse zeigt das gleiche Bild: Die Dienstleister sind 1990 bei 71 Prozent der Industriewerte gestartet, haben diese aber überholt.

- **Beispiel London:** Im UK ist der Effekt noch stärker als in den USA oder Deutschland. Die Dienstleister erreichten 1990 83 Prozent der Industriewerte – und werden heute 37 Prozent höher notiert als diese.

- **Gegenbeispiel Tokio:** In Japan gingen in den 90er Jahren die Uhren anders. Das Land kämpfte mit den Folgen der Bubble Economy und großen institutionellen Problemen. Die Werte fielen – wobei sich die Industriewerte (- 10 Prozent) besser behaupteten als die Dienstleister (- 24 Prozent).

Angetrieben wurde diese Entwicklung in den USA von den Finanzdienstleistern – und in Deutschland von der Telekommunikation und den unternehmensnahen Diensten.

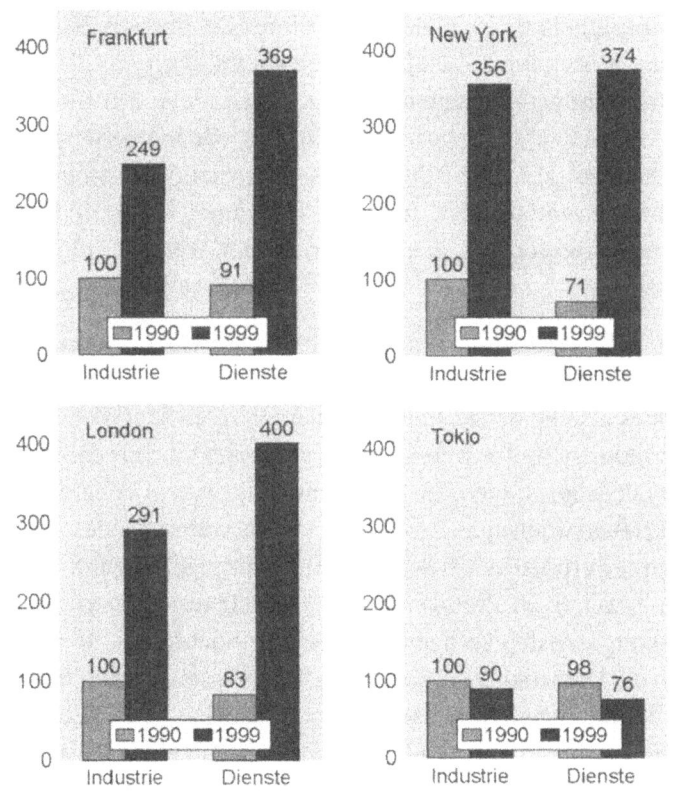

Dienstleistungen:
Gewinner an den Börsen

Entwicklung der Marktwerte, Industrie 1990 = 100

Quellen: Bureau van Djik (worldscope), IW-Köln

20. Im Vorleistungsverbund mit der Industrie

Der weltweite Siegeszug der Dienstleistungen könnte zu dem Trugschluss verleiten, die moderne Volkswirtschaft könnte völlig ohne Industrie auskommen. Das ist falsch:

- Dienstleister werden für die Industrie als Vorleistungslieferanten immer wichtiger. Dies schafft wechselseitige Abhängigkeiten. So ist das Ausmaß der De-Industrialisierung in Deutschland – und damit spiegelbildlich das der Tertiarisierung – bedeutend geringer, wenn man den Blick auf den Wertschöpfungsanteil lenkt, den die Industrie zusammen mit den Dienstleistungen über den Vorleistungsverbund erwirtschaftet. In dieser Rechnung ist die Industrie nach wie vor fast an einem Drittel der Wertschöpfung beteiligt.

Die Industrie hat – real gerechnet – in den G7-Ländern heute das gleiche Gewicht wie 1970. In Gütereinheiten gerechnet gibt es also keine De-Industrialisierung. Das liegt daran, dass die Industriepreise weniger stark gestiegen sind als die Preise für Dienstleistungen. Eine Ursache dafür ist ein höheres Produktivitätswachstum der Industrie, das aufgrund des hohen Wettbewerbsdrucks in den Preisen weitergegeben wird. Durch diese „relativen Preissenkungen" schafft die Industrie Realeinkommenssteigerungen, die über die Nachfrageseite vor allem die Dienstleister begünstigen. Im Dienste-Bereich werden im Strukturwandel gleichzeitig hochqualifizierte und Einfach-Jobs geschaffen – im Durchschnitt ergibt dies ein geringeres Produktivitätswachstum. Der Druck auf die Preise ist weniger stark, weil mehr Möglichkeiten der Produktdifferenzierung besteht, die temporär Marktmacht schafft.

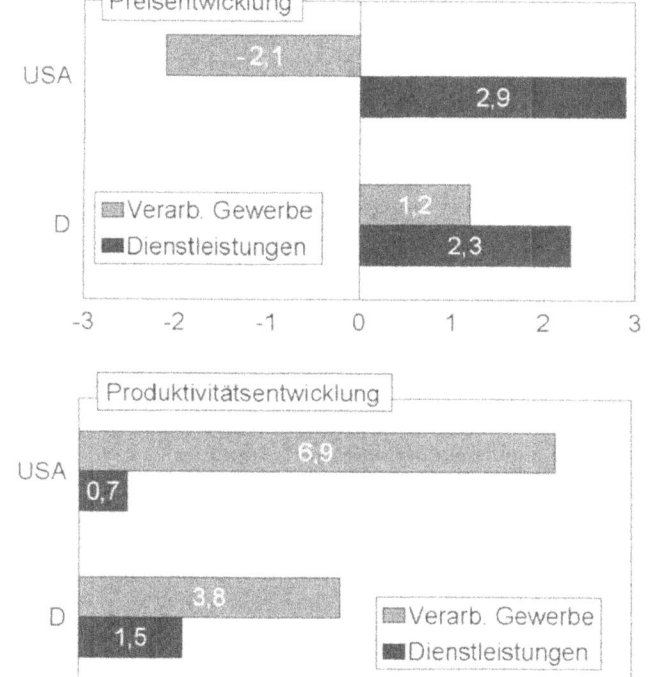

Preise und Produktivitäten

Wachstum in Prozent 1991 bis 1998 p. a.

Preise errechnet aus dem sektoralen Wertschöpfungsdeflator;
Produktivität: reale Bruttowertschöpfung je Erwerbstätigen;
USA 1991 bis 97; Quellen: OECD, Statistisches Bundesamt, IW-Köln

21. Job-Motor-Dienstleistungen

In den OECD-Ländern sind seit 1980 rund 89 Millionen neue Dienstleistungsjobs entstanden. In den anderen Branchen sank die Zahl der Erwerbstätigen um sieben Millionen. In Nordamerika ist die Dynamik bei den Dienstleistungen (+ 51 Prozent) deutlich höher als in Europa (+ 35 Prozent). Für die Gesamtperformance des Arbeitsmarkts ist aber wichtiger, dass in den USA auch die Beschäftigung in den anderen Sektoren steigt (+ 18 Prozent), während Europa hier mit großen Jobverlusten kämpft (- 22 Prozent). Da die Beschäftigungserfolge bei Dienstleistungen die Arbeitsplatzverluste in Industrie und Landwirtschaft meist nicht ausgleichen konnten, ging die Beschäftigung in Europa im Saldo zurück. Ähnlich verlief die Entwicklung in (West-)Deutschland: Dienste + 28 Prozent, Industrie und Landwirtschaft – 20 Prozent.

Um Vollbeschäftigung zu erreichen muss Europa – besonders Deutschland – die Chancen im Dienstleistungssektor besser nutzen. Das Potenzial zeigt sich im Vergleich der Jobdichte USA und Deutschland. Je 1 000 Einwohner gibt es in den USA 358 Dienstleistungsarbeitsplätze, hier nur 290. Bei gleicher Dichte könnte es bei uns also rein rechnerisch 5,6 Millionen Arbeitsplätze mehr geben. Hier fehlt es vor allem an Einfach-Arbeitsplätzen. Würde in diesem Bereich etwa die gleiche Jobdichte wie in Dänemark erreicht, könnten fast 1,4 Millionen Arbeitsplätze neu entstehen. Dieses Segment ist so wichtig, weil es (immer noch) weniger als die Industrie internationalem Wettbewerbsdruck der Schwellenländer ausgesetzt ist, die im Zuge der Globalisierung mit einfacharbeitsintensiven Waren in die Industrie drängen und den Arbeitnehmern in den Industrieländern weniger Beschäftigungschancen lassen.

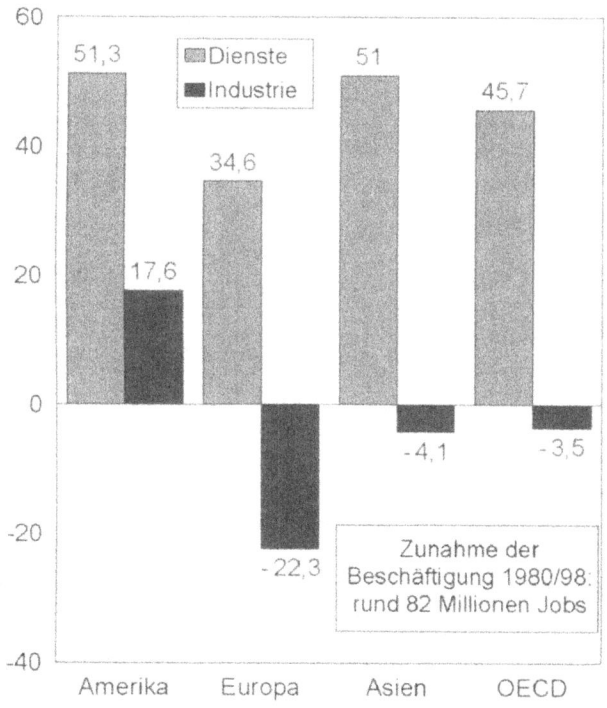

Dienstleistungen schaffen Jobs

Veränderung der Beschäftigung 1980 bis 1998
in der OECD (in Prozent)

Ohne Tschechien, Polen und Ungarn; Industrie einschl.
Landwirtschaft; Asien einschl. Australien und Neuseeland
Quellen: OECD, IW-Köln

VI. Politische Herausforderungen

22. Erfolgsfaktoren der Zukunft

Die Wirtschaftspolitik steht im Zeitalter von Globalisierung und Tertiarisierung vor schwierigen Herausforderungen:

• Nur wer über eine gut ausgestattete IuK-Infrastruktur verfügt, hat Zugang zu den modernen Dienstleistungen. Deutschland verfügt hier über eine gute Ausgangsbasis. Die Anschlussdichte mit PCs, Internet und ISDN liegt im internationalen Spitzenfeld.

• Humankapital wird gerade in der Dienstleistungsgesellschaft zur Schlüsselgröße für internationale Wettbewerbsfähigkeit. Die Humankapitalintensität – gemessen als der Anteil der Hochschulabsolventen an der Gesamtbeschäftigung einer Branche – ist im Dienstleistungssektor überdurchschnittlich hoch. Deutschland hat im internationalen Vergleich zwar ein gutes Ausbildungsniveau, der Fachkräftemangel gerade in IuK-Berufen kann aber zur Achillesferse der Zukunft werden.

• In einer Dienstleistungsgesellschaft sind Mobilität, Flexibilität, eine Kultur der Selbstständigkeit und insgesamt gute Standortbedingungen für Investitionen sowie F&E gefordert. Gerade hier hat Deutschland Schwächen. Nur Volkswirtschaften mit offenen Dienstleistungsmärkten und insgesamt flexiblen Arbeitszeitmodellen und hinreichend differenzierten Entlohnungssystemen können im Wettbewerb bestehen.

• Notwendig ist aber auch eine vernünftige Verzahnung zwischen Sozial- und Tarifpolitik, damit die zur Erreichung der Vollbeschäftigung notwendigen Einfacharbeitsplätze auch entstehen können.

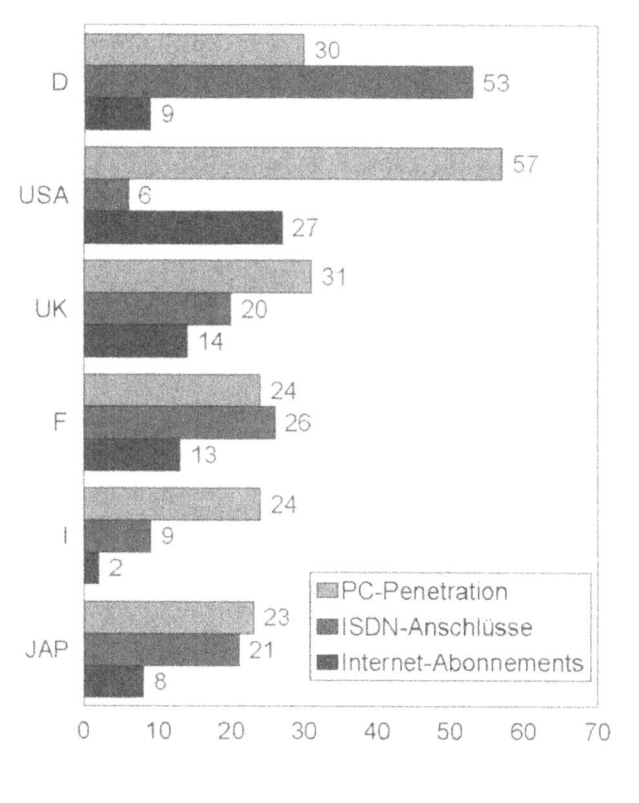

**Ausstattung mit moderner
IuK-Infrastruktur**

je 1 000 Einwohner 1998

Quelle: BMWi

23. Die Rolle der WTO

Das GATT und ab 1995 die WTO haben sich die Liberalisierung des Welthandels zum Ziel gesetzt. Als Schritt nach vorn können die Vereinbarungen der GATT-Uruguay-Runde von 1994 bezeichnet werden, die erstmals umfassende Regelungen für einen freien Welthandel mit Dienstleistungen (GATS) und zum Schutz des geistigen Eigentums (TRIPS) brachten.

GATS gilt generell für alle Dienstleistungen und folgt den gleichen Prinzipien wie das GATT. Das Meistbegünstigungsprinzip (MBK) verlangt eine Gleichbehandlung aller ausländischen Anbieter; das Prinzip der Inländerbehandlung verbietet eine Diskriminierung von Ausländern gegenüber inländischen Anbietern. Längst sind noch nicht alle Fragen gelöst: Einzelnen Ländern können Ausnahmen von der MBK bis zu zehn Jahren eingeräumt werden. Nicht alle Länder haben alle Sektorabkommen unterschrieben oder das Prinzip der Inländerbehandlung anerkannt. Für einzelne Fragen (Seehandel, öffentliche Beschaffung, Subventionen, Freizügigkeit und Niederlassungsfreiheit für natürliche Personen, Schutz des geistigen Eigentums) fehlen noch befriedigende Lösungen.

Aber nicht nur viele Detailfragen sind noch ungelöst, die WTO hat grundsätzliche Schwierigkeiten. Dies zeigte das Scheitern der WTO-Ministerkonferenz Ende 1999 in Seattle. Es droht durch die Hintertür neuer Protektionismus zu entstehen. Einige Länder versuchen, auch sozial-, umwelt- und entwicklungspolitische Ziele im WTO-Regelwerk zu verankern. Damit könnte wieder Raum für nationale Sonderregeln geschaffen werden. Diese – unbestritten wichtigen – Fragestellungen unter dem Dach der WTO lösen zu wollen bedeutet, die Organisation zu überfordern.

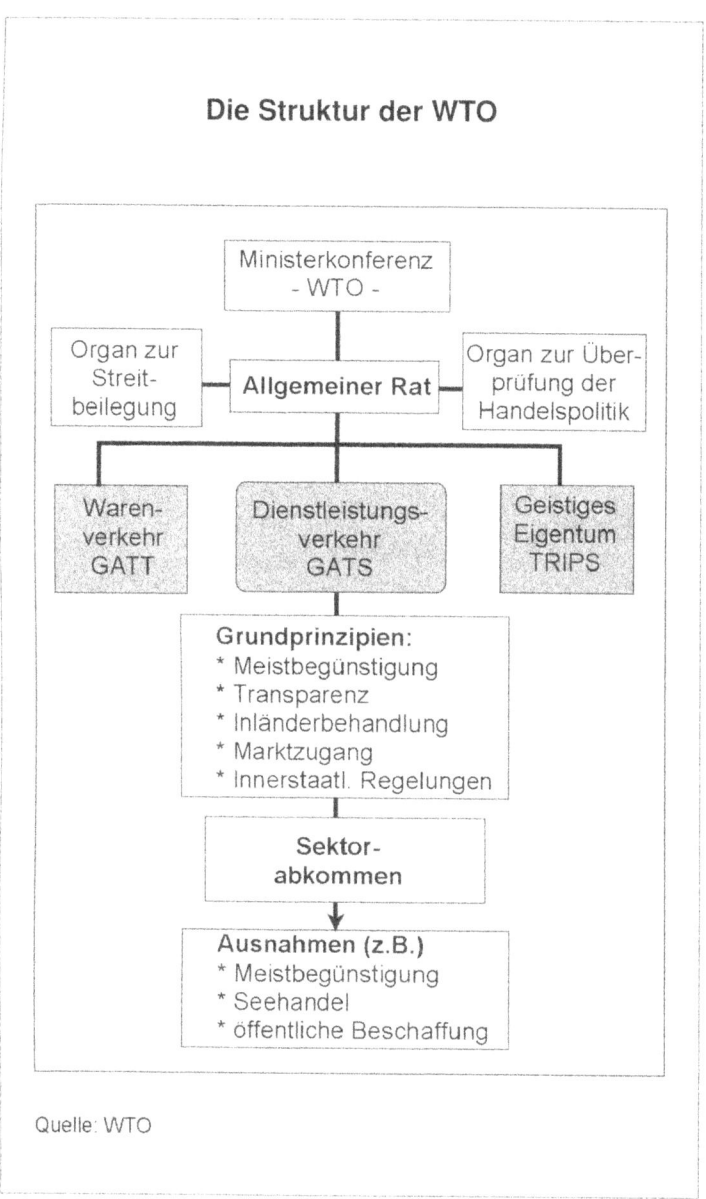

Die Struktur der WTO

Ministerkonferenz
- WTO -

Organ zur
Streit-
beilegung

Allgemeiner Rat

Organ zur Über-
prüfung der
Handelspolitik

Waren-
verkehr
GATT

Dienstleistungs-
verkehr
GATS

Geistiges
Eigentum
TRIPS

Grundprinzipien:
* Meistbegünstigung
* Transparenz
* Inländerbehandlung
* Marktzugang
* Innerstaatl. Regelungen

Sektor-
abkommen

Ausnahmen (z.B.)
* Meistbegünstigung
* Seehandel
* öffentliche Beschaffung

Quelle: WTO

VII. Ein Blick in die Zukunft

24. Wachstumsperspektiven von Dienstleistungen

Wohin geht die Reise der Dienstleistungsgesellschaft? Dafür ist immer ein Blick über den Atlantik lohnend. In den USA ist die Tertiarisierung am weitesten fortgeschritten – diese Volkswirtschaft bietet sich deshalb als Benchmark für andere an:

- Bis zum Jahr 2008 werden die Dienstleister in den USA weiter an Bedeutung gewinnen. Die Beschäftigung soll zwischen 1998 und 2008 im Durchschnitt mit 1,8 Prozent p.a. wachsen, die der Gesamtwirtschaft nur mit 1,4 Prozent. Rund 80 Prozent aller Beschäftigten werden dann ihren Arbeitsplatz in einem Unternehmen der Dienslestungswirtschaft haben.

- Innerhalb der Dienstleister werden nach Ansicht der Zukunftsforscher die Sonstigen Dienste (dort vor allem unternehmensnahe Dienste sowie Gesundheit/Soziales) und der Bereich Nachrichten besonders stark wachsen.

- Beim Ranking der am schnellsten wachsenden Berufe stehen Computer- und Softwarespezialisten an der Spitze. Diese Jobs sollen sich bis zum Jahr 2008 fast verdoppeln.

In Deutschland verläuft die Richtung des Strukturwandels ähnlich – allerdings mit dem wichtigen Unterschied, dass die Beschäftigung insgesamt noch weiter fallen soll. Prognos und das IZA schätzen, dass bis 2010 gut eine Million neue Jobs im Dienstleistungssektor entstehen, aber die Beschäftigung in den anderen Branchen um insgesamt 15 Prozent zurückgehen wird. Auf Wachstumskurs bleiben vor allem die unternehmensnahen Dienste – FERI erwartet hier bis 2005 eine Zunahme um 18 Prozent.

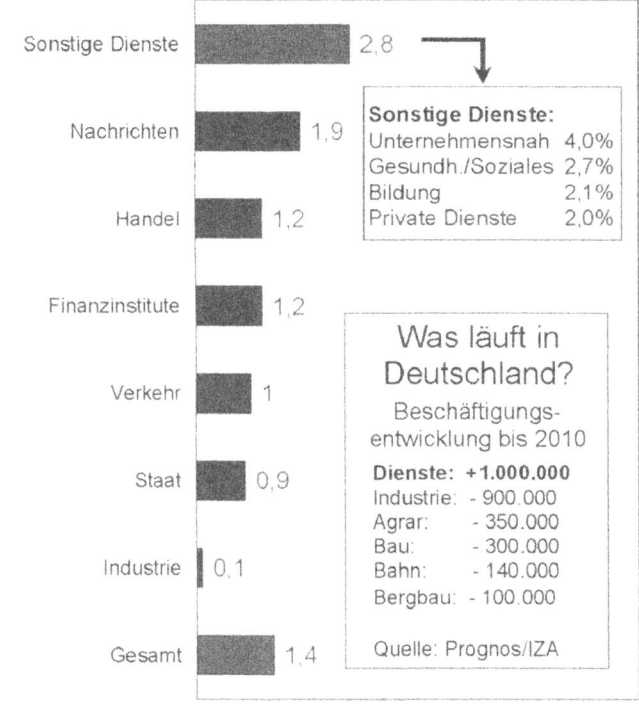

Wohin die Reise geht

Erwartetes Beschäftigungswachstum in den USA
(1998 bis 2008 in Prozent p. a.)

Sonstige Dienste — 2,8

Nachrichten — 1,9

Sonstige Dienste:
Unternehmensnah 4,0%
Gesundh./Soziales 2,7%
Bildung 2,1%
Private Dienste 2,0%

Handel — 1,2

Finanzinstitute — 1,2

Was läuft in Deutschland?
Beschäftigungs-
entwicklung bis 2010

Verkehr — 1

Staat — 0,9

Dienste: +1.000.000
Industrie: - 900.000
Agrar: - 350.000
Bau: - 300.000
Bahn: - 140.000
Bergbau: - 100.000

Industrie — 0,1

Gesamt — 1,4

Quelle: Prognos/IZA

Quelle: Bureau of Economic Analysis

Aktuelle Literaturempfehlungen

Arbeitskreis Autobanken, 1999, Geschäftsberichte, diverse Jahrgänge (www.autobanken.de)

Bach, Christopher L., 1999, US-International Transactions, Revised Estimats for 1982-98, in: Survey of Current Business, Vol. 79, No. 7, 60-74

Bank für Internationalen Zahlungsausgleich, 1999, 69. Jahresbericht, Basel

Bullinger, Hans-Jörg (Hrsg.), 1997, Dienstleistungen 2000plus, Bd. 1: Zukunftsreport Dienstleistungen in Deutschland und Bd. 2: Grundlagen der Dienstleistungsentwicklung, Stuttgart

Bundesministerium für Wirtschaft (BMWi), 1997, Dienstleistungswirtschaft 2000 – Aktionsprogramm, BMWi-Dokumentation 423, Bonn

Bundesministerium für Wirtschaft und Technologie (BMWi), 1999, Multimedia: Potenziale nutzen – Beschäftigung schaffen, Dokumentation, Berlin

Bundesverband Deutscher Unternehmensberater, 1999, Facts & Figures zum Beratermarkt 1999, Bonn

Bureau of Economic Analysis, 1999, Employment and Output Projection 1998-2008 (www.bea.doc.gov)

Bureau van Djik, 1999, wordscope-Datenbank, Frankfurt

Deutsche Bundesbank, 1999, Kapitalverflechtung mit dem Ausland, Statistische Sonderveröffentlichung 10, Juni 1999, Frankfurt am Main

Deutsche Bundesbank, 1999, Zahlungsbilanzstatistik Dezember 1999, in: Statistisches Beiheft zum Monatsbericht 3, Frankfurt/M.

Deutsche Bundesbank, 2000, Zahlungsbilanzstatistik, Statistisches Beiheft zum Monatsbericht, Februar 2000, Frankfurt am Main

Elfring, Tom, 1993, Structures and Growth of Business Services in Europe, in: de Jong, H. W. (Hrsg.), The Structure of European Industry, 3. Aufl., Dordrecht, London u. a., Seite 367-398

Europäische Union, 1998, GATS 2000 – Opening Markets for Services, Brüssel

Fachverband Informationstechnik im VDMA und ZVEI, 1999, Wege in die Informationsgesellschaft, Frankfurt

FERI (Financial and Economic Research International), 1999, Deutschland Prognose, Bd. II: Branchen Analyse, Bad Homburg

Grömling, Michael/Lichtblau, Karl/Weber, Alexander, 1998, Industrie und Dienstleistungen im Zeitalter der Globalisierung, Köln

Hild, Reinhard et al., 1999, Marktpotentiale für unternehmensbezogene Dienstleistungen im globalen Wettbewerb, ifo-Institut für Wirtschaftsforschung, München

INFORGE (Interindustry Forecasting Germany), 1999, Gesamtwirtschaftliches Prognosemodell für die Bundesrepublik Deutschland der Universität Osnabrück

Institut der deutschen Wirtschaft, 1998, Die Industrie – Drehscheibe der globalen Dienstleistungsgesellschaft, Köln

Kelly, Kevin, 1998, New Rules for the New Economy, 10 Radical Strategies for a Connected World, New York

Lichtblau, Karl, 2000, Internationalisierung von Dienstleistungen, in: iw-trends, 1/2000

OECD, 1999, National Accounts, Vol. I, diverse Jahrgänge, Paris

OECD, 1999, National Accounts, Vol. II, diverse Jahrgänge, Paris

O'Farrell, Patrick N./Scheuer, Markus/Schmidt Elke Maria, 1999, Internationalisierung von Unternehmensdienstleistungen, Untersuchungen des Rheinisch-Westfälischen Instituts für Wirtschaftsforschung, Heft 30, Essen

Prognos, 1998, Die Bundesrepublik Deutschland 2005-2010-2020, Deutschland Report Nr. 2, Basel

Regulierungsbehörde für Telekommunikation und Post, 1999, Tätigkeitsbericht 1998/1999, Bonn

Schultz, Siegfried/Weise, Christian, 1999, Der deutsche Dienstleistungshandel im internationalen Vergleich, Deutsches Institut für Wirtschaftsforschung, Beiträge zur Strukturforschung, Heft 180, Berlin

Statistisches Bundesamt, 1999, Finanzen und Steuern, Fachserie 14, Reihe 8, Wiesbaden

Statistisches Bundesamt, 1999, Volkswirtschaftliche Gesamtrechnungen, Fachserie 18, Reihe 1.3, Wiesbaden

Statistisches Bundesamt, 1999, Volkswirtschaftliche Gesamtrechnungen, Fachserie 18, Reihe 3, Wiesbaden

Thomson Financial Securities, 1999, Die TOP-Berater 1999, zitiert nach Handelsblatt vom 3.1.2000, S. 11

United Nations, 1999, World Investment Report, New York

World Bank, World Development Report 1999/2000, Washington

World Trade Organization, 1997, Opening Markets in Financial Services and the Role of the GATS, Genf

World Trade Organization, 1998, International Trade Statistics, Genf

World Trade Organization (WTO), 1999, Trade Statistics: World trade of commercial services by region and selected economies, (www.wto.org/wto/statis/servicee.xls), Genf

World Trade Organization, 1999, Recent Developments in Services Trade – Overview and Assessment (www.wto.org)

World Trade Organization, 1999, Press Release, verschiedene Meldungen (www.wto.org)